O ESTADO NOVO EM QUESTÃO

Título original:
O Estado Novo em questão
Introdução: © Nuno Domingos, Victor Pereira e Edições 70 Lda., 2010
«"Ainda não sabe qual é o pensamento de Sua Excelência Presidente do Conselho". O Estado português perante a emigração para França (1957-1968)»: © Victor Pereira e Edições 70 Lda., 2010
«Serviço doméstico em Portugal: lugares de origem, êxodo e itinerários urbanos (anos quarenta a sessenta)»: © Inês Brasão e Edições 70 Lda., 2010
«"O essencial e o acessório": práticas e discursos sobre a música ligeira nos primeiros anos da Emissora Nacional de Radiodifusão (1933-1949)»:

© Manuel Deniz Silva, Pedro Russo Moreira e Edições 70 Lda., 2010
«Edição de livros e Estado Novo: apostolado cultural, autonomia e autoritarismo»:

© Nuno Medeiros, e Edições 70 Lda., 2010
«Desproletarizar: A FNAT como instrumento de mediação ideológica no Estado Novo»:
© Nuno Domingos e Edições 70 Lda., 2010
«Economia rural e investigação social agrária nos primórdios da sociologia em Portugal (1917-1955)»: © Frederico Ágoas e Edições 70 Lda., 2010
«Inflação e contratação colectiva (1968-1974)»: © Ricardo Noronha e Edições 70 Lda., 2010
«Processos de Racialização no Moçambique Colonial»: © Nuno Dias

Capa de FBA
Depósito Legal nº 311329/10

Biblioteca Nacional de Portugal - Catalogação na Publicação

O ESTADO NOVO EM QUESTÃO
O Estado Novo em questão. - (História e sociedade)
ISBN 978-972-44-1628-1
CDU 321
94(469)"1933/1974"

Paginação, impressão e acabamento:
PENTAEDRO
para
EDIÇÕES 70, LDA.
em
Maio de 2010
ISBN: 978-972-44-1628-1
Direitos reservados para todos os países de língua portuguesa
por Edições 70
EDIÇÕES 70, Lda.
Rua Luciano Cordeiro, 123 – 1º Esqº - 1069-157 Lisboa / Portugal
Telefs.: 213190240 – Fax: 213190249
e-mail: geral@edicoes70.pt

www.edicoes70.pt

Esta obra está protegida pela lei. Não pode ser reproduzida,
no todo ou em parte, qualquer que seja o modo utilizado,
incluindo fotocópia e xerocópia, sem prévia autorização do Editor.
Qualquer transgressão à lei dos Direitos de Autor será passível
de procedimento judicial.

O ESTADO NOVO EM QUESTÃO
NUNO DOMINGOS E VICTOR PEREIRA DIR.

70

NUNO DOMINGOS E VICTOR PEREIRA

Introdução

Pretendemos com este livro, baseado num conjunto de estudos de caso, prosseguir um percurso de investigação distinto daquele que tem caracterizado as formas dominantes de interpretar a história do período identificado com os governos do Estado Novo (1926-1974) ([1]). Encontramos este olhar hegemónico em trabalhos académicos centrados no estudo das ideologias do regime e nas intenções dos seus governantes, nomeadamente nos desígnios do seu chefe, António de Oliveira Salazar. Uma recente catadupa de publicações legitima a existência de uma narrativa histórica personalizada na vontade de um homem, expressão mais evidente do regresso de uma certa história biográfica, estimulada agora pelos desejos do comércio editorial, que retrata apenas os dominantes, e ainda assim menosprezando as configurações sociais que constrangem e possibilitam as suas acções e estratégias. Esta visão não é apenas veiculada por trabalhos estritamente académicos. A figura de Salazar sustenta uma literatura de divulgação histórica, dirigida a públicos mais vastos, que em parte explora difusos sentimentos de nostalgia e todo o tipo de considerações críticas em relação à sociedade actual ([2]). Interessará questionar de forma mais sistemá-

---

([1]) Se lhe acrescentarmos os anos iniciais da ditadura militar.

([2]) Nesta catadupa há biografias de homens políticos do Estado Novo escritas por não-historiadores, como a biografia de António Oliveira Salazar, por Jaime Nogueira Pinto, e a de Marcello Caetano, por Manuela Goucha Soares, ambas publicadas pela Esfera dos Livros. Alguns livros dedicam-se a aspectos particulares da vida dos governantes (a vida íntima

tica a influência desta exploração comercial da história recente do país sobre as prioridades dos investigadores e o modo como privilegiam determinados objectos e perspectivas de análise.

Esta tendência recente parece consagrar uma visão restrita do debate historiográfico que tem vindo a ser realizado acerca do período. Tal redução do objecto de análise é ainda mais notória quanto o campo historiográfico ocupado com o estudo do Estado Novo já se encontra demarcado por um questionário de base cuja natureza restringe a própria formulação de problemas, acabando por se reflectir num leque reduzido de opções metodológicas e numa certa utilização das fontes de arquivo. As próprias análises efectuadas sobre este campo de estudos específico acabam por reificar ainda mais a força de uma matriz disciplinar[3]. A entrada de Maria de Fátima Bonifácio sobre a historiografia do período,

---

por exemplo) ou são memórias de pessoas próximas deles. Há publicações vendidas como suplementos de jornais ou revistas como os *Anos de Salazar*, publicado pelo *Correio da Manhã* e dirigido por António Simões do Paço, e com trabalhos de historiadores e jornalistas. Há obras académicas e não académicas que, quase sempre em função da intenção comercial das editoras, colocam o nome de Salazar no título, personalizando assim todo o processo social, apesar de os conteúdos das obras por vezes contrariarem a assinalada lógica personalista. Só recentemente foram publicados: Miguel Figueira de Faria, *Alfredo da Silva e Salazar* (Lisboa: Bertrand, 2009); Pedro Costa, *Salazar e os milionários* (Lisboa: Quetzal, 2009); Ricardo Serrado, *O jogo de Salazar. A política e o futebol no Estado Novo* (Lisboa: Casa das letras, 2009); Fernando Amaro Monteiro, *Salazar e o Rei (que não foi)* (Lisboa: Livros do Brasil, 2009); Irene Flunser Pimentel, Luis Farinha, João Madeira, dir., *Vítimas de Salazar* (Lisboa: A Esfera dos Livros, 2007); Elsa Santos Alípio, *Salazar e a Europa. História da Adesão à EFTA (1956-1960)* (Lisboa: Livros Horizonte, 2006). Apesar da profusão de livros sobre Salazar, só há até hoje uma biografia académica do ditador ainda não traduzida em português: Luís Filipe Meneses, *Salazar: A political biography* (New York: Enigma, 2009). Por fim, é de notar a presença de Salazar em títulos de obras de ficção: Joel Costa, *O assassínio de Salazar* (Lisboa: Casa das letras, 2007); Domingos Freitas do Amaral, *Enquanto Salazar dormia...* (Lisboa: Casa das letras, 2006), e mesmo, noutro contexto, em meios de comunicação audiovisual (por exemplo, A Vida Privada de Salazar, SIC).

[3] Na expressão de Thomas Kuhn, em *A Estrutura das Revoluções Científicas* (Lisboa: Guerra e Paz, 2009).

publicada no *Dicionário de História de Portugal*([4]), identifica, por exemplo, um conjunto diminuto de perguntas que de imediato delimitam o campo de discussão e a colocação de problemas: «A que tipo político pertenceu o Estado Novo? Qual foi a sua base de apoio social? Quais as origens e as características ideológicas do salazarismo?» ([5]). As obras que de forma mais evidente participaram neste debate historiográfico([6]) acabam por ser remetidas, e por vezes reduzidas, aos termos fundadores da discussão, princípios de divisão legítima de um campo de problemas.

A interpretação da lógica que presidiu à instituição de uma matriz de colocação de problemas, que se foi depurando com o tempo, beneficiaria da utilização de um instrumento conceptual como a noção de «campo»([7]). Mais do que reduzir a interpretação

---

([4]) Republicado em Maria de Fátima Bonifácio, *Estudos de História contemporânea* (Lisboa: Imprensa de Ciências Sociais, 2007), pp. 93-120.

([5]) *Ibidem*.

([6]) Mais concretamente as obras de Fernando Rosas, *O Estado Novo nos anos trinta. Elementos para o estudo da natureza económica e social do salazarismo* [*1928-1938*] (Lisboa: Estampa, 1986), «Cinco pontos em torno do estudo comparado do fascismo», *Vértice*, n.º 13 (1989) pp. 21-29, de António Costa Pinto, *O salazarismo e o fascismo europeu: problemas de interpretação nas ciências sociais* (Lisboa: Estampa, 1992), de Manuel Lucena, *A evolução do sistema corporativo português* (Lisboa: Perspectivas e Realidades, 1976), de Manuel Braga da Cruz, *O partido e o Estado no salazarismo*, (Lisboa: Presença, 1988), de Hermínio Martins, *Classe, Status e poder e outros ensaios sobre o Portugal contemporâneo* (Lisboa: Imprensa de Ciências Sociais, 1998), de Luís Reis Torgal, *Estados Novos, Estado Novo* (Coimbra: Imprensa da Universidade de Coimbra, 2009) de Yves Léonard, *Salazarismo e fascismo* (Lisboa: Inquérito, 1998), de Michel Cahen, «Salazarisme, fascisme et colonialisme. Problèmes d'interprétation en sciences sociales, ou le sébastianisme de l'exception», *Portuguese Studies Review*, n.º 16/1 (2008), pp. 87-114, de algumas obras colectivas como *O Fascismo em Portugal* (Lisboa: Regra do Jogo, 1982), *O Estado Novo, Das Origens ao Fim da Autarcia, 1929-1959*, vols 1 e 2, dir. Fernando Rosas, José Maria Brandão de Brito (Lisboa: Fragmentos, 1987) e *Salazar e Salazarismo* (Lisboa: Dom Quixote, 1989) e também na mais recente análise do período avançada pela *História de Portugal* coordenada por Rui Ramos (Lisboa: Esfera dos Livros, 2009), onde não se evita uma narrativa política personalizada nas decisões do líder e das elites marginalizando-se uma história das estruturas e da sociedade.

([7]) Em relação à história das ciências sociais e do seu processo de institucionalização, Pierre Bourdieu utilizou o seu conceito de campo em

destes debates a discussões entre individualidades idiossincráticas, caberá sobretudo perceber a genealogia histórica da instauração de formas de pensar os problemas e de uma hierarquia de objectos de investigação e o modo como esta prática se legitima por intermédio de um conjunto de perguntas de partida através da utilização de determinados quadros conceptuais e metodológicos. Importaria explorar a relação da organização do próprio campo, das suas prioridades e expectativas, com o processo de institucionalização académica em Portugal após o 25 de Abril e a sua tradução em currículos escolares, na formação de novos investigadores, no financiamento da investigação científica e nas lógicas de edição. Num quadro mais geral, para averiguar a autonomia do campo da investigação histórica, haveria que estudar o modo como a investigação se relaciona com outros campos sociais, nomeadamente, com o campo político e, mais recentemente, com o campo económico. A circulação entre a esfera universitária, a política e a empresarial, a procura constante de financiamento por parte dos laboratórios de investigação, tanto junto de instituições públicas como do mercado (nomeadamente empresas que «encomendam» aos centros as suas histórias, processo por vezes denominado como eufemismo da «procura social»), a influência dos interesses comerciais e das lógicas do mercado editorial são processos que deveriam ser objectivados para assim se compreender os seus efeitos sobre a maneira como se escreve história em Portugal. Neste contexto, há que pensar o efeito da ruptura política de 1974 no modo como, num universo de estudos que esteve durante décadas fortemente determinado pelo regime, se procurou, perante um novo futuro, salientar todas as características que definiram um período que acabara de findar([8]).

«La specificité du champ scientifique et les conditions sociales du progrès de la raison», *Sociologie et Sociétés*, vol. VII, n.º 1 (1975), pp. 91-117; «Le champ scientifique», *Actes de la Recherche en Sciences Sociales* n.º 2-3 (1976), pp. 88-104; *Homo Academicus* (Paris: Minuit, 1984), *L'ontologie politique de Martin Heidegger* (Paris: Minuit, 1988).

([8]) Manuel Lucena foi talvez o autor que, neste contexto, mais relevo deu às continuidades históricas, sobretudo no que respeitava às relações entre capital e trabalho e ao papel do Estado neste âmbito. Manuel Lucena, *A evolução do...* e, Idem, «A revolução portuguesa: do desmantelamento da organização corporativa ao duvidoso fim do corporativismo», *Análise Social*, vol. XIII, n.º 51 (1977), pp. 541-592 e Idem, «Neocorporativismo? Conceito, interesses e aplicação ao caso

A premência destas questões não deixou de se relacionar com o desenvolvimento de um campo de estudos internacional ocupado com o estabelecimento de comparações tipológicas para as quais o tipo de regime, e em certo sentido a nação, surgiam como variável independente e chapéu temático organizador de um conjunto de formas de olhar o processo histórico. O debate académico sobre a natureza do Estado Novo, sempre vivo, inseriu no campo das ciências sociais uma problemática política. Possibilitou, também, beneficiando da perspectiva comparada que as tipologias permitem, ultrapassar o discurso da singularidade portuguesa, alimentado pela própria ditadura, que, numa retórica historicista, se apresentava como única, resultado natural da história do país. Por fim, tal debate colocou o Estado Novo no contexto mais vasto da história das ditaduras do século XX[9]. No entanto, a caracterização do Estado Novo e, por contágio, de toda a sociedade do mesmo período, dentro de tipologias definidas por um conjunto de critérios pré-estabelecidos, e muitas vezes correspondendo a modelos de análise relativamente fechados, circunscreve conceptual e metodologicamente um campo de problemas. Como vários autores apontaram[10], grande parte das tipologias tende a restringir-se às formas institucionais e aos discursos, marginalizando os diferentes regimes de práticas. A riqueza e diversidade da perspectiva comparativa[11] dependem dos critérios escolhidos para construir

---

português», *Análise Social*, vol. XXI, n.º 87, 88, 89 (1985), pp. 819--865.

[9] Para citar apenas uma obra veja-se Juan Linz, *Totalitarian and authoritarian regimes* (Boulder: Lynne Rienner Publishers, 2000).

[10] Ver por exemplo Robert Paxton, *The Anatomy of Fascism* (London: Allen Lane, 2004); Béatrice Hibou, *La force de l'obéissance. Economie politique de la répression en Tunisie* (Paris: La Découverte, 2006); Jean-Yves Dormagen, «Penser un 'totalitarisme sans terreur'. Les apports conceptuels de Juan Linz à la compréhension du fascisme italien», in *Penser les régimes politiques avec Juan J. Linz*, dir. Mohammad-Saïd Darviche, William Genieys (Paris: L'Harmattan, 2008), pp. 19-44.

[11] Evidente em obras que se tornaram referências absolutas na utilização do método comparativo, como por exemplo Barrington Moore Jr, *As origens sociais da ditadura e da democracia: senhores e camponeses na construção do mundo moderno* (Lisboa: Cosmos,1975 [1966]) ou Theda Skocpol, *Estados e revoluções sociais: análise comparativa da França, Rússia e China* (Lisboa: Presença, 1985 [1979]). Veja-se, a propósito das várias perspectivas

os termos da comparação bem como das hipóteses formuladas e da base empírica que sustenta os problemas de investigação, o que nos deve levar a ultrapassar as questões que se tornaram hegemónicas em Portugal, como saber se o salazarismo era ou não fascista (o que afasta da equação, por exemplo, «a função social e económica estruturante do Estado)»([12]). A procura de uma conformidade com um tipo-ideal concebido de forma redutora oculta as evoluções dos regimes (e o Estado Novo, particularmente, conheceu diversas evoluções), as reconfigurações constantes, o modo como se misturam elementos de vários regimes([13]), as dinâmicas internas das situações em função do contexto internacional, das evoluções de forças internas, tanto dentro do Estado como na totalidade da sociedade. O exercício taxonómico corre o risco de reificar os regimes, tornando-os entidades estáticas([14]). Em suma, as tipologias devem ser um meio e não, como por vezes tem acontecido, um fim da investigação.

Realizada segundo estes vários pressupostos, a história do Estado Novo reproduz uma visão elitista que havia sido desenvolvida pela própria ditadura. Uma visão imposta de cima para baixo, onde o poder omnipotente e omnisciente do líder e o dos aparelhos institucionais e jurídicos do regime se projectam sobre uma população apática e amorfa([15]). O próprio estudo da «resistência»

---

acerca da utilização do método comparativo em história o artigo seminal de Theda Skocpol e Margareth Somers, «The Uses of Comparative History in Macrosocial Inquiry», *Comparative Studies in Society and History*, vol. 22, n.º 2 (1980), pp. 174-197.

([12]) Michel Cahen, *Africando. Bilan 1988-2009 et projets 2009-2018*, Relatório para a Habilitação a dirigir investigações (Paris: Université de Paris I Panthéon-Sorbonne, 2008), p. 86.

([13]) Ver por exemplo Olivier Dabène, Vincent Geisser, Gilles Massardier, dir., *Autoritarismes démocratiques et démocraties autoritaires au 21ᵉ siècle. Convergences Nord/sud. Mélanges offerts à Michel Camau* (Paris: La Découverte, 2008); Michel Camau, Gilles Massardier, dir., *Démocraties et autoritarismes. Fragmentation et hybridation des régimes* (Paris: Karthala, 2009).

([14]) Por essa razão, vários autores, seguindo o exemplo de Guy Hermet, abandonaram o conceito de regime autoritário, preferindo o de situações autoritárias, expressão que abre mais perspectivas para compreender os processos de dominação, as constantes dinâmicas que existem em qualquer relação de poder e o funcionamento destas últimas.

([15]) Esta visão elitista do poder também se encontra na historiografia dos séculos XVIII e XIX e tem sido nos últimos anos matizada por

ao Estado Novo não é imune a esta tendência. Aqui, mais uma vez, tende a impor-se uma história de cima para baixo, onde o interesse nos que estão em «baixo» se parece limitar ao seu papel na narrativa histórica da «resistência» e à reprodução da pergunta «quem apoia, quem não apoia?». Face à imagem de um poder concentrado, as acções e práticas dos indivíduos têm como referentes de causalidade a actividade do regime e dos seus líderes. Desta forma, a interpretação das relações sociais limita o seu escopo à análise da posição explícita e «consciente» dos indivíduos e grupos em relação a este poder, ou como colaboradores ou como resistentes, ou, em alternativa, votados a uma passividade que é sinónimo de invisibilidade histórica.

A projecção sobre a sociedade da tipologia política do regime e da vontade do seu líder marginaliza processos históricos e sociais complexos, cuja lógica estrutural tende a desaparecer sob a força de uma história nacionalizada, refém das intenções ideológicas e dos objectivos de determinados aparelhos institucionais do Estado, aqueles que de forma mais clara representam a «ideologia do regime». O sentido destes aparelhos ideológicos, determinado pela legislação, por programas, discursos ou proclamadas intenções, impõe-se ao processo social e histórico apoderando-se dele, ao mesmo tempo que se apropria das pessoas que o constroem no seu quotidiano. A força de uma história nacional e a emergência do indivíduo histórico autónomo da sua sociedade, tendências que Norbert Elias enunciou de forma clara na introdução ao *Processo Civilizacional*([16]), reduzem a análise dos processos de mudança social e os benefícios conceptuais trazidos, por um lado, pela análise de longa duração e do advento de conceitos pluridimensionais como o de «configuração», «economias-mundo» ou «sistemas-

---

historiadores que puseram em relevo as «políticas populares», o papel do caciquismo, as relações conflituais entre o centro e a periferia. Neste sentido, um dos objectivos deste livro é de inserir o estudo do Estado Novo no «tempo longo» e não conferir ao período uma excepcionalidade que oculta a continuação de processos mais largos. Sobre estas problemáticas ver José Tengarrinha, *E o povo, onde está? Política popular, contra-revolução e reforma em Portugal* (Lisboa: Esfera do Caos, 2008) e Pedro Tavares de Almeida, Rui Miguel Branco, dir., *Burocracia, Estado e Território. Portugal e Espanha (século XIX-XX)* (Lisboa: Livros Horizonte, 2007).

([16]) Norbert Elias, *O processo civilizacional: investigações sociogenéticas e psicogenéticas* (Lisboa: Dom Quixote, 2006).

-mundo», ou mesmo o de «complexo histórico-geográfico»([17]); e, por outro, de todos os benefícios decorrentes de estudos realizados a uma escala mais pequena, de que a monografia, o estudo de caso ou a biografia([18]), quando extirpada dos vícios acima assinalados, constituem bons exemplos. Esta análise processual não pretende eufemizar a natureza autoritária e repressiva do Estado Novo, traduzida na acção de um aparelho coercivo que proibiu, perseguiu, censurou e asfixiou formas de participação, de mobilização, de resistência e de protesto([19]), que usou o medo e a desconfiança como modo de governo e procurou criar um aparelho de inculcação ideológica apoiado em diversas instâncias institucionais([20]).

No entanto, reconstituir o processo social durante este período implica recuperar um conjunto de práticas, perdidas ou invisíveis por não constituírem base empírica para uma visão restrita da história focada na tipologia institucional do regime, nos seus projectos e poderes e na acção do seu líder. Esta visão decorre também das fontes seleccionadas pelos investigadores e dos seus critérios de selecção. A abertura e a exploração crescente do Arquivo António de Oliveira Salazar na Torre do Tombo reproduz a tendência para a imposição de um olhar construído a partir do topo e que em seguida cobre toda a sociedade. Assim, se este arquivo é indis-

---

([17]) Rui Santos, «With a Mind to Science: Theoretical underpinnings of Vitorino Magalhães Godinhos historical work», *Review - Fernand Braudel Center*, vol. XXVIII, n.º 4 (2005), pp. 339-350.

([18]) Ver por exemplo a biografia de Álvaro Garrido sobre Henrique Tenreiro: *Henrique Tenreiro. Uma biografia política* (Lisboa: Temas e Debates, 2009).

([19]) Maria da Conceição Ribeiro, *A polícia política no Estado Novo, 1926-1945* (Lisboa: Estampa, 1995); Irene Flunser Pimentel, *A história da PIDE* (Lisboa: Temas e debates, 2007); Renato Nunes, *Miguel Torga e a PIDE. A repressão e os escritores no Estado Novo* (Coimbra: Minerva, 2007); Irene Flunser Pimentel, *Biografia de um inspector da PIDE. Fernando Gouveia e o partido comunista português* (Lisboa: A Esfera dos Livros, 2008); Paulo Marques da Silva, *Fernando Namora entre os dedos da PIDE. A repressão e os escritores no Estado Novo* (Coimbra: Minerva, 2009).

([20]) Fernando Rosas, «O salazarismo e o homem novo: ensaio sobre o Estado Novo e a questão do totalitarismo», *Análise Social*, vol. XXXV, n.º 157 (2001), pp. 1031-1054.

pensável e a publicação de parte do seu conteúdo muito útil[21], a sua sobrevalorização relativa tende a ocultar diversos domínios da prática historiográfica, como por exemplo a história social[22]. Como resultado deste processo de focalização e ocultação, muitos arquivos oficiais encontram-se pouco explorados, mal inventariados ou não inventariados de todo, não localizados, abandonados ou até destruídos. A quase nula mobilização colectiva dos historiadores perante a incúria que preside muitas vezes ao tratamento de muitos acervos documentais produzidos pela administração durante o século XX é inversamente proporcional ao destaque dado pela imprensa a qualquer pseudo-descoberta de fontes ligadas à figura de Salazar[23].

Noutro sentido, os documentos indisponíveis, mesmo os que parecem, ao senso comum partilhado por altos funcionários e políticos, inúteis ou mera «papelada», condicionam fortemente a maneira como se pode escrever história e que história se pode escrever. Assim, por exemplo, só uma reduzida parte do arquivo do antigo Ministério das Corporações e da Previdência Social, tão importante para levar a cabo uma história do trabalho e dos trabalhadores e das relações profissionais, está acessível

---

[21] Desde os trabalhos da Comissão do Livro Negro sobre o Regime Fascista até recentemente, com a edição da correspondência de Salazar com várias figuras do regime (Pedro Teotónio Pereira, Daniel Barbosa) foram publicados muitos documentos deste arquivo. Também foram publicados livros com correspondência endereçada e recebida por Salazar proveniente de espólios particulares. No entanto, algumas destas correspondências não são devidamente contextualizadas, são fragmentárias, não indicam a forma de aceder aos originais e à integralidade do espólio. De resto, muita desta correspondência não deveria estar em espólios privados mas, sendo os correspondentes antigos funcionários do Estado, remetido às instituições públicas.

[22] Ler também sobre os perigos duma focalização excessiva sobre os arquivos das instituições do Estado Novo e nomeadamente o arquivo Salazar, Miriam Halpern Pereira, *A História e as Ciências Sociais. Lição de Aposentação* (Lisboa: ISCTE, 2005).

[23] Uma das últimas manifestações deste fenómeno aconteceu em Abril de 2009: a notícia da descoberta de um arquivo reunindo documentos da Presidência de Conselho de Ministros foi amplamente noticiada pela comunicação social (chegando à primeira página de jornais) porque este fundo remetia para informações sobre a figura de Salazar.

aos investigadores([24]). A excessiva focalização no Arquivo Salazar oculta a natureza do processo político que se exercia quotidianamente sobre os indivíduos. Salazar é a árvore que esconde a floresta do exercício do poder na ditadura. O Estado português, progressivamente tentacular, funcionava sem Salazar, como aconteceu depois do acidente que o incapacitou. Apesar do que é por vezes sugerido([25]), nem todos os assuntos de Estado passavam pelo seu gabinete de São Bento, sobretudo nos anos cinquenta e sessenta quando paralelamente ao envelhecimento do ditador a acção do Estado no quotidiano da população se diversificou e se complexificou. Desde os anos trinta, ministros, ou até mesmo directores-gerais, conquistaram uma importante autonomia de actuação nas áreas que tutelavam. O estudo de instituições estatais, por vezes consideradas menores num contexto mais lato de dominação, é muitas vezes determinante para desmontar uma visão centralizada do exercício do poder, revelando os processos de negociação e apropriação individual ou colectiva dos recursos estatais([26]).

Durante o período do Estado Novo, o aparelho estatal português registou uma transformação decisiva como o comprovam alguns dados: de 1940 a 1968, o número de funcionários passou de 61811 para 184054; o de direcções gerais e administrações cen-

([24]) Ver os trabalhos sobre a pouca documentação que resta do Ministério das Corporações e da Previdência Social: Fátima Patriarca, *A Questão social no salazarismo, 1930-1947* (Lisboa: Imprensa Nacional/Casa da Moeda, 1995); Francisco Carlos Palomanes Martinho, *A bem da Nação: o sindicalismo português entre a tradição e a modernidade (1933-1947)* (Rio de Janeiro: Civilização Brasileira, 2002); Albérico Afonso Costa Alho, F.P.A. *A Fábrica Leccionada. Aventuras dos Tecnocatólicos no Ministério das Corporações* (Porto: Profedições, 2008).

([25]) António Costa Pinto, «O império do professor, Salazar e a elite ministerial do Estado Novo (1933-1945)», *Análise Social*, vol. XXV, n.º 157 (2001), pp. 1055-1076.

([26]) Ver o estudo das instituições corporativas ligadas às pescas estudadas por Álvaro Garrido, *O Estado Novo e a Campanha do Bacalhau* (Lisboa: Círculo de Leitores, 2004) e *Economia e política das pescas portuguesas. Ciência, direito e diplomacia nas pescarias do Bacalhau (1945-1974)* (Lisboa: Imprensa de Ciências Sociais, 2006). Ver também Mário Vieira de Carvalho, *Pensar é Morrer ou O Teatro de São Carlos nas mudanças de sistemas sóciocomunicativos desde fins do séc. XVIII até aos nossos dias* (Maia: INCM, 1993).

trais de 123 (em 1935) para 211 (em 1965)([27]). O mesmo processo ocorreu nos aparelhos de Estado coloniais, sobretudo nos territórios de povoamento. Para além de lhe atribuirmos uma função representativa da doutrina do regime, função que possuía a diversos níveis, interessa-nos olhar para o Estado como o suporte de um conjunto de formas de relação social, directamente ligadas ao processo de divisão social do trabalho e ao aumento das interdependências sociais([28]). No contexto de uma reconfiguração dos problemas e das metodologias, interessa-nos interpretar o incremento do processo de construção em Portugal de um Estado moderno, burocrático, criador de recursos e de autonomias específicas, regulador do quotidiano, no sentido do seu poder-infraestrutural([29]) e da imposição de uma governamentalidade([30]), legitimador de um processo de estratificação desigual, prestador de funções sociais, produtor de um saber específico manufacturado e aplicado em inúmeros espaços institucionais.

Ainda no que respeita à importância da diversificação das fontes, escasseiam os trabalhos sobre o período fundamentados em publicações secundárias, de natureza regional e associativa, bem como em arquivos regionais([31]), acervos fundamentais para se

---

([27]) Luís Salgado de Matos, *Um «Estado de Ordens» contemporâneo. A organização política portuguesa*. Tese de doutoramento (Lisboa: Instituto de Ciências Sociais, 1999), p. 536.

([28]) Veja-se, entre outros, a propósito da centralidade analítica do Estado moderno: Peter B. Evans, Dietrich Rueschemeyer, Theda Skocpol, dir., *Bringing the State Back in* (Cambridge: Cambridge University Press, 1994); Michael Mann, *The Sources of Social Power*, 2 vols. (Cambridge: Cambridge University Press,1986); Pierre Bourdieu, Loïc Wacquant, Samar Farage, «Rethinking the State: Genesis and Structure of the Bureaucratic Field», *Sociological Theory*, vol. XII, n.º 1 (1994), pp. 1-18.

([29]) Michael Mann, «The autonomous power of the state: its origins, mechanisms and results», *Archives Européennes de sociologie*, vol. XXV (1984), pp. 185-213.

([30]) Michel Foucault, *Sécurité, territoire, population* (Paris: Gallimard/Seuil, 2004).

([31]) Ver algumas excepções, Dulce Freire, «Trabalhar nas vinhas do Douro e do Ribatejo em meados do século XX» in *O Douro Contemporâneo*, dir. Gaspar Martins Pereira e Paula Montes Leal (Porto: Grupo de Estudos de História da Viticultura Duriense, 2006), pp. 247-272; Diego Palacios Cerezales, *Estado, Régimen y Orden Pública en el Portugal Contemporáneo (1834-2000)*. Tese de doutoramento (Madrid: Universidad Complutense de Madrid, 2008).

aceder a uma escala de relações sociais raramente existentes em documentação central. É notória enfim, na investigação sobre este período, a marginalização do recurso à história oral, sobretudo quando o historiador não se limita a entrevistar membros das elites políticas e sociais([32]). A história oral, neste quadro, não se assume apenas como um mero instrumento metodológico, mas como uma estratégia que define um olhar sobre a sociedade, nomeadamente sobre os seus segmentos sociais menos apreensíveis por registos documentais, os que não deixaram memórias nem um culto letrado, aqueles cujas práticas de trabalho ou de lazer são menorizadas. A construção de uma história social do período é mais visível em trabalhos monográficos([33]) ou em alguns dados construídos pelo próprio regime (de que o *Inquérito Económico-Agrícola* [1934-1936]

([32]) Sobre obras tendo recurso às fontes orais ver Paula Godinho, *Memórias da resistência rural no sul. Couço (1958-1962)* (Oeiras: Celta, 2001); Luísa Tiago de Oliveira, *Estudantes e Povo na Revolução. O Serviço Cívico Estudantil (1974-1977)* (Oeiras: Celta, 2004); Carlos Manuel Gonçalves, *Emergência e consolidação dos economistas em Portugal* (Porto: Afrontamento, 2006); Marta Nunes Silva, *Redes de Emigração Económica Clandestina com Destino a França (Penedono, 1960-1974)*. Tese de mestrado em História (Lisboa: Instituto Superior de Ciência do Trabalho e da Empresa, 2008); Sónia Vespeira de Almeida, *Camponeses, Cultura e Revolução. As Campanhas de Dinamização Cultural e Acção Cívica do MFA (1974-1975)* (Lisboa: Colibri, 2009).

([33]) Ver por exemplo, José Cutileiro, *Ricos e pobres no Alentejo. Uma sociedade rural portuguesa* (Lisboa: Sá da Costa, 1977); Manuel Viegas Guerreiro, *Pitões das Júnias. Esboço de monografia etnográfica* (Lisboa: Serviço Nacional de Parques, Reservas e Património Paisagístico, 1981); Brian O'Neill, *Proprietários, lavradores e jornaleiras. Desigualdade social numa aldeia transmontana, 1870-1978* (Lisboa: Dom Quixote, 1984); João Ferreira de Almeida, *Classes sociais nos campos. Camponeses parciais numa região do noroeste* (Lisboa: Edições do Instituto de Ciências Sociais, 1986); João de Pina Cabral, *Filhos de Adão, Filhas de Eva. A visão do mundo camponesa do Alto Minho* (Lisboa: Dom Quixote, 1989); Joaquim Pais de Brito, *Retrato de aldeia com espelho. Ensaio sobre Rio de Onor* (Lisboa: Dom Quixote, 1996); Susana Pereira Bastos, *O Estado Novo e os seus vadios* (Lisboa: Dom Quixote, 1997); Manuel Carlos Silva, *Resistir e adaptar-se. Constrangimentos e estratégias camponesas no noroeste de Portugal* (Porto: Afrontamento, 1998); José Manuel Sobral, *Trajectos: o presente e o passado na vida de uma freguesia da Beira* (Lisboa: Imprensa de Ciências Sociais, 1999); Miguel Chaves, *Casal Ventoso: da Gandaia ao Narcotráfico. Marginalidade económica e dominção simbólica em Lisboa* (Lisboa: Imprensa de Ciências Sociais, 1999); António Firmino da Costa, *Sociedade de bairro. Dinâmicas sociais da identidade cultural* (Lisboa: Celta, 1999).

e o *Inquérito à Habitação Rural* [1943-1947] são talvez os melhores exemplos)([34]), conhecimento normalmente organizado sob outros regimes temáticos e disciplinares. Só assim parece ser possível aceder a um mundo de relações onde o Estado não chegava, ou chegava mal, ou só chegava articulando-se com os interesses e as maneiras de ver dos agentes locais do Estado, ou era apropriado por sistemas de dominação remanescentes de uma sociedade de antigo regime. Sem uma diversificação de fontes é difícil ter acesso às relações sociais politicamente desinstitucionalizadas, mas também a todas aquelas práticas que envolviam braços do Estado, as enquadradas pela escola, pela propaganda, pela administração, pelas instituições da cultura popular e erudita, que muitas vezes se assume serem o resultado das intenções ideológicas inerentes à própria dinâmica institucional. Agindo desta forma, o aluno será sempre o resultado da ideologia escolar, o leitor da ideologia escolástica, o adepto de futebol da alienação fascista, o crente da instrumentalização religiosa, o camponês da «cultura popular» eterna. Estudar a oferta, seja ela de bens culturais ou materiais, não deve impedir pensar as reapropriações, traduções, «bricolagens»([35]) e subversões populares([36]).

*

A análise histórica de um conjunto de práticas e representações sociais ocultas e da sua relação com o poder político, mas também com as desigualdades estruturais decorrentes do processo de estratificação social, beneficia do estabelecimento de bases que possibilitem, a partir de um projecto sustentado de forma orgânica numa unidade conceptual e metodológica, uma interpretação da relação entre a escala micro e processos situados a uma escala mais estrutural. Desta forma, trata-se de equacionar o velho

---

([34]) Veja-se o capítulo de Frederico Ágoas neste volume e João Leal, *Etnografias Portuguesas (1870-1970). Cultura Popular e Identidade Nacional*, (Lisboa: Publicações Dom Quixote, 2000).

([35]) Michel de Certeau, *L'invention du quotidien, t.1, Arts de faire* (Paris: Gallimard, 1990).

([36]) Veja-se Richard Hoggart, *As utilizações da cultura: Aspectos da vida da classe trabalhadora com especiais referências a publicações e divertimentos* (Lisboa: Presença, 1975 [1957]).

problema da ligação entre a acção e a estrutura evitando reduzir aquela a um reflexo da história nacional, da tipologia do regime e da vontade do líder. Sem eliminar estes factores da equação, interessa pensar as práticas e as relações de poder no quadro de processos socializadores que caracterizaram os últimos dois séculos, focos da estruturação primária das relações sociais, como o foram, para lá de um quadro de explicação nacional, o advento do Estado moderno centralizado, o incremento da divisão e especialização social do trabalho, factor de integração e conflito, e a decorrente multiplicação das interdependências sociais. Estes elementos centrais dos processos históricos reconfiguram as formas de dominação mas também os poderes, não apenas traduzidos em lutas organizadas, mas noutras formas de resistência, modos de expressão, mobilidades, novos hábitos e consumos, elementos que redesenham os conflitos manifestos e latentes, transformando os equilíbrios em dinâmicas. Tal abordagem permite o regresso dos fracos, atribuindo-lhes poder, não apenas o poder político mas o poder de criar, de negociar, de «resistir e adaptar-se»[37]. O desenvolvimento do processo de divisão social do trabalho e do conhecimento e da especialização do aparelho estatal criaram esferas de poder relativamente autónomas[38] expressas numa multiplicação de interesses e racionalidades que se revelam complexas e não redutíveis a uma concentração do poder num centro monolítico, entendido como origem principal da causalidade histórica, tanto no que respeita aos seus sucessivos períodos temporais como no que concerne à diversidade de forças que em cada período imperam. Enfim, as estruturas da sociedade portuguesa reproduzem, de forma particular, à qual a natureza do regime não é evidentemente indiferente, processos de transformação estrutural transnacionais que se repercutem nas práticas quotidianas e nos modos de representação do mundo.

*

---

[37] Manuel Carlos Silva, *Resistir e adaptar-se. Constrangimentos e estratégias camponesas no noroeste de Portugal* (Porto: Afrontamento, 1998).

[38] Campos sociais, se quisermos utilizar o conceito cunhado por Bourdieu, na esteira da análise dos processos de racionalização estudados por Weber.

INTRODUÇÃO | 21

Este conjunto de estudos sobre o período do Estado Novo não pretende avançar com uma alternativa sistemática ao modo como se tem organizado um campo de estudos e contada uma narrativa histórica, projecto que exigiria outra lógica de trabalho. Estes textos procuram, no entanto, a partir de um conjunto de estudos de caso, definir problemas de investigação que, em relação à história do período, estejam para além de uma definição restrita de questões de partida ou sirvam apenas para confirmar modelos pré-estabelecidos de análise. A tentativa de ultrapassar este confinamento é desenvolvida pelos vários textos de formas diferentes, redefinindo a relação entre as várias escalas do poder, procurando indivíduos, grupos e práticas ocultados por determinada perspectiva, propondo novas formas de conceber uma narrativa cronológica, acentuando a importância de temas menosprezados.

O caso da emigração portuguesa para França, explorado por Victor Pereira, permite pensar as relações de poder neste longo período da história da sociedade portuguesa como um intrincado processo de interdependências no qual a acção do regime e do seu máximo dirigente está condicionada por um conjunto de forças (grupos sociais, instituições, administrações, correntes políticas, sectores produtivos, interesses locais) em permanente conflito e tensão. Estas tensões remetem para a relação do poder político com outros poderes situados a escalas diferentes; forças que não podem ser reduzidas aos mecanismos da obediência, já que também elas instrumentalizam o poder do Estado, levando-o a negociar([39]). Nesta perspectiva, é difícil pensar que o ditador tem o poder como possui um bem. Como outros textos procurarão revelar, o poder do regime, em grande medida não confundível com

---

([39]) Trabalhos inspirados pelas leituras de Norbert Elias já demonstraram que em ditaduras o poder dirigente máximo, aparentemente absoluto, está encastrado numa rede de interdependências obrigando a negociações e equilíbrios. Ver no caso da ditadura na Tunísia, Béatrice Hibou, *La force de l'obéissance. Economie politique de la répression en Tunisie* (Paris: La Découverte, 2006). Pode também consultar-se o trabalho de Delphine Dulong sobre a legitimação de certos grupos sociais no espaço público pela construção e defesa da proeminência do Presidente da República no contexto do início da Quinta República francesa: «Le président de la République: configuration et position prééminente», in *Norbert Elias, la politique et l'histoire*, dir. Alain Garrigou, Bernard Lacroix (Paris: La Découverte, 1997), pp. 266-289.

o poder do Estado, relaciona-se com inúmeros poderes instituídos, parte deles organizados institucionalmente, outros inscritos nas estruturas sociais, nas relações de classe, de género, nas socializações familiares e espaciais, no fundo, na incorporação social de desigualdades objectivas, processo sobre o qual o regime, certamente, não deixa de actuar como um importante árbitro, não apenas como um instrumento de aplicação de uma doutrina, mas também como um gestor das desigualdades sociais e das mobilidades. É fundamental compreender como Salazar usou os conflitos que dividiam as elites portuguesas (provocando-as por vezes) para fortalecer a sua posição de árbitro ([40]), mas também compreender que interesses tinham os indivíduos e os grupos que participaram no equilíbrio de forças que constituiu o Estado Novo. Que poder(es) a preeminência de Salazar assegurava e defendia? O centro da questão não é apenas o poder de Salazar mas os poderes que circulavam na sombra de Salazar, poderes que asseguravam a posição do ditador. A reconfiguração da estrutura de classes, reforçada pela mobilidade da população que se exprime pela emigração e pela urbanização, revelou novos poderes e tensões tanto no que respeita às lutas entre classes dominadas e classes dominantes, mas também às lutas no interior destas últimas. Com efeito, a mobilidade da população reconfigura o conflito entre a burguesia agrária e a burguesia industrial mas também os conflitos internos nestes estratos da população.

Um dos principais objectivos do texto de Victor Pereira, presente de forma matricial no capítulo seguinte da autoria de Inês Brasão, passou por compreender a racionalidade daqueles que decidiram mover-se, das suas expectativas, trajectos e processos de adaptação, contra explicações mecânicas do fenómeno migratório que reduzem a mobilidade à diferença de salários entre o local de origem e o local de destino ou que postulam que é apenas a pobreza que incita os indivíduos a partir ([41]). Recorrendo à perspectiva dos próprios actores, é possível interpretar, a uma escala mais baixa, as contradições decorrentes da evolução social nesta época,

---

([40]) Como já foi notado para os anos 1930-1960 por Fernando Rosas, *Salazarismo e fomento económico* (Lisboa: Editorial Notícias, 2000), pp. 9-16.

([41]) Para uma desconstrução destes postulados, veja-se José Moya, *Cousins and strangers. Spanish immigrants in Buenos Aires, 1850-1930* (Berkeley: University of California Press, 1998).

especialmente visíveis nos grandes movimentos da população portuguesa no período do pós-guerra.

Inês Brasão procura precisamente, recorrendo à voz dos elementos de uma das mais esquecidas categorias laborais em Portugal, as criadas de servir, olhar o processo de transformação do espaço económico nacional a partir das suas experiências vividas, enquanto observatório particular que permite interpretar mudanças e continuidades sociais. As criadas, grupo muito significativo em termos numéricos no Portugal do século XX, são um objecto historiográfico que quase desaparece sob a força de uma história dominada pela acção das elites ou pelo estudo das resistências confinadas ao protagonismo dos heróis individuais e colectivos consagrados por narrativas políticas, tais como os assalariados rurais, ou os operários. A diversificação e urbanização da estrutura ocupacional deu origem a um movimento do espaço rural para as cidades e suas periferias que abalou as sociedades mais ruralizadas e tornou as cidades espaços mais dificilmente controláveis. Os processos sociais que caracterizaram estes movimentos configuraram modos de adaptação de populações rurais a espaços urbanos e a uma economia em modernização desequilibrada (as políticas sociais só tardiamente e imperfeitamente acompanharam os processos de urbanização e de massificação do assalariamento, agravando a «descoincidência relativa entre produção capitalista e reprodução social»([42])), o que determinou em Portugal uma permanência de economias informais([43]), sustentáculo existencial de vidas informais. Os estudos orientados para uma escala macrossocial realizados no âmbito da ideologia desenvolvimentista da sociologia e da economia a partir dos anos sessenta, revelando os traços desiguais que definiam o quadro de desenvolvimento do país, acabaram por homogeneizar os dois pólos a partir dos quais se concebia a análise da evolução do país: por um lado, os modernos meios urbanos do litoral, por outro, o Portugal do interior, atrasado e imóvel([44]).

([42]) Boaventura de Sousa Santos, *O Estado e a sociedade em Portugal (1974-1988)* (Porto: Afrontamento, 1990), p. 109.

([43]) Manuel Villaverde Cabral, «A economia subterrânea vem ao de cima: estratégias da população rural perante a industrialização e a urbanização», *Análise Social*, vol. XIX, n.º 76 (1983), pp. 199-234.

([44]) Adérito Sedas Nunes, *Sociologia e ideologia do desenvolvimento* (Lisboa: Moraes, 1969).

As vozes das mulheres entrevistadas por Inês Brasão expressam à sua maneira uma posição social em mudança vivida na primeira pessoa. A visão a partir de um mundo rural pobre e desigual, assente em relações de servidão; o processo de transição, firmado em opções difíceis fundadas ainda em redes de relação servis; a adaptação a uma condição urbana, onde os elementos de uma categoria laboral em transformação viviam entre a manutenção no mundo urbano de uma estrutura de relações de poder vincada e as oportunidades decorrentes das solicitações da cidade, espaço de novas relações e de consumos, fundamento de outras concepções e aspirações sociais; o regresso à terra de origem já muitas vezes sob uma condição material e simbólica diferente que conferia a estas mulheres um estatuto local particular.

A análise das práticas de lazer e dos consumos culturais durante o Estado Novo, presente no texto de Inês Brasão, torna-se num dos objectos fundamentais dos textos de Manuel Deniz Silva e Pedro Russo Moreira, sobre a rádio e a história da Emissora Nacional, e de Nuno Medeiros, sobre o universo da edição. Estes textos examinam a constituição de esferas sociais relativamente autónomas, produtoras de interesses e racionalidades comerciais, culturais, profissionais, de classe ou fracção de classe. A relação destes universos com o poder político e com o Estado era necessariamente filtrada por todo um conjunto de negociações, apropriações e retóricas que revelam a necessidade de não tomar a acção dos indivíduos que os sustentavam como dependentes de um vínculo estritamente político, reflexo de uma concepção política e ideológica emanada por um centro. Os agentes envolvidos nestes espaços de decisão procuraram utilizar o Estado, criador de uma estrutura de oportunidades, como plataforma de recursos sociais e simbólicos. Neste sentido, perseguiam interesses que se encontravam relativamente ocultados por detrás da típica retórica institucional presente em registos documentais. O reconhecimento da existência destes campos relativamente autónomos implica um pressuposto conceptual que afecta o modo como se olha o processo histórico e que necessariamente deve ser apoiado numa diversificação de fontes. Um dos maiores interesses no estudo da rádio e da edição era o modo como estes se apresentavam como instrumentos de mediação social, cultural, económica e também política. As indústrias culturais e mediáticas produziam imagens influenciando de modo inevitável as representações dos indivíduos sobre o mundo.

No período em estudo desenvolveram-se os meios de comunicação de massa, surgiu a rádio e a televisão, massificou-se o cinema, os desportos de competição e outras formas de cultura popular. O efeito de mediação exercia-se pela relação entre centros de produção cultural e os seus receptores, no âmbito de um mercado particular. A relação destes fenómenos, estruturadores do quotidiano, com o regime está ainda em grande medida por explorar[45].

Manuel Deniz Silva e Pedro Russo Moreira demonstram, a partir do caso da Emissora Nacional, a forma como a intervenção do regime na rádio pública foi condicionada pelas regras de um mercado cultural específico que o poder precisava de compreender. A concepção de uma prática cultural ideológica dependia das virtudes e defeitos de um meio de comunicação que possuía uma projecção popular sustentada em gostos sedimentados. Os receptores não eram seres passivos sem preferências, histórias ou critérios de classificação estética. A produção radiofónica, para ser eficaz, estava constrangida pelas características das suas audiências, enformadas por um universo cultural toldado por emissores concorrenciais de característica comercial que exploravam o emergente mercado do disco, mas também outras formas culturais populares, para conseguirem boas audiências. No decorrer das discussões sobre a melhor forma de organizar a rádio nacional, descritas por Manuel Deniz Silva e Pedro Russo Moreira, travavam-se as lutas particulares inerentes a este campo de intervenção política e cultural. O Estado Novo, apoiando a cultura, contribuiu para a institucionalização de um campo cultural que, até hoje, se constitui como uma estrutura sustentada pelo Estado, onde se jogavam interesses e estratégias diversas, reprodutores de interesses corporativos ou decorrentes de lógicas mais finas de reprodução de determinadas camadas sociais. A lógica destas lutas, e dos indivíduos que as protagonizavam, encontrava-se muito para lá de uma directa adesão aos princípios políticos dos regimes que governavam o país.

---

[45] Ver Francisco Rui Cádima, *Salazar, Caetano e a televisão portuguesa* (Lisboa: Presença, 1996); Luís Reis Torgal, dir., *O Cinema sob o olhar de Salazar* (Lisboa: Temas e Debates, 2000); Yves Léonard, «Portugal (1928--1974). Sous l'œil de Salazar» in *Cinéma et régimes autoritaires au XXe siècle. Ecrans sous influence*, dir. Raphaël Muller, Thomas Wieder (Paris: Presses Universitaires de France, 2008), pp. 81-96.

O reconhecimento da existência de um campo da edição caracterizado por lutas próprias e por um diálogo particular com o poder do regime e do Estado é também um princípio que guia o texto de Nuno Medeiros sobre a relação dos editores com a sociedade portuguesa durante o Estado Novo. Também aqui, o autor não reduz o universo de actividade de um campo de actividade relativamente autónomo à sua inserção numa sociedade que pode ser erradamente confundida com o regime que a governava. A organização do campo editorial, coagida politicamente, dialogava com as lógicas próprias de uma actividade em constante relação com um mercado de gostos em desenvolvimento. Num país com baixos índices de alfabetização, a circulação de objectos impressos não deixava de replicar lógicas internacionais, a especialização de uma oferta editorial que reflectia a emergência de categorias editoriais homólogas a tipos sociais em permanente transformação: as «mulheres», as «crianças», os «jovens», o «leitor popular», o «leitor do livro técnico», o «leitor do livro nacional», o «leitor do livro internacional», etc. Noutro sentido, a relação dos editores com o Estado, fonte de enquadramento de uma actividade profissional, não deve ser confundida com a relação com um regime, fonte de enquadramento e controlo político e ideológico. Entre estes mundos, como Nuno Medeiros procura provar, vogam um conjunto de interesses individuais e colectivos, que juntam vocações literárias ao simples desejo de exploração comercial. Neste aspecto, as editoras, ao fazerem circular o livro, não deixaram de exercer um efeito de socialização nos leitores, criando formas de imaginação social que apenas os estudos sobre a recepção poderão revelar com mais acuidade, um processo metodológico que evita os olhares que tomam o leitor pela obra lida, ou aqueles que seleccionam o interesse da obra pela sua relação com a literatura da situação ou, mais evidentemente, com a literatura da resistência. Nestes textos, a recepção das obras culturais é um poder implícito, embora aqui não inquirido directamente, em todas as decisões tomadas no lado da produção, seguissem estas um interesse mais comercial ou político.

Os textos de Nuno Domingos e Frederico Ágoas, partindo de objectos diferentes, a organização de tempos livres para trabalhadores (FNAT) criada em 1935 pelo regime e a história da institucionalização de uma prática sociológica em Portugal, procuram criar uma narrativa histórica sustentada em nexos de causalidade que se encontram para lá de uma estrutura de explicação fundada na matriz ideológica do regime. Nesse sentido, enquadraram os seus objectos no âmbito de processos macrossociais, nomeadamente o processo de construção do Estado moderno, junto do qual se desenvolvem instrumentos e técnicas de intervenção social e se institucionalizam saberes, e a relação desta infra-estrutura estatal com o incremento da divisão social do trabalho. A reacção de grupos organizados dentro do aparelho de Estado à circulação de ideias e técnicas que enquadravam um novo modelo económico permite interpretar a hegemonia progressiva de uma ideologia desenvolvimentista, onde a legitimidade do poder já não assentava somente na soberania mas, entre outras coisas, no crescimento económico capaz de favorecer o próprio desenvolvimento do Estado. Estes artigos, focando as lógicas de negociação dentro do aparelho do Estado e da estrutura do poder, acentuando apropriações e tensões várias, optam por um olhar mais amplo, forma de propor uma outra leitura de processos longos.

A relação desta forma estatal burocrática com a emergência de determinado tipo de relações de produção, também elas relações sociais por excelência, é tratada no artigo de Nuno Domingos sobre a acção da Fundação Nacional para a Alegria no Trabalho. A organização de tempos livres para trabalhadores, na esfera específica do lazer, assinalava a utilização por parte do Estado, no quadro do corporativismo português, de técnicas modernas de regulação de um sistema de relações de produção de tipo capitalista; a génese de tais relações remonta ao século XIX e assistiu-se à sua transformação durante o século XX, quando o Estado veio a assumir um papel mais interventivo, procurando agir em escalas diferentes, tanto no contexto da formação de sistemas de protecção social como no quotidiano concreto das empresas. Neste quadro de intervenção específico não se esgotava a acção da FNAT nem imperava um tipo de «inculcação ideológica», normalmente associada a uma cronologia do período fundada sobre a tipologia do regime. Num quadro mais largo de políticas sociais, esta acção específica da FNAT impunha uma mediação ideológica, fundada em conhecimentos periciais promovidos em fóruns internacionais e institucionalizados dentro do aparelho de Estado, que incidia sobre as condições de socialização dos trabalhadores. As políticas de regulação social, que configuram formas ideológicas modernas, subtis, contrastavam com os métodos repressivos e de aterrorização que o regime nunca deixou de usar. A FNAT interveio na escala da empresa, num contexto de reorganização das relações de trabalho que o corporativismo promoveu e que o neocorporativismo desenvolveria[46]. Em Portugal, como noutras paragens, os fundamentos desta acção ideológica foram progressivamente eufemizados. A autonomização relativa de um campo específico de resolução de problemas sociais relacionado com a questão das relações de trabalho legitimou a procura de uma maior justiça social, ocultando as condições históricas e sociais que estiveram na base da formação desse mesmo campo.

É também de um processo de esquecimento que Frederico Ágoas trata no seu texto, neste caso de uma genealogia perdida da história da sociologia em Portugal: a sua aplicação no contexto dos estudos sobre estruturas agrárias e o mundo rural. A recuperação desta história não é apenas relevante para desafiar uma narrativa oficial da disciplina, sustentada num olhar internalista, dir-se-ia não sociológico, produzido pelos próprios agentes que circulam no campo. Refundar a cronologia de uma prática científica possibilita interpretar a relação dos saberes com o processo de institucionalização do aparelho estatal e, inversamente, a relevância que os problemas sociais identificados pelo Estado tiveram na institucionalização de algumas disciplinas científicas em Portugal. Estes problemas sociais não decorrem em primeira mão de preocupações específicas de um governo fascista, mas sim, mais uma vez, das questões que as relações sociais, e nomeadamente as relações de trabalho, como acontecia noutros contextos políticos, colocavam a agentes económicos e sobretudo aos elementos do crescente e burocratizado aparelho estatal. Tal olhar rompe necessariamente com as fronteiras de uma história política. Os quadros conceptuais e metodológicos alocados para conhecer a população, que enformam uma prática sociológica, resultam de um contexto em que se interceptam lógicas propriamente políticas, com diversas autonomias estatais e com interesses decorrentes da sistematização de um ofício científico, dependente de uma procura estatal mas apresentando dinâmicas autónomas geradoras de contradições que apenas uma narrativa situada a determinada escala pode determinar.

---

[46] Manuel de Lucena, *A evolução do sistema…*; Howard Wiarda, *Corporatism and development. The Portuguese experience* (Amherst: The University of Massachusetts Press, 1977); Philippe Schmitter, *Portugal: do autoritarismo à democracia* (Lisboa: Imprensa de Ciências Sociais, 1999).

O texto de Ricardo Noronha centra-se num problema económico específico, a inflação, que possuía também uma importante dimensão política. A luta contra a inflação tinha sido erigida como uma prioridade da política económica e financeira do Estado Novo para favorecer a repatriação dos capitais que, na Primeira República, tinham sido investidos na bolsa de Londres, atrair os investimentos e manter a paz social. Além de ser uma preocupação económica, o controle da inflação devia provar o sucesso do Estado Novo no restabelecimento da ordem financeira, económica, política e social e a sua superioridade em relação ao regime anterior. Ricardo Noronha procura reconstruir, para um período de «tensão inflacionária», toda uma dinâmica de negociação que revelava a articulação do saber económico com as políticas estatais. Esta análise acentua a importância de considerar que durante o período do Estado Novo, mas também para lá dos limites de uma cronologia sustentada nas fronteiras impostas por uma história política, Portugal fez parte de uma rede de trocas económicas, sociais políticas e culturais, assente em redes institucionais internacionais, nas relações decorrentes da divisão internacional da produção e do consumo e no inerente desenvolvimento de uma sociedade de classes([47]). A economia capitalista ia-se impondo pela exploração dos instrumentos macroeconómicos, enquadrados e legitimados pelo Estado, como foi notado nos textos de Nuno Domingos e Frederico Ágoas, mas também no modo, ainda pouco estudado, como se generalizaram, entre a população, comportamentos económicos de gestão de orçamentos familiares e individuais, suportados pela expansão do sistema bancário pelo território. O problema da inflação sugere ainda o interesse em analisar, sob outras estratégias metodológicas, o pouco explorado efeito social da circulação de mercadorias, decorrente de um interesse comercial, não controlado politicamente, e dos seus efeitos sobre as práticas quotidianas, já que os produtos, além da sua natureza material e puramente económica, se imiscuem nas relações sociais, transformando-as([48]).

([47]) Em suma a sua participação no quadro de um sistema mundo em evolução, como o propôs Immanuel Wallerstein, *O Sistema Mundial Moderno* (Porto: Afrontamento, 1990).

([48]) Arjun Appadurai, dir., *The social life of things. Commodities in cultural perspectives* (Cambridge: Cambridge University Press, 1986).

No contexto de uma economia ocidental em forte crescimento e em vias de integração, articulada com todo o espaço colonial, a utilização do conhecimento pericial económico, disputado por vários especialistas, denunciava, apesar do aparente carácter neutral da sua cientificidade, uma relação próxima com os interesses de agentes económicos e a sua força no aparelho de Estado. A economia impunha-se como a matriz fundamental de interpretação da realidade, que sustentava tomadas de decisão políticas e sociais afirmando-se como um princípio de discussão progressivamente indiscutível e não escrutinado nem genericamente compreendido pela população, escudado que estava no vocabulário da razão técnica. O problema da inflação sugere formas diferentes de imaginar uma sociedade, que ultrapassam as fronteiras do regime, e que colocam em confronto técnicos que argumentam, dentro dos seus saberes, com o intuito de projectar modelos de sociedade política e ideologicamente fundados. Desta forma, além de interpretar o quadro de relações fundamentais que dominavam a política e a economia, suscitando uma análise estrutural das suas relações e dependências, Ricardo Noronha também examina os economistas da oposição, próximos do Partido Comunista Português, que por intermédio da análise do mesmo problema económico, a inflação, sugerem um diferente modelo de sociedade, crítico do capitalismo português, que são obrigados a sustentar do ponto de vista da ciência económica. O texto de Ricardo Noronha, focando-se em determinado problema económico, participa no debate sobre a natureza do marcelismo, suas rupturas e continuidades. Este período histórico é quase sempre interpretado à luz do seu passado mas sobretudo do período posterior, iniciado pelo 25 de Abril. No sentido da crítica de Roger Chartier a uma história do século XVIII que se reduz à procura das causas da Revolução Francesa, podemos afirmar que a interrogação sobre se o marcelismo foi uma «transição falhada» assume o princípio teleológico da necessidade de uma transição[49]. Assim, o período que vai da chegada de Marcello Caetano a São Bento até ao 25 de Abril transforma-se quase num não-momento histórico, que carece ser estudado por aquilo que foi e não por o que devia ter sido.

---

[49] Roger Chartier, *Les origines culturelles de la révolution française* (Paris: Seuil, 1990).

INTRODUÇÃO | 31

Por fim, o texto de Nuno Dias abre as portas para uma questão pouco explorada pela historiografia do período: a relação de alguns processos sociais durante o Estado Novo com o império colonial e suas continuidades no contexto pós-independências. A nacionalização do processo histórico, entendida aqui como um confinamento à metrópole nacional, tende a separar o mundo colonial da estruturação de dinâmicas de relacionamento e organização social de um espaço global que inclui territórios diferentes em permanente relação. No que respeita ao processo de racialização, tema tratado por Nuno Dias, interessa desafiar uma concepção metropolitana de «sociedade portuguesa», questionando categorias através das quais ela deve ser pensada. Ao tratar as relações raciais no império português a partir de uma população particular que vivia dentro das suas fronteiras, os indianos, o autor interroga o modo como concebemos cientificamente a escala de um espaço soberano, nacional e imperial, e, neste caso específico, o tratamento das vidas e das práticas de todos aqueles que ali habitam. O campo de investigação sobre o Estado Novo, tratando das trocas económicas com o mundo colonial e do processo político e legislativo que decorre da gestão desse universo, acaba por reificar uma ideia de «população» e de «sociedade» da qual estão excluídos os indivíduos que viviam dentro das suas fronteiras, legitimando um destino definido pelo próprio Estado colonial. Apesar das estruturas coloniais locais, formais ou informais, terem desempenhado um reconhecido papel na estruturação dos modos de vida e das relações de poder, a regulação política matricial do Estado colonial não deixou, durante o Estado Novo, de ser definida a partir de Lisboa. Deste modo, a inexistência de um «problema racial» na metrópole, ou pelo menos a sua importância relativa, é o resultado da exclusão do terreno colonial como base de colocação de um conjunto de problemas de investigação.

*

Gostávamos de agradecer ao Cesnova (F.C.T), que acolheu o seminário do qual resultou esta obra, nomeadamente ao Grupo da Sociologia Histórica Comparada. Este seminário proporcionou um conjunto de debates e discussões que contribuíram significativamente para a organização deste livro. O trabalho a que este livro foi sujeito pelo critério rigoroso, entusiasmado e crítico dos dois avaliadores (*referees*) foi importante para a versão final, bem como aliás as leituras cruzadas realizadas entre os autores dos vários textos, que nunca recusaram debater as suas perspectivas. Parte das preocupações dos avaliadores relacionava-se com a articulação entre os objectivos avançados na introdução e os textos do livro. Em certo sentido, cabia perguntar se os textos cumpriam de forma coerente alguns dos pressupostos avançados na introdução. O trabalho de revisão procurou aproximar os textos, reforçando a ideia, que assumimos no princípio, da existência de um debate comum partilhado por todos, sem que isso prejudicasse a personalidade dos textos e o olhar particular de cada autor. Independentemente da unidade alcançada, subsistiu até ao fim a ideia inicial de provocar uma discussão quanto aos princípios que presidem à análise historiográfica de determinado período e o desejo de tornar a discussão teórica e metodológica no centro de um debate que consideramos estar ainda em grande medida por fazer.

Bibliografia

AA.VV, *O Fascismo em Portugal* (Lisboa: Regra do Jogo, 1982).

AA.VV, *O Estado Novo, das Origens ao Fim da Autarcia, 1929-1959*, vols 1 e 2 (Lisboa: Fragmentos, 1987).

ALHO, Albérico Afonso Costa, *F.P.A. A Fábrica Leccionada. Aventuras dos Tecnocatólicos no Ministério das Corporações* (Porto: Profedições, 2008).

ALÍPIO, Elsa Santos, *Salazar e a Europa. História da Adesão à EFTA (1956-1960)* (Lisboa: Livros Horizonte, 2006).

ALMEIDA, João Ferreira de, *Classes Sociais nos Campos. Camponeses Parciais numa Região do Noroeste* (Lisboa: Edições do Instituto de Ciências Sociais, 1986).

ALMEIDA, Pedro Tavares de, Rui Miguel BRANCO, dir., *Burocracia, Estado e Território. Portugal e Espanha (século XIX-XX)* (Lisboa: Livros Horizonte, 2007).

ALMEIDA, Sónia Vespeira de, *Camponeses, Cultura e Revolução. As Campanhas de Dinamização Cultural e Acção Cívica do MFA (1974--1975)* (Lisboa: Colibri, 2009).

AMARAL, Domingos Freitas do, *Enquanto Salazar Dormia...* (Lisboa: Casa das Letras, 2006).

APPADURAI, Arjun, dir., *The social life of things. Commodities in cultural perspectives* (Cambridge: Cambridge University Press, 1986).

BASTOS, Susana Pereira, *O Estado Novo e os seus vadios* (Lisboa: Dom Quixote, 1997).

BONIFÁCIO, Maria de Fátima, *Estudos de História contemporânea* (Lisboa: Imprensa de Ciências Sociais, 2007).

BOURDIEU, Pierre, «La specificité du champ scientifique et les conditions sociales du progrès de la raison», *Sociologie et Sociétés*, vol. VII, n.º 1 (1975), pp. 91-117.

BOURDIEU, Pierre, «Le champ scientifique», *Actes de la Recherche en Sciences Sociales*, n.º 2-3 (1976), pp. 88-104.

BOURDIEU, Pierre, *Homo Academicus* (Paris: Minuit, 1984).

BOURDIEU, Pierre, *L'ontologie politique de Martin Heidegger* (Paris: Minuit, 1988).

BOURDIEU, Pierre e Loïc Wacquant e Samar Farage, «Rethinking the State: Genesis and Structure of the Bureaucratic Field», *Sociological Theory*, vol. XII, n.º 1 (1994), pp. 1-18.

BRITO, Joaquim Pais de, *Retrato de aldeia com espelho. Ensaio sobre Rio de Onor* (Lisboa: Dom Quixote, 1996).

CABRAL, Manuel Villaverde, «A economia subterrânea vem ao de cima: estratégias da população rural perante a industrialização e a urbanização», *Análise social*, vol. XIX, n.º 76 (1983), pp. 199-234.

CÁDIMA, Francisco Rui. *Salazar, Caetano e a televisão portuguesa* (Lisboa: Presença, 1996).

CAHEN, Michel, «Salazarisme, fascisme et colonialisme. Problèmes d'interprétation en sciences sociales, ou le sébastianisme de l'exception», *Portuguese Studies Review*, vol. XVI n.º 1 (2008), pp. 87-114.

CAHEN, Michel, *Africando. Bilan 1988-2009 et projets 2009-2018*. Relatório para a Habilitação a dirigir investigações (Paris: Université de Paris I Panthéon-Sorbonne, 2008).

CAMAU, Michel, Gilles Massardier, dir., *Démocraties et autoritarismes. Fragmentation et hybridation des régimes* (Paris: Karthala, 2009).

CARVALHO, Mário Vieira de, *Pensar é Morrer ou O Teatro de São Carlos nas mudanças de sistemas sóciocomunicativos desde fins do séc. XVIII até aos nossos dias* (Maia: INCM, 1993).

CEREZALES, Diego Palacios, *Estado, Régimen y Orden Pública en el Portugal Contemporáneo (1834-2000)*, tese de doutoramento (Madrid: Universidad Complutense de Madrid, 2008).

CERTEAU, Michel de, *L'invention du quotidien, t.1, Arts de faire* (Paris: Gallimard, 1990).

CHARTIER, Roger, *Les origines culturelles de la révolution française* (Paris: Seuil, 1990).

CHAVES, Miguel, *Casal Ventoso: da Gandaia ao Narcotráfico. Marginalidade económica e dominção simbólica em Lisboa* (Lisboa: Imprensa de Ciências Sociais, 1999).

COSTA, António Firmino da, *Sociedade de bairro. Dinâmicas sociais da identidade cultura* (Lisboa: Celta, 1999).

COSTA, Joel, *O assassínio de Salazar* (Lisboa: Casa das Letras, 2007).

COSTA, Pedro, *Salazar e os milionários* (Lisboa: Quetzal, 2009).

CUTILEIRO, José, *Ricos e pobres no Alentejo. Uma sociedade rural portuguesa* (Lisboa: Sá da Costa, 1977).

CRUZ, Manuel Braga da, *O partido e o Estado no salazarismo* (Lisboa: Presença, 1988).

DABÈNE, Olivier, Vincent Geisser, Gilles MASSARDIER, dir., *Autoritarismes démocratiques et démocraties autoritaires au 21ᵉ siècle. Convergences Nord/sud. Mélanges offerts à Michel Camau* (Paris: La Découverte, 2008).

DORMAGEN, Jean-Yves, "Penser un «totalitarisme sans terreur»", Les apports conceptuels de Juan Linz à la compréhension du fascisme italien in Penser les régimes politiques avec Juan J. Linz, dir. Mohammad-Saïd Darviche, William Genieys (Paris: L'Harmattan, 2008), pp. 19-44.

DULONG, Delphine, «Le président de la République: configuration et position préémiente», in *Norbert Elias, la politique et l'histoire*, dir. Alain Garrigou, Bernard Lacroix (Paris: La Découverte, 1997), pp. 266-289.

ELIAS, Norbert, *A sociedade de corte* (Lisboa: Estampa, 1987).

ELIAS, Norbert, *O processo civilizacional: investigações sociogenéticas e psicogenéticas* (Lisboa: Dom Quixote, 2006).

EVANS, Peter B., Dietrich Rueschemeyer, Theda Skocpol dir., *Bringing the State Back in* (Cambridge: Cambridge University Press, 1994).

FARIA, Miguel Figueira de, *Alfredo da Silva e Salazar* (Lisboa: Bertrand, 2009).

FOUCAULT, Michel, *Sécurité, territoire, population* (Paris: Gallimard/Seuil, 2004).

FREIRE, Dulce, «Trabalhar nas vinhas do Douro e do Ribatejo em meados do século XX», in *O Douro Contemporâneo*, dir. Gaspar Martins Pereira e Paula Montes Leal (Porto: Grupo de Estudos de História da Viticultura Duriense, 2006), pp. 247-272.

GARRIDO, Álvaro, *O Estado Novo e a Campanha do Bacalhau* (Lisboa: Círculo de Leitores, 2004).

GARRIDO, Álvaro, *Economia e política das pescas portuguesas. Ciência, direito e diplomacia nas pescarias do Bacalhau (1945-1974)* (Lisboa: Imprensa de Ciências Sociais, 2006).

GARRIDO, Álvaro, *Henrique Tenreiro. Uma biografia política* (Lisboa: Temas e debates, 2009).

GODINHO, Paula, *Memórias da resistência rural no sul. Couço (1958--1962)* (Oeiras: Celta, 2001).

GONÇALVES, Carlos Manuel, *Emergência e consolidação dos economistas em Portugal* (Porto: Afrontamento, 2006).

GUERREIRO, Manuel Viegas. *Pitões das Júnias. Esboço de monografia etnográfica* (Lisboa: Serviço Nacional de Parques, Reservas e Património Paisagístico, 1981).

HIBOU, Béatrice, *La force de l'obéissance. Economie politique de la répression en Tunisie* (Paris: La Découverte, 2006).

HOGGART, Richard, *As utilizações da cultura: Aspectos da vida da classe trabalhadora com especiais referências a publicações e divertimentos* (Lisboa: Presença, 1975 [1957]).

KUHN, Thomas, *A Estrutura das Revoluções Científicas* (Lisboa: Guerra e Paz, 2009).

Leal, João, *Etnografias Portuguesas (1870-1970), Cultura Popular e Identidade Nacional* (Lisboa: Publicações Dom Quixote, 2000).

Léonard, Yves, «Sous l'œil de Salazar», in *Cinéma et régimes autoritaires au XXe siècle. Ecrans sous influence*, dir. Raphaël Muller, Thomas Wieder (Paris: Presses Universitaires de France, 2008), pp. 81-96.

Léonard, Yves, *Salazarismo e fascismo* (Lisboa: Inquérito, 1998).

Linz, Juan, *Totalitarian and authoritarian regimes* (Boulder: Lynne Rienner Publishers, 2000).

Lucena, Manuel, *A evolução do sistema corporativo português* (Lisboa: Perspectivas e Realidades, 1976).

Lucena, Manuel, «A revolução portuguesa: do desmantelamento da organização corporativa ao duvidoso fim do corporativismo», *Análise Social*, vol. XIII, n.º 51 (1977), pp. 541-592.

Lucena, Manuel, «Neocorporativismo? Conceito, interesses e aplicação ao caso português», *Análise Social*, vol. XXI, n.º 87, 88, 89 (1985), pp. 819-865.

Mann, Michael, «The autonomous power of the state: its origins, mechanisms and results», *Archives Européennes de sociologie*, vol. XXV (1984), pp. 185-213.

Mann, Michael, *The Sources of Social Power* 2 vols (Cambridge: Cambridge University Press, 1986).

Martinho, Francisco Carlos Palomanes, *A bem da Nação: o sindicalismo português entre a tradição e a modernidade (1933-1947)* (Rio de Janeiro: Civilização Brasileira, 2002).

Martins, Hermínio, *Classe, Status e poder e outros ensaios sobre o Portugal contemporâneo* (Lisboa: Imprensa de Ciências Sociais, 1998).

Matos, Luís Salgado de, *Um «Estado de Ordens» contemporâneo. A organização política portuguesa*, Tese de doutoramento (Instituto de Ciências Sociais, 1999).

Meneses, Luís Filipe, *Salazar: A political biography* (New York: Enigma, 2009).

Moore Jr, Barrington, *As origens sociais da ditadura e da democracia: senhores e camponeses na construção do mundo moderno* (Lisboa: Cosmos, 1975 [1966]).

MONTEIRO, Fernando Amaro, *Salazar e o Rei (que não foi)* (Lisboa: Livros do Brasil, 2009).

MOYA, José, *Cousins and strangers. Spanish immigrants in Buenos Aires, 1850-1930* (Berkeley: University of California Press, 1998).

NUNES, Adérito Sedas, *Sociologia e ideologia do desenvolvimento* (Lisboa: Moraes, 1969).

NUNES, Renato, *Miguel Torga e a PIDE. A repressão e os escritores no Estado Novo* (Coimbra: Minerva, 2007).

O'NEILL, Brian, *Proprietários, lavradores e jornaleiras. Desigualdade social numa aldeia transmontana, 1870-1978* (Lisboa: Dom Quixote, 1984).

OLIVEIRA, Luísa Tiago de, *Estudantes e Povo na Revolução. O Serviço Cívico Estudantil (1974-1977)* (Oeiras: Celta, 2004).

PATRIARCA, Fátima, *A Questão social no salazarismo, 1930-1947* 2 vols. (Lisboa: Imprensa Nacional/Casa da Moeda, 1995).

PAXTON, Robert, *The anatomy of fascism* (London: Allen Lane, 2004).

PEREIRA, Miriam Halpern, *A História e as Ciências Sociais. Lição de Aposentação* (Lisboa: ISCTE, 2005).

PIMENTEL, Irene Flunser, *A história da PIDE* (Lisboa: Temas e Debates, 2007).

PIMENTEL, Irene Flunser, Luis Farinha, João Madeira, dir., *Vítimas de Salazar* (Lisboa: A Esfera dos Livros, 2007).

PIMENTEL, Irene Flunser, *Biografia de um inspector da PIDE. Fernando Gouveia e o partido comunista português* (Lisboa: A Esfera dos Livros, 2008).

PINA CABRAL, João de, *Filhos de Adão, Filhas de Eva. A visão do mundo camponesa do Alto Minho* (Lisboa: Dom Quixote, 1989).

PINTO, António Costa, *O salazarismo e o fascismo europeu: problemas de interpretação nas ciências sociais* (Lisboa: Estampa, 1992).

PINTO, António Costa, «O império do professor, Salazar e a elite ministerial do Estado Novo (1933-1945)», *Análise Social*, vol. XXV, n.º 157 (2001), pp. 1055-1076.

Ribeiro, Maria da Conceição, *A polícia política no Estado Novo, 1926-1945* (Lisboa: Estampa, 1995).

Rosas, Fernando, *O Estado Novo nos anos trinta. Elementos para o estudo da natureza económica e social do salazarismo [1928-1938]* (Lisboa: Estampa, 1986).

Rosas, Fernando, *Salazarismo e fomento económico* (Lisboa: Editorial Notícias, 2000).

Rosas, Fernando, «O salazarismo e o homem novo: ensaio sobre o Estado Novo e a questão do totalitarismo», *Análise Social*, vol. XXV, n.º 157 (2001), pp. 1031-1054.

Rosas, Fernando, «Cinco pontos em torno do estudo comparado do fascismo», *Vértice*, n.º 13 (1989), pp. 21-29.

Rosas, Fernando, José Maria Brandão de Brito, dir., *Salazar e Salazarismo* (Lisboa: Dom Quixote, 1989).

Santos, Boaventura de Sousa, *O Estado e a sociedade em Portugal (1974-1988)* (Porto: Afrontamento, 1990).

Santos, Rui, «With a Mind to Science: Theoretical underpinnings of Vitorino Magalhães Godinhos historical work», *Review - Fernand Braudel Center*, vol. XXVIII, n.º 4 (2005), pp. 339-350.

Schmitter, Philippe, *Portugal: do autoritarismo à democracia* (Lisboa: Imprensa de Ciências Sociais, 1999).

Skocpol, Theda, *Estados e revoluções sociais: análise comparativa da França, Rússia e China* (Lisboa: Presença, 1985 [1979]).

Skocpol, Theda e Margareth Somers, «The Uses of Comparative History in Macrosocial Inquiry». *Comparative Studies in Society and History*, vol. XXII, n.º 2 (1980), pp. 174-197.

Serrado, Ricardo, *O jogo de Salazar. A política e o futebol no Estado Novo* (Lisboa: Casa das Letras, 2009).

Silva, Manuel Carlos, *Resistir e adaptar-se. Constrangimentos e estratégias camponesas no noroeste de Portugal* (Porto: Afrontamento, 1998).

Silva, Marta Nunes, *Redes de Emigração Económica Clandestina com Destino a França (Penedono, 1960-1974)*, Tese de mestrado em História (Lisboa: Instituto Superior de Ciências do Trabalho e da Empresa, 2008).

SILVA, Paulo Marques da, *Fernando Namora entre os dedos da PIDE. A repressão e os escritores no Estado Novo* (Coimbra: Minerva, 2009).

SOBRAL, José Manuel, *Trajectos: o presente e o passado na vida de uma freguesia da Beira* (Lisboa: Imprensa de Ciências Sociais, 1999).

TENGARRINHA, José, *E o povo, onde está? Política popular, contra--revolução e reforma em Portugal* (Lisboa: Esfera do caos, 2008).

TORGAL, Luís Reis, dir., *O Cinema sob o olhar de Salazar* (Lisboa: Temas e Debates, 2000).

TORGAL, Luís Reis, *Estados Novos, Estado Novo* (Coimbra: Imprensa da Universidade de Coimbra, 2009).

WALLERSTEIN, Immanuel, *O Sistema Mundial Moderno* (Porto: Afrontamento, 1990).

WIARDA, Howard, *Corporatism and development. The Portuguese experience* (Amherst: The University of Massachusetts Press, 1977).

VICTOR PEREIRA

1

«Ainda não sabe qual é o pensamento de
Sua Excelência Presidente do Conselho».
O Estado português perante a emigração
para França (1957-1968).

«Ainda não sabe qual é o pensamento de Sua Excelência Presidente do Conselho» ([1]). Esta frase não transcreve as declarações feitas por um burocrata anónimo que, numa posição subalterna da administração, não conhecia as ideias do presidente do Conselho relativamente à política de emigração que se devia seguir. Estas palavras foram escritas por Carlos Fernandes, director-geral adjunto dos negócios económicos e consulares do Ministério dos Negócios Estrangeiros, num rascunho sumariando a primeira reunião da Comissão Interministerial de Estudo dos Problemas da Emigração, que teve lugar em 10 de Agosto de 1964. Fernandes transcrevia as palavras pronunciadas por José Gonçalo Correia de Oliveira, Ministro de Estado adjunto do Presidente do Conselho. Tanto Carlos Fernandes como José Gonçalo Correia de Oliveira pertenciam, neste ano de 1964, ao círculo muito restrito dos actores influen-

---

([1]) Rascunho de Carlos Fernandes sobre a primeira reunião da Comissão Interministerial de Estudo dos Problemas da Emigração (sem data [provavelmente 10 de Agosto de 1964]), Arquivo Histórico Diplomático, EEA 134.

tes na formulação da política de emigração. Se alguém devia saber o que pensava Salazar sobre a política de emigração eram eles. As suas funções tinham grande peso nesta política pública. Desde 1962, Carlos Fernandes era, no Palácio das Necessidades, o diplomata que tratava preferencialmente dos assuntos ligados à emigração. Fora o principal negociador português do acordo de emigração assinado com a França em Dezembro de 1963. Correia de Oliveira, por sua vez, tinha sido, na primavera de 1964, encarregado de promover um estudo sobre o assunto, questão cada vez mais concebida como um «problema público» que exigia resolução[2]. Apesar do acordo de emigração assinado em 1963, milhares de portugueses continuavam a emigrar clandestinamente para França, muitos deles vivendo em bairros de lata nos subúrbios parisienses. Fernandes e Correia de Oliveira tinham acesso directo ao presidente do Conselho, sobretudo o segundo. Desde o fim dos anos cinquenta, aquando das negociações que antecederam a entrada de Portugal na EFTA, Correia de Oliveira era muito próximo de Salazar com quem tinha frequentes entrevistas[3]. Alguns autores apontaram a influência do então jovem político sobre o envelhecido ditador. Carlos Fernandes não contactava tão regularmente com Salazar mas num livro de memórias publicado em 2002, pretende ter «mudado a lei» sobre as penas que puniam a emigração irregular «com o apoio directo de Salazar»[4]. O testemunho, diga-se, é inexacto, porque a mudança de legislação só ocorreu em 1969. Apesar da proximidade com o ditador e do seu envolvimento na política de emigração, nem Fernandes nem Correia de Oliveira conheciam o pensamento de Salazar sobre o caminho a seguir. Não eram os únicos.

No campo da política da emigração ninguém afirmou conhecer o pensamento de Salazar sobre o assunto. O principal qua-

---

[2] Sobre a mobilização conservadora e a construção da emigração como um «problema público», veja-se Victor Pereira, «La construction du problème de l'émigration. L'élite étatique et l'émigration portugaises vers la France de 1957 à 1974», *Agone*, n.º 40 (2008), pp. 61-80.

[3] Sobre estas negociações e o papel de relevo nelas desenvolvido por Correia de Oliveira, veja-se Elsa Santos Alípio, *Salazar e a Europa. História da Adesão à EFTA (1956-1960)* (Lisboa: Livros Horizonte, 2006); Nicolau Andresen Leitão, *Estado Novo, Democracia e Europa. 1947-1986* (Lisboa: Imprensa de Ciências Sociais, 2007).

[4] Carlos Fernandes, *Recordando. O caso Delgado e outros casos* (Lisboa: Universitária editora, 2002), p. 19.

dro da política de emigração até 1968, António Manuel Baptista, presidente da Junta da Emigração desde 1949, restringiu as saídas legais de trabalhadores portugueses para França, por intermédio de inúmeras decisões administrativas, e impediu o funcionamento do acordo de emigração com a França sem, aparentemente, ter recebido ordens directas de Salazar([5]). Por exemplo, em 1958, o presidente da Junta da Emigração impôs, com apenas o consentimento do ministro do Interior, que cada empresa francesa não pudesse contratar mais de dez trabalhadores portugueses por meio de contratos nominativos. Além desses, a Junta só aceitava contratos nominativos nos quais o intermediário na obtenção do contrato era um parente, até ao terceiro grau, do trabalhador solicitado, que tinha que estar fixado legalmente em França. Essa regra foi alterada em 1962 sem nenhuma concertação com outras entidades nem autorização de São Bento. A partir dessa altura, foi exigido em todos os contratos nominativos a existência de um laço familiar entre o intermediário, que devia ter-se fixado legalmente em França, e o trabalhador, desde que o pedido fosse feito pelo *Office National d'Immigration*, instituição francesa que geria a imigração de trabalhadores. Todas estas medidas que impediam a emigração de numerosos portugueses nunca foram discutidas ou concertadas no seio do Estado. Estas medidas resultavam da iniciativa do presidente da Junta da Emigração. Baptista legitimava as suas decisões perante os funcionários de outros ministérios que criticavam o seu autoritarismo e a sua política restritiva (sobretudo o Ministério das Corporações e da Previdência Social e o Ministério dos Negócios Estrangeiros), não pelas directivas que emanavam de Salazar mas pela ausência delas. Assim, numa reunião da Comissão Interministerial de Estudo dos Problemas da Emigração, que desenvolveu os seus trabalhos no segundo semestre de 1964 e que juntou funcionários de várias entidades, Baptista justificava a prepotência do Ministério do Interior, que tutelava a instituição que liderava, da seguinte forma:

> O ministério do Interior não põe em dúvida a legitimidade do direito que a cada um assiste de procurar melhor remunera-

---

([5]) Sobre o papel de António Manuel Baptista na presidência da Junta da Emigração, veja-se Victor Pereira, «Ineficiência, fragilização e duplicidade. Modos de governar no Velho Estado Novo (1957-1968)», *Ler História*, n.º 56 (2009), pp. 45-68.

ção do seu trabalho, base da promoção a que todos têm jus. Mas não pode, de forma alguma, alhear-se dos interesses superiores da nação, ou negar que a situação que Portugal agora atravessa, mau grado tudo, não tenda para uma melhor solução dos problemas de trabalho e mais justa remuneração do trabalhador. É na consciência de tal situação que lhe aparece como inevitavelmente necessária a definição concreta do que é o melhor interesse nacional no campo da emigração. E porque esse interesse não pode ainda ser definido – nem ao ministério do Interior compete defini-lo – este ministério (transcendendo talvez os limites da sua competência), tem-se visto forçado pelas circunstâncias a preencher essas lacunas adoptando as medidas que o desenvolvimento da emigração foi aconselhado, na intenção nítida de acautelar e de velar pelo que entende, à luz da sua experiência, ser o melhor interesse nacional([6]).

Uma última prova da ausência e afastamento de Salazar dos assuntos ligados à emigração nos anos sessenta está presente na correspondência trocada com Marcelo Mathias, embaixador de Portugal em Paris entre 1948 e 1958 e entre 1961 e 1970. Nesta correspondência – cuja edição publicada pelo próprio Mathias em 1984 é incompleta, já que o ex-embaixador em Paris, querendo apresentar-se como um diplomata que servia o país e não o regime, teve o cuidado de eliminar todas as cartas descrevendo a sua participação na acção de repressão da ditadura, nomeadamente na vigilância de portugueses em França e a sua estreita colaboração com a PIDE([7]) – observa-se um embaixador apavorado com a emigração clandestina para França([8]). Nas cartas que remete para Salazar, Marcelo Mathias explica que este fluxo migratório difunde

---

([6]) Relatório final da Comissão Encarregada do Estudo dos Problemas da Emigração, 22 Janeiro de 1965 IANTT/AOS/CO/PC-81^A.

([7]) As cartas que Mathias não achou de interesse tornar públicas encontram-se na Torre do Tombo. As cartas relativas à emigração portuguesa e à participação de Mathias na vigilância dos portugueses em França, encontram-se nas cotas IANTT/AOS/CD-5, CD-6 e CD-7. Veja-se por exemplo as cartas de Marcelo Mathias enviadas a Salazar onde o embaixador lamenta o facto de nenhum agente da PIDE viver de forma contínua em França para vigiar os portugueses neste país, carta de 25 de Junho de 1961, IANTT/AOS/CD-5 ou carta de 1 de Janeiro de 1968, IANTT/AOS/CD-7.

([8]) Veja-se por exemplo a carta de 26 de Maio de 1963 enviada a Salazar e publicada no livro de correspondência Marcelo Mathias, *Correspondência Marcelo Mathias/Salazar, 1947-1968* (Lisboa: Difel, 1984), pp. 465-466.

em França – um dos principais apoios de Portugal no contexto das guerras coloniais por via de importantes vendas de armas e de uma benevolência nas votações no Conselho de Segurança da Organização das Nações Unidas[9] – a imagem de um Portugal miserável do qual os homens querem fugir a todo custo. A emigração clandestina demonstraria que as guerras coloniais seriam impopulares, contradizendo o discurso do governo. Numa carta ao presidente do Conselho, afirma que o «assunto é duma gravidade muito maior do que pode supor-se, não apenas quanto ao bom nome de Portugal em França e aos problemas sociais que também provocam mas sobretudo quanto às repercussões políticas que acabará por ter no interior nosso país (sic)»[10]. No entanto, apesar destes alarmes, Salazar pouco se interessou pelo assunto, retorquindo laconicamente às extensas cartas do embaixador. Por exemplo, em 10 de Dezembro de 1963, responde por telegrama a um longo relato dramático sobre a emigração clandestina, limitando-se a transmitir: «não pude ainda tratar serviços competentes caso emigrantes clandestinos. Por outro lado ignoro texto acordo realizado»[11]. O acordo referido, sobre a emigração de trabalhadores portugueses para França, estava a ser negociado há mais de um ano e o último encontro entre altos funcionários portugueses e franceses acontecera a 29 de Novembro.

Esta longa introdução baseada em documentos de arquivo matiza uma visão do funcionamento do Estado no salazarismo que realça a omnipotência e a omnisciência de Salazar e concebe o poder como um processo que funcionava de alto para baixo, isto é, de Salazar para a população passando por uma administração que era neutra e apenas executava as ordens vindas de São Bento. Tal visão interpreta as políticas públicas e as relações de poder segundo as intenções e as estratégias de Salazar. Como os documentos acima citados comprovam, Salazar remetia-se muitas vezes ao silêncio, deixando largo espaço de manobra a actores políticos

---

[9] Amaral da Silva Lala, *L'enjeu colonial dans les relations franco--portugaises, 1944-1974*, Tese de Doutoramento em História (Paris: Instituto de Estudos Políticos de Paris, 2007).

[10] Telegrama de Marcelo Mathias, 4 de Março de 1964, AHD, EEA 132.

[11] Telegrama de António de Oliveira Salazar para Marcelo Mathias, 10 de Dezembro de 1963, AHD, PEA 23.

e administrativos que lutavam entre si para impor a sua visão do mundo e o que pensavam ser o desejo do líder. Neste caso, estamos longe do tipo-ideal do ditador-forte. Este modo de governar partilha algumas semelhanças com o Estado Nazi descrito por Ian Kershaw: os actores políticos e administrativos agiam com uma larga autonomia em função do que eles pensavam ser a vontade do Führer([12]). O que também demonstram estes documentos é que o Estado não era de todo redutível a Salazar. Todas as decisões, mesmo aquelas que, como o caso da política de emigração, não constituíam um detalhe porque incidiam fortemente sobre a vida de milhões de portugueses, sobretudo das classes populares, não procediam dele. Atrás dos termos genéricos e reificados como Salazar, regime ou Estado, havia inúmeros actores que tinham estratégias, visões do mundo, nutriam conflitos e alianças e que foram, muitas vezes, esquecidos pelas análises históricas, apesar do seu papel determinante.

Este capítulo pretende abordar a emigração por caminhos pouco trilhados. Com efeito, pretendemos analisar o papel do Estado, evitando uma focagem na figura de Salazar e uma restrição a uma visão que postula que as leis são aplicadas por uma administração obediente e totalmente neutra. Queremos demonstrar que a emigração não foi «deliberadamente fomentada pelo Estado» ([13]), como alguns autores afirmaram, nem tão pouco a emigração clandestina resultou do fracasso de um Estado incapaz de fazer respeitar o seu «monopólio legal dos meios de circulação transnacional» ([14]). O Estado não possuía «poder infra-estrutural» ([15]) para fomentar a emigração e a população portuguesa não era uma «mercadoria» que se podia movimentar sem resistências. A emigração clandestina não resulta simplesmente duma ineficiência e fraqueza do Estado.

([12]) Ian Kershaw, *Hitler. Essai sur le charisme en politique* (Paris: Gallimard, 1995), pp. 186-197.

([13]) Anthony Leeds, «Agricultura, política nacional, subdesenvolvimento e migração em três regiões de Portugal», *Análise Social*, vol. XIX, n.º 77-78-79 (1983), pp. 1023-1043 e p. 1037.

([14]) John Torpey, *A invenção do passaporte: vigilância, cidadania e o Estado* (Lisboa: Temas e debates, 2003).

([15]) Michael Mann, «The autonomous power of the state: its origins, mechanisms and results», *Archives Européennes de sociologie*, vol. XXV (1984), pp. 185-213.

Dentro deste Estado, alguns indivíduos e organizações toleraram o movimento migratório ilegal porque este articulava-se com os seus interesses e estratégias ou era tido como um «mal menor». Queremos descrever as interacções dos emigrantes com os vários indivíduos e organizações que constituíam o Estado, interacções dinâmicas feitas de poderes mas também de resistências, de ineficiências ou de inércias. O conceito, cunhado por Foucault, de «governamentalidade», definido pelas acções do Estado sobre as acções dos Homens, ser-nos-á essencial[16]. Esta abordagem distingue-se também daquelas que fazem desaparecer o Estado da análise, descrevendo apenas as migrações num ponto de vista demográfico, económico (peso das remessas, por exemplo) ou social (cadeias migratórias). Não se pode menosprezar a utilidade heurística destas análises, sobretudo das que puseram em relevo o funcionamento das cadeias migratórias e da sociedade-providência[17]. Porém, queremos distinguir-nos das descrições reificadas do Estado que o apresentam apenas num prisma repressivo, sem ver as acomodações entre actores e a sua pluralidade, a diversidade dos contextos, os conflitos internos ao Estado. O objectivo deste artigo é conciliar o estudo das cadeias migratórias com as acções dos agentes do Estado sobre elas.

Colocar o «State back in»[18] não significar cair na armadilha da «Pensée d'Etat»[19]. Assim não se pode acreditar, como alguns agentes do Estado e alguns autores, que todas as leis eram cabalmente aplicadas. Apesar de conhecer um predomínio dos juristas nas esferas políticas e administrativas, o Estado Novo foi, como vários Estados da Europa do Sul, um Estado no qual as leis não eram em grande medida cumpridas – nem, por vezes redigidas para sê-lo – e no qual os agentes do Estado tinham um importante poder

---

[16] Michel Foucault, *Sécurité, territoire, population*, (Paris: Gallimard/Seuil, 2004).

[17] Sobre a «sociedade-providência» em Portugal, veja-se Boaventura de Sousa Santos, «O Estado, as relações salariais e o bem-estar social na semiperiferia: o caso português», in Boaventura de Sousa Santos, dir., *Portugal um retrato singular* (Porto: Afrontamento, 1993).

[18] Peter Evans, Dietrich Rueschmeyer, Theda Skocpol, *Bringing the State back in* (Cambridge: Cambridge University Press, 1985).

[19] Pierre Bourdieu, *Raisons pratiques. Sur la théorie de l'action* (Paris: Seuil, 1994), p. 101.

discricionário, podendo escolher de entre um importante leque de leis, decretos-leis e regulamentos administrativos os textos que mais lhes convinham em função da situação, do interlocutor, dos seus interesses, etc. De facto, a «referência à Lei como figura 'totalizante' do poder de Estado deixa na sombra os múltiplos usos micro-sociológicos das normas jurídicas»[20]. É nesta relação entre candidatos à emigração e agentes do Estado, sobretudo agentes municipais, que vai incidir a nossa análise, no campo das «dominations rapprochées»[21] e do clientelismo. Em suma, este artigo articula a análise das estruturas com a *agency*, não omite a racionalidade e as estratégias dos indivíduos perante os constrangimentos sociais impostos pelos actores do Estado.

O Estado além de Salazar

Segundo Maria de Fátima Amante, que estudou a região da raia na zona do Sabugal, os indivíduos que tinham saído irregularmente de Portugal legitimavam este «desvio» com a

> vontade arbitrária do Estado português em não deixar sair os que queriam emigrar e reduz-se à vontade de um actor principal: Salazar. Nunca se referem ao Estado ou ao governo, mas sempre àquela que consideram ser a sua figura de proa e por isso o mentor de toda uma estratégia que os impedia de melhorar a sua vida. O Estado, enquanto entidade socialmente abstracta e impessoal não consegue ter as características necessárias para que se possam contra ele dirigir críticas, reclamações, torna-se absolutamente necessário personificar esta entidade, dar-lhe um rosto, uma existência real, uma identidade e, é na sua direcção que vão todas as queixas dos raianos[22].

---

[20] Nicolas Fischer, Alexis Spire, «L'Etat face aux illégalismes», *Politix*, n.º 87 (2009), pp. 7-20 e p. 13.

[21] Dominique Memmi, «Mai 68 ou la crise de la domination rapprochée» in *Mai-Juin 68*, dir. Dominique Damamme, Boris Gobille, Frédérique Matonti, Bernard Pudal (Paris: Editions de l'Atelier/Editions ouvrières, 2008).

[22] Maria de Fátima Amante, *Fronteira e identidade. Construção e representação identitárias na raia luso-espanhola* (Lisboa: Instituto Superior de Ciências Sociais e Políticas/Universidade Técnica de Lisboa, 2007), p. 204.

As respostas dadas pelos entrevistados e as análises desta antropóloga são interessantes a diversos títulos. Primeiramente porque divergem das observações e análises de Pierre Bourdieu sobre os camponeses do Béarn, no sudoeste da França. Segundo Bourdieu, estes camponeses viam no administrador ou funcionário local, o «representante da administração central, como depositário da autoridade governamental», a «incarnação concreta do Estado»[23]. Eram os funcionários municipais, os funcionários dos correios que para os camponeses estudados por Bourdieu representavam o Estado, e não o dirigente do governo em Paris. Porquê esta diferença que, no caso português focado no referido estudo, oculta completamente o poder exercido pelos actores locais em detrimento daquele exercido por Salazar? Com efeito, através destas imagens, o caciquismo desaparece no salazarismo. Os camponeses do Béarn viviam numa sociedade democrática. Porém, na França da Quinta República, com a eleição do presidente da República por sufrágio universal a partir de 1962, existia também uma personalização do poder e uma proeminência da figura do Presidente[24]. Noutro sentido, a centralidade de Salazar, poderia ser lida como o resultado bem sucedido da propaganda do Estado Novo, que apresentava Salazar como um ditador omnipotente e omnisciente, sempre a trabalhar, noite e dia, atento, como no contexto do poder pastoral descrito por Foucault[25], ao destino de cada membro do rebanho que ele guiava, sacrificando a possibilidade de uma vida familiar para cuidar da nação portuguesa apresentada como uma grande família da qual ele era o pai[26]. Prova desta personalização do poder e da omnipotência conferida ao ditador eram as cartas enviadas por milhares de portugueses a Salazar ou

---

[23] Pierre Bourdieu, *Le bal des célibataires. Crise de la société paysanne* (Paris: Seuil, 2002), p. 103.

[24] Veja-se Brigitte Gaïti, *De Gaulle prophète de la Cinquième République, 1946-1962* (Paris: Presses de Sciences po, 1998).

[25] Michel Foucault, *Sécurité, territoire, population* (Paris: Gallimard//Seuil, 2004), pp. 131 *et seq.*

[26] As metáforas da família foram usadas no antigo regime para legitimar e naturalizar o poder absoluto do rei, pai dos seus sujeitos. Veja-se Rémi Lenoir, *Généalogie de la morale familiale* (Paris: Seuil, 2003), pp. 53-54 e, no caso português durante o salazarismo, Maria Antónia Pedrosa de Lima, *Grandes famílias, grandes empresas. Ensaio antropológico sobre uma elite de Lisboa* (Lisboa: Dom Quixote, 2003), p. 123.

à sua governanta no intuito de serem resolvidos os mais diversos assuntos[27]. No entanto, não se deve exagerar a recepção da propaganda junto das populações rurais. Como exclama uma antiga criada de servir interrogada por Inês Brasão, a «gente não sabia quem era o Salazar»[28]. As respostas dos habitantes da raia, dadas em entrevistas recentes, podem também ter sido influenciadas pela sobrevalorização actual da figura de Salazar, presente na comunicação social, na imprensa, na investigação em ciências sociais e no mercado editorial, espécie de sucesso a posteriori, da propaganda do Secretariado da Propaganda Nacional e do Secretariado Nacional de Informação. No seu trabalho de terreno, Maria de Fátima Amante, talvez ela própria partilhando conscientemente ou inconscientemente uma visão omnipotente do ditador, não terá, no entanto, levado as pessoas a falar sobre as relações de poder instauradas pelos notáveis locais e pelos representantes locais do Estado. Como adverte Bernard Lahire, na prática das entrevistas, os cientistas sociais devem estar atentos a pôr perguntas pertinentes e criar condições (recorrendo por exemplo a objectos que cristalizam a memória[29], como fotografias, ou fazendo as entrevistas em certos lugares) para conduzir os indivíduos a pronunciarem-se sobre as suas práticas e formas de ver o mundo sem que estes caiam num discurso pré-concebido, que responde ao que se espera ouvir delas e que reproduz as categorias dominantes no espaço público[30]. A influência nestas respostas (e nas perguntas realizadas) de um espaço público contemporâneo, dominado por meios de comunicação social que impõem maneiras de ver, categorias de pensamento e, em consequência, tornam invisíveis certos fenómenos e processos, subsumindo o Estado Novo à figura de Salazar, o que vai ao encontro da «sobre-interpretação»[31] dada pela autora, parece mais evidente se pensarmos que outros

---

[27] Cartas que se encontram em vários arquivos, sendo elas remetidas pelos secretários da Presidência do Conselho às autoridades competentes sem que muitas vezes Salazar as lesse.

[28] Veja-se o texto de Inês Brasão neste livro.

[29] Veja-se o clássico, Maurice Halbwachs, *La mémoire collective* (Paris: Albin Michel, 1997).

[30] Veja-se Bernard Lahire, *L'esprit sociologique* (Paris: La Découverte, 2005), pp. 157-160.

[31] *Ibidem.*

autores que estudaram as relações entre os camponeses e o Estado, casos de José Cutileiro[32], Joyce Riegelhaupt[33] ou José Manuel Sobral[34], quase nunca se referirem à figura de Salazar. Segundo estes autores, para os camponeses a incarnação do Estado reside nos funcionários municipais e noutros burocratas locais (funcionários das organizações corporativas, etc.). São eles que exercem a dominação em estreita ligação com os caciques locais, que muitas vezes acumulam com estes cargos posições na actividade agrícola, mercantil e na estrutura do Estado e da organização corporativa. Assim, para os camponeses estudados por Sobral, não é Salazar que os impede de procurarem melhor vida além fronteiras, mas os ricos e poderosos locais que conspiraram junto do Estado «para bloquear a emigração (...) que melhoraria a situação local»[35].

Fazer desaparecer Salazar da análise permite, então, estar mais perto das relações de poder e de dominação que se exercem concretamente sobre a população. Como adverte Béatrice Hibou, focar o olhar sobre os ditadores conduz a ocultar «as dependências mútuas, as relações de dominação, os jogos de poder e as relações sociais sem os quais o poder não se pode inserir na sociedade e exercer-se»[36]. Pensar o poder sem limitar o poder ao ditador ajuda a comprovar, na esteira dos trabalhos de Norbert Elias, Max Weber e de Michel Foucault[37], que o poder não se deve pensar em termos de propriedade: o poder circula por uma multitude de indivíduos, que estão inseridos numa cadeia de interdependências; a «dominação à distância» exercida pelo Estado moderno funciona

---

[32] José Cutileiro, *Ricos e pobres no Alentejo. Uma sociedade rural portuguesa* (Lisboa: Sá da Costa, 1977).

[33] Joyce Firstenberg Riegelhaupt, «Peasants and politics in Salazar's Portugal: the corporate state and a village 'nonpolitics'» in *Contemporary Portugal: The revolution and its antecedents* em Lawrence, dir. Graham, Harry Makler (Austin: University of Texas Press, 1979), pp. 169-190.

[34] José Manuel Sobral, *Trajectos: O presente e o Passado na vida de uma freguesia da Beira* (Lisboa: Imprensa de ciências Sociais, 1999).

[35] José Manuel Sobral, Trajectos ..., p. 128.

[36] Béatrice Hibou, *La force de l'obéissance. Economie politique de la répression en Tunisie* (Paris: La Découverte, 2006), p. 332.

[37] Veja-se, sobre a circulação do poder, Michel Foucault, *Il faut défendre la société* (Paris: Gallimard/Seuil, 1997), p. 26; Michel Foucault, *Histoire de la sexualité* t.1 *La volonté de savoir* (Paris: Gallimard, 1994 [1976]), pp. 121 *et sq.*

através de homens dotados de diversos instrumentos (escrita, documentos de identificação, uso da violência). Assim, deve matizar-se a direcção das relações de poder habitualmente estabelecida no âmbito do estudo do Estado Novo. É comum apresentar o Estado central como forte e o Estado local como fraco, o segundo conformando-se e aplicando, sem as discutir, as ordens vindas de Lisboa. A gestão da emigração mostra os limites desta linearidade. Indivíduos e instituições que, segundo a legislação e a regulamentação não detinham nenhum poder, possuíam uma influência fundamental na gestão administrativa da emigração[38], como eram os casos das câmaras municipais, cuja influência é geralmente subestimada. As câmaras cumpriam o papel de delegações da Junta da Emigração, instituição que, entre 1947 e 1970, geriu a emigração legal, outorgando os passaportes de emigração. As câmaras recebiam os candidatos à emigração e forneciam-lhes a lista dos numerosos documentos a preencher e a remeter para obter um passaporte. Essa posição de intermediário não as reduzia ao papel de agentes neutros, mãos obedientes do Estado central. Os agentes municipais podiam, pelas suas prioridades ou lentidões intencionais, pelos discursos ou pelos pedidos de retribuições ocultas, desencorajar os candidatos à emigração legal. As câmaras deviam ainda preencher o boletim de informação sobre os candidatos à emigração, podendo assim impedir ou favorecer candidatos.

As câmaras tinham ainda um recurso mais importante na regulação da emigração legal. A Junta da Emigração não realizava recrutamentos de trabalhadores para a emigração temporária ou definitiva sem a sua anuência. Os presidentes das Câmaras aceitavam ou não a organização do recrutamento segundo as suas estratégias pessoais, as suas visões da economia local ou a sua visão da ordem pública. Esta escolha também se articulava com a opinião dos outros notáveis ou enquadrava-se numa configuração clientelista: um passaporte de emigração era então um privilégio muito valioso que os caciques podiam fornecer aos seus clientes, reforçando

---

[38] No caso da emigração mexicana para os Estados Unidos, David Fitzgerald também observa as dificuldades do Estado federal em impor as suas directivas às administrações locais que se encontravam estreitamente ligadas às elites locais. Veja-se David Fitzgerald, *A Nation of Emigrants. How Mexico Manages its migration* (Berkeley/Los Angeles: University of California Press, 2009).

assim o seu poder. No Alentejo, por exemplo, as câmaras usavam a emigração temporária como modo de empregar os assalariados rurais numa altura em que não havia trabalho nos latifúndios e também como um modo de prevenção contra as desordens sociais provocadas pela falta de trabalho [39]. As vontades dos presidentes das Câmaras eram fielmente respeitadas pela Junta da Emigração, como o afirmou o seu presidente: «é precisamente de acordo com os presidentes das Câmaras que vimos efectuando os recrutamentos directos de trabalhadores nos concelhos que tal solicitem e evitamos a sua realização naqueles que o não desejam» [40]. Um relatório de um inspector da Junta da Emigração que se deslocou, em 1962, a Arouca, Vila Nova de Foz Côa e Guarda para recrutar trabalhadores rurais temporários que deviam empregar-se em França ilustra a variedade de estratégias dos presidentes das Câmaras mas sobretudo o poder que estes autarcas tinham. Se a Câmara de Arouca queria ver muitos trabalhadores emigrarem temporariamente devido à fome que assolava as populações, ao desemprego ou subemprego que detectava, os autarcas de Vila Nova de Foz Côa e da Guarda recusavam veementemente qualquer emigração porque os «homens voltavam da França feitos comunistas» e «faziam falta à economia» [41]. Perante a notícia da vinda de inspectores da Junta da Emigração, centenas de candidatos à emigração afluíram à Câmara de Vila Nova de Foz Côa e da Guarda. Na Câmara da Guarda, alguns homens provindo do Sabugal que tinham trabalhado alguns meses em França na ocasião de anteriores campa-

---

[39] Veja-se as memórias do inspector da Junta da Emigração Francisco Cassola Ribeiro: Francisco Cassola Ribeiro, *Sinais exteriores de riqueza. Contos que a emigração me contou* (Lisboa: Secretaria de Estado das Comunidades Portuguesas/Instituto de Apoio à Emigração e às Comunidades Portuguesas, 1986), p. 53. Em 1965, dos 3750 trabalhadores enviados temporariamente para os campos de beterraba franceses, 3228 vinham do sul do Tejo e apenas 522 do norte, Relatório da missão do Office National d'Immigration em Lisboa, 1 de Abril de 1966, Centre des Archives Contemporaines, n.º 19880312, art. 16.

[40] Nota do presidente da Junta da Emigração, António Manuel Baptista, 27 de Setembro de 1961, Arquivo do Ministério da Administração Interna, gabinete do ministro, cx 255.

[41] Relatório das operações de selecção dos trabalhadores para a campanha da beterraba redigido pelo inspector Barros Teixeira, sem data [provavelmente março de 1962], Arquivo Histórico da Emigração, 9.4/4.

nhas da beterraba suplicaram ao inspector da Junta. Segundo os delegados que tinham sido escolhidos pelos trabalhadores «havia crise de trabalho para os rurais, eles precisavam voltar à França para ter pão para comer»[42]. Perante este pedido, o inspector da Junta não tinha outra resposta senão aconselhar os trabalhadores a referirem o caso ao Presidente da Câmara do Sabugal que tinha, provavelmente, recusado a organização de recrutamento no seu concelho. Alguns autarcas demonstravam pouca simpatia perante os candidatos à emigração. Assim face ao afluxo de candidatos à Câmara, informados da vinda do inspector da Junta, o Presidente da Câmara de Vila Nova de Foz Côa chamou a Guarda Nacional Republicana para dispersar os trabalhadores que se tinham deslocado.

A legislação e a regulamentação sobre emigração, quase sempre redigidas ou examinadas minuciosamente por António Manuel Baptista, presidente da Junta da Emigração entre 1949 e 1968, ofereciam um poder discricionário muito amplo aos vários agentes administrativos, estivessem eles nas Câmaras Municipais ou na Junta da Emigração, em Lisboa. A lei, entre outros motivos por razões de ordem externa[43], podia reconhecer que era «livre a emigração dos cidadãos portugueses»[44], mas nos bastidores as margens de manobra oferecidas pelos textos aos agentes administrativos – margens de manobra também conquistadas por estes últimos – transformava este direito em benevolência outorgada em função de estratégias clientelistas e de motivações ilícitas (corrupção).

---

[42] Relatório das operações de selecção ...

[43] Veja-se sobre as dimensões externas da legislação portuguesa sobre emigração nos anos 1960, Victor Pereira, «L'émigration clandestine portugaise vers la France et les paradoxes de l'intégration européenne», *Sociétés Politiques Comparées. Revue Européenne d'Analyse des Sociétés Politiques*, n.º 19 (2009). Disponível em http://www.fasopo.org/reasopo/n19/article.pdf

[44] Artigo 1.º do decreto-lei 44427 de 29 de Junho de 1962, *Diário do Governo*, I série, n.º 147 (Lisboa: Imprensa Nacional), p. 890.

Um ditador forte?

A correspondência oficial e privada dirigida a Salazar, depositada na Torre do Tombo no Arquivo Oliveira Salazar e no arquivo da Presidência do Conselho, demonstram que o Presidente do Conselho raramente foi chamado a intervir em assuntos ligados à emigração. Como vimos na introdução deste texto, no período 1957-68, Salazar nunca deu indicações claras ao principal actor da política pública da emigração, António Manuel Baptista. Nestes anos, o Presidente da Junta nunca enviou um ofício a Salazar e parece nunca ter sido recebido em audiência em São Bento. Em regra geral, Salazar fez prova de um certo alheamento perante o fenómeno da emigração que se dirigiu para a França[45]. Nas suas declarações públicas referiu-se apenas duas vezes ao fenómeno. Na primeira numa entrevista ao jornal conservador francês l'*Aurore* publicada em Outubro de 1964, declarou que este fluxo emigratório não era novo. Depois da Segunda Guerra Mundial, os portugueses participaram na «reconstrução» francesa[46]. Para Salazar, esta era uma maneira de inscrever na tradição a emigração para França e recusar a interpretação deste fenómeno como uma resistência popular contra as guerras coloniais iniciadas em 1961 ou, mais como um «voto com os pés» contra o regime. No entanto, Salazar confessa o seu medo pelos resultados da acção do Partido Comunista Francês junto dos emigrantes portugueses, apresentados por ele como indivíduos carentes de uma tutela paternal. A segunda vez que Salazar se referiu publicamente à emigração foi num discurso onde pretendeu acalmar um «ambiente político interno que adivinho denso e carregado de dúvidas e preocupações» e, nomeadamente, apaziguar «os receios» do «nosso meio agrícola»[47]. Para tranquilizar os proprietários agrícolas que se queixavam amarga-

---

[45] Veja-se Victor Pereira, *L'Etat portugais et les Portugais en France de 1957 à 1974* (Tese de doutoramento em História, Institut d'Etudes Politiques de Paris, 2007), pp. 261-289.

[46] Roland Faure, «Salazar parle...», *L'Aurore*, 9 de Outubro de 1964, p. 11.

[47] António de Oliveira Salazar, «Discurso proferido por Sua Excelência o Presidente do Conselho na sessão da posse da nova comissão executiva da União Nacional» in Ministério dos Negócios Estrangeiros, *Boletim de informação*, n.º 7 (1965), p. 11.

mente da alta dos salários provocada pela emigração – o que não era compensado por uma subida dos preços dos produtos agrícolas que tinham sido congelados para controlar a inflação – Salazar adopta um olhar conservador sobre o fenómeno, lamentando «os homens da terra que se refugiam na emigração, aliás em desordem muitas vezes e em excesso injustificado, originando crises de mão de obra em vastos sectores rurais»[48]. Nesta frase, é notório que Salazar partilha a visão negativa de muitos proprietários agrários que classificam a emigração como um problema e não a solução contra a miséria, o desemprego ou o sub-emprego rural. Estas únicas referências públicas demonstram que Salazar interpretava a emigração de uma forma conservadora, temendo os seus efeitos políticos (politização dos emigrantes, protestos dos proprietários rurais) e sociais (êxodo rural). Salazar geria conservadoramente os assuntos ligados à emigração escondido do olhar das «opiniões públicas». Por exemplo, em Dezembro de 1963, a Presidência do Conselho recebeu um telegrama redigido pelo Grémio da Lavoura de Tábua que discordava da abertura de um recrutamento de trabalhadores na Câmara Municipal para a campanha da beterraba em França. Segundo o presidente do Grémio, este recrutamento viria a «tornar mais aflitiva situação lavoura regional»[49] e, em consequência, pedia a «Vossa Excelência [que] seja impedida saída trabalhadores rurais deste concelho para qualquer país estrangeiro pela falta braços cultura regional»[50]. Salazar limitou-se a sublinhar a última frase deste telegrama e anotar no canto «Ministério do Interior», não dando, pelo menos de forma escrita, indicações sobre a forma de resolver o assunto. Alguns dias mais tarde, depois de consultados o presidente da Câmara Municipal de Tábua e o delegado do Instituto Nacional do Trabalho e da Previdência de Coimbra, a Junta da Emigração escreveu um relatório, destinado ao chefe de gabinete do Ministro do Interior e posteriormente enviado a Salazar, que assegurava que «não se efectuará qualquer recrutamento no concelho de Tábua, a menos que superiormente

---

[48] *Ibidem*.

[49] Telegrama de José Corte Real, presidente do Grémio da Lavoura de Tábua, para António de Oliveira Salazar, (sem data [Salazar leu o telegrama em 17 de Dezembro de 1963]), IANTT/ PCOS/MC/PRC-11/A--2-8, cx 145.

[50] Telegrama de José Corte Real ...

se determinasse o contrário»([51]). Afirmava assim uma das traves da gestão da instituição que liderava: a subordinação da política de emigração aos interesses dos médios e grandes proprietários agrícolas e dos notáveis de província: «é a esta Junta que compete efectuar os recrutamentos de trabalhadores temporários e só o faz unicamente nos concelhos em que as respectivas autoridades o consideram conveniente»([52]). O que se conclui deste processo é que para Salazar os assuntos da emigração não eram problemas económicos, de mercado de emprego, numa óptica de modernização do país, ou de alívio da miséria reinante nos campos, como defendiam altos-funcionários do Ministério das Corporações e da Previdência Social([53]); ao invés, para ele a emigração era, numa perspectiva mercantilista, um problema de gestão da ordem pública, mais particularmente de apaziguamento dos notáveis locais cujo poder económico e simbólico estava ameaçado pela emigração. Por esta razão, Salazar não mandou o telegrama ao Ministério das Corporações e Previdência Social, para averiguar se havia mesmo falta de trabalhadores em Tábua, mas ao Ministério do Interior que devia cuidar, além da gestão da emigração, da «opinião pública» constituída pelos médios e grandes proprietários agrícolas e por todos os notáveis de província.

Apesar da entrada de Portugal na EFTA em 1959 e dos discursos de um fragmento da elite política acerca da industrialização e a modernização do país, o bloco conservador que defendia a continuação de um «Portugal essencialmente agrícola» ainda detinha uma influência relevante. O silêncio de Salazar parece resultar do contexto político. A braços com as guerras coloniais, com o surto da

---

([51]) Ofício do presidente da Junta da Emigração, para o chefe de gabinete do Ministro do Interior, 9 de Janeiro de 1964, IANTT/ PCOS/MC/ PRC-11/A-2-8, cx 145.

([52]) Ofício do presidente da Junta da Emigração ...

([53]) Veja-se, por exemplo, o artigo sobre emigração de Mário Murteira, funcionário do Fundo de Desenvolvimento da Mão-de-Obra do Ministério das Corporações e da Previdência Social, Mário Murteira, «Emigração e política de emprego em Portugal», *Análise Social*, vol. III, n.º 11 (1965), pp. 258-278. Entrevista do autor com Mário Murteira, Lisboa, 23 de Outubro de 2003. Mário Murteira participou em várias reuniões da Comissão Interministerial de Estudo dos Problemas da Emigração, em representação do Ministério das Corporações e da Previdência Social. Criticou severamente a política seguida pela Junta da Emigração.

oposição desde as eleições presidenciais de 1958, com uma contestação de parte da Igreja Católica e das Forças Armadas, Salazar não pretendia hostilizar inutilmente a burguesia agrária e os notáveis de província com a gestão da emigração. Por isto deixou-a ao Ministério do Interior, à presidência da Junta da Emigração e ao coronel António Manuel Baptista cujas tendências conservadoras e mercantilistas eram prova do respeito do governo perante os poderes locais. As fortes críticas da gestão de Baptista que emanavam do Ministério dos Negócios Estrangeiros e do Ministério das Corporações e da Previdência Social não modificaram este *statu quo* tácito. Como vimos, António Manuel Baptista nunca recebeu ordens claras de Salazar. Baptista considerava que o silêncio de Salazar relativamente à sua gestão conservadora da emigração constituía um consentimento tácito e que, por isso, acedendo às vontades dos proprietários agrícolas ele correspondia às vontades do Presidente do Conselho. Não estamos perante uma acção concertada decorrendo de uma estratégia claramente delineada. Na política pública de emigração a acção pública decorria em função de interesses de dezenas de actores. Neste contexto, era importante o peso dos grupos mais conservadores, que ainda tinham um certo poder político. Havia claramente neste tema um primado do político sobre o económico e uma tentativa de, num tempo de mudança profunda, deixar acreditar ao grupo conservador que o governo defendia seus interesses.

«Prisioneiro»[54] nas suas residências oficiais, tendo um conhecimento directo quase nulo dos processos sociais em curso, filtrados por interlocutores que temiam contar-lhe factos que o podiam desagradar, lendo apenas as cartas que os secretários lhe remetiam e a imprensa censurada, Salazar tinha uma visão distorcida das mudanças que ocorriam em Portugal em geral e do fenómeno da emigração em particular. Em 1965, num conselho de ministros dedicado à emigração, o ministro da Justiça João Antunes Varela argumentou que a emigração se justificava pela diferença de salários auferidos em França e Portugal. Salazar ficou «surpreendido a ponto de custar-lhe a aceitar a veracidade da informação»[55]. O presidente do Conselho não acreditava que os salários fossem

---

[54] Carta do presidente da Fundação Calouse Gulbenkian, José de Azeredo Perdigão, a Marcelo Mathias, 12 de Outubro de 1967, AHD, arquivo Paris, Maço 494.

[55] Cartão de visita de João de Matos Antunes Varela, ministro da Justiça, a António de Oliveira Salazar, 16 de Junho de 1965, IANTT/AOS/CP-274.

tão baixos em Portugal, tendo sempre confiado nas queixas dos proprietários agrícolas sobre o seu aumento dramático. Além da «dissonância cognitiva» da qual era vítima nos anos sessenta, da sua cultura política tradicionalista e do seu *habitus* de pequeno proprietário beirão absentista, que o fazia pensar a emigração como um problema para os grandes e médios empregadores de mão-de-obra e não como uma solução para os camponeses menos abastados, Salazar estava absorvido pelas guerras coloniais e as suas dimensões internacionais. Em consequência, tentava perder pouco tempo com assuntos internos cuja gestão quotidiana deixava às autoridades competentes que possuíam, assim, uma certa autonomia, desde que não provocassem atritos com os apoios tradicionais do regime. No caso da emigração, a intervenção de Salazar foi rara por um outro motivo: era um fenómeno que remetia em causa o mito palingenésico[56] da restauração do país que promovera desde o fim dos anos 1920. Com efeito, em 1948, Salazar demonstrava o sucesso da sua política pela inexistência de emigração. Escrevia assim: «Que nenhum sinal de progresso será mais concludente que ter-se assegurado trabalho e sustento à população, que aumenta, não emigra e goza de nível de vida cada vez mais alto»[57]. Numa entrevista publicada em 1966, como prova do progresso realizado em Portugal desde 1926, Salazar realçava o facto de a população ter passado de «seis para cerca de dez milhões» de habitantes[58]. Se o Presidente do Conselho ligava progresso do país, aumento da população e escassez das saídas para o estrangeiro, deveria seguramente temer, como aliás fez parte da oposição, nomeadamente no manifesto da Oposição Democrática publicado antes das eleições legislativas de 1965[59], que o surto migratório dos anos sessenta fosse interpretado como a prova do fracasso da sua governação.

---

[56] Sobre este mito, veja-se Fernando Rosas, «O salazarismo e o homem novo: ensaio sobre o Estado Novo e a questão do totalitarismo», *Análise social*, vol. XXV, n.º 157 (2001), pp. 1031-1054.

[57] António de Oliveira Salazar, *Discursos e notas políticas*, vol. I *1928--1934* (Coimbra: Coimbra Editora, 1948 [4.ª edição]), XXI.

[58] António de Oliveira Salazar, *Entrevistas 1960-1966* (Coimbra: Coimbra editora, 1967), p. 196.

[59] Veja-se em José Barreto, «As nacionalizações e a oposição ao Estado Novo», *Análise Social*, vol. XXXIV, n.º 151-152 (2000), pp. 509-554.

Até 1968, António Manuel Baptista conseguiu impedir qualquer liberalização da política de emigração pedida pelo Ministério dos Negócios Estrangeiros e pelo Ministério das Corporações e da Previdência Social. Obstruiu a aplicação do acordo de emigração assinado, por iniciativa do Ministério dos Negócios Estrangeiros português que acedeu a um antigo pedido da diplomacia gaulesa, com a França em 1963. E entravou a aplicação das resoluções sobre emigração do Conselho de Ministro de 14 de Julho de 1965 que davam um papel mais importante ao Ministério das Corporações e da Previdência Social na política de emigração. Nestes anos sessenta, a inércia, a *path dependence* e a ineficiência grassavam. No entanto, estes fenómenos não eram uma disfunção, mas um modo de governo. Perante políticos e militares que esperavam a sua morte e, nesta perspectiva acumulavam recursos, prestígio, capitais, Salazar, como lhe era habitual, jogou uns contra os outros, continuou a reforçar a sua posição de árbitro entre partes opostas, diminuindo assim a constituição de coligações que poderia, como aconteceu na Abrilada de 1961, ameaçar o seu poder. Paradoxalmente, como se vê no caso da política de emigração, não fazer nada, não se envolver, não se inteirar dos assuntos, deixar os conflitos prolongarem-se, deixar uma larga autonomia a certos actores, mesmo se contestados, deixar o poder circular por outros actores eram maneiras de «durar».

Um jogo de fachada

A política de emigração foi em grande parte um jogo de fachada. Por um lado, a legislação combinava um certo liberalismo – para demonstrar às opiniões públicas internacionais que a ditadura portuguesa não era uma prisão que impedia a sua população de emigrar, um «direito natural»([60]) do homem – e uma atitude repressiva perante os clandestinos, considerados como criminosos, e os passadores, punidos por severas penas. Por outro lado,

---

([60]) Veja-se Aristide Zolberg, «Un reflet du monde. Les migrations internationales en perspective historique» in Bertrand Badie, Catherine Withol de Wenden, dir., *Le défi migratoire. Questions de relations internationales* (Paris: Presses de la Fondation Nationale des Sciences Politiques, 1994), pp. 41–57.

as forças de polícia, principalmente a PIDE, não tinham meios nem vontade para impedir as saídas clandestinas que atingiram as várias dezenas de milhares por ano[61]. Mais paradoxal ainda, em quase todos os períodos (salvo entre Maio de 1967 e Dezembro de 1968), as autoridades portuguesas regularizavam a situação dos que tinham emigrado clandestinamente. Para os candidatos à emigração clandestina, este reconhecimento oficial das saídas *a posteriori* constituía um incentivo para não se submeterem ao difícil processo administrativo da emigração legal.

Para Fernando Silva Pais, director da PIDE entre 1962 e 1974, o objectivo principal da vigilância da fronteira exercida pela polícia política não era impedir a emigração clandestina mas seleccionar e vulnerabilizar os emigrantes. Este duplo objectivo passava, como já era o caso no fim do século XIX[62], pelo impedimento de uma emigração familiar. Com homens ainda jovens no estrangeiro, muitos deles casados, esperava-se que o envio de poupanças fosse relevante, que os emigrantes não se «integrassem» nas sociedades de acolhimento e que tomassem cuidado relativamente a tudo que pudesse assemelhar-se com política. Os homens em França temiam ser denunciados por actividade política e/ou sindical e ver suas famílias sofrer represálias. Inicialmente a maioria concebia a sua presença em França como temporária não pretendendo, em nenhum caso, pôr em perigo o retorno a Portugal. Porém, esta estratégia que assentava na separação das famílias – e que parece partilhada por Salazar como se lê na entrevista dada ao l'*Aurore* onde ele apenas concebe a emigração para França como uma emigração temporária e masculina[63] – não dependia da acção pouco

---

[61] Veja-se sobre a falta de repressão exercida pela PIDE, Victor Pereira, «El poder de la impotencia: policías y migración clandestina entre Portugal y Francia (1957-1974)», *Política y Sociedad*, n.º 42/3 (2005), pp. 103-120.

[62] Veja-se sobre a política da emigração no fim do século XIX, Miriam Halpern Pereira, *A política portuguesa da emigração 1850-1930* (Lisboa: A Regra do Jogo, 1981); Maria Ioannis Baganha, «Social marginalization, government policies and emigrants remittances Portugal 1870-1930» in *Estudos e ensaios em homenagem a Vitorino Magalhães Godinho* (Lisboa: Sá da Costa, 1988), pp. 431-449; Sacuntala de Miranda, *A emigração portuguesa e o Atlântico, 1870-1930* (Lisboa: Salamandra, 1999).

[63] Segundo Salazar, «depois da última guerra, os portugueses afluíram em França e participaram ao levantamento das ruínas e à reconstrução. Mas a maioria deles voltou alguns anos mais tarde com uma pequena

eficiente de vigilância executada pelas autoridades portuguesas. Se os emigrantes sofriam nas viagens clandestinas caríssimas e duríssimas – sendo estas condições que impediam as mulheres de emigrarem irregularmente também – era devido à vigilância exercida pelas autoridades espanholas. Porém, a partir de 1965, por vários motivos[64], a Espanha deixou de perseguir os portugueses sem passaporte que atravessavam o seu território e a emigração de mulheres e crianças para França aumentou drasticamente, fazendo ruir o *statu quo* que tinha satisfeito numerosos interesses junto do Estado português. Apesar do Ministro do Interior ordenar à GNR que «apenas se desencoraja a saída de famílias – os menores em idade escolar só podem perder o seu futuro deixando os estudos – e se proíbe a saída de mancebos antes de cumprido o serviço militar»[65], a emigração para França de homens, alguns em idade militar e de mulheres, crianças e até idosos, não parou até 1974.

O governo português nem tinha a vontade, nem os meios para controlar a emigração. O custo político, diplomático e administrativo de uma acção do Estado que parasse totalmente a emigração irregular era demasiado importante. E sobretudo a emigração a salto, como observa o antigo Ministro do Ultramar Adriano Moreira nas suas memórias, «não era tão clandestina como parecia, porque a negligência oficial variava de atenção conforme variavam as circunstâncias internas do mercado de trabalho»[66]. A emigração clandestina não era propriamente um fracasso porque o Estado não tentou a todo custo impedi-la e porque muitos interesses dentro do Estado se satisfizeram com a sua existência. Para o governo em geral e para a Junta da Emigração em particular, a emigração irregular tirava-lhes toda responsabilidade perante as elites conservadoras. As autorida-

---

fortuna. Em França, os nossos homens recebem altos salários mas continuam a viver de maneira muito modesta. Eles satisfazem-se com pouco e enviam muito dinheiro às famílias», Roland Faure, «Salazar parle...», *L'Aurore*, 9 Outubro de 1964, p. 11.

[64] Analisados em Victor Pereira «Espanã como país de tránsito. El caso de la emigración portuguesa hacia Francia (1957-1974)», *Migraciones & Exilios*, n.º 9 (2008), pp. 75-114.

[65] Ofício do chefe de gabinete do Ministro do Interior ao Comandante geral da Guarda Nacional Republicana, 27 de Abril de 1971, AMAI, gabinete do ministro, cx 391.

[66] Adriano Moreira, *A Espuma do tempo. Memórias do tempo de vésperas* (Lisboa: Almedina, 2008), p. 313.

des, por via da imprensa que, neste assunto como outros, era manipulada, podiam apresentar o passador com um bode-expiatório perfeito que ocultava as ambiguidades da política da emigração, nomeadamente as regularizações a posteriori dos clandestinos e a não aplicação das severas sanções que deviam punir os passadores. Também ocultava outros efeitos da emigração, como foi o caso da extensão da rede bancária que resultou em parte das remessas enviadas pelos emigrantes[67]. Proibir a emigração, transformar a emigração clandestina em crime, imprecar contra os passadores sem escrúpulos era, a pouco custo financeiro, um meio de acalmar os proprietários rurais descontentes com a rigidez dos preços dos produtos agrícolas, o aumento dos custos dos salários, das máquinas, dos adubos e a consequente baixa dos rendimentos[68]. Como o era a continuação dos discursos políticos, pronunciados por Salazar e por outros dirigentes políticos, inspirados pelo «ruralismo conservador» que defendiam a persistência dum «mundo rural tradicional», «essencialmente agrícola e essencialmente pobre»[69], ou seja, a continuação da hegemonia ideológica da burguesia agrícola «mesmo depois de ter perdido a hegemonia económica»[70]. Não liberalizar a emigração, como o fez o governo espanhol nos anos sessenta, era um meio de, no seguimento do célebre «o que parece é», fazer acreditar aos fragmentos em declínio da burguesia agrícola, num período de rápido desenvolvimento industrial e de transição de um «referencial global»[71] conservador para um «referencial global» modernizador, que o Estado sempre os amparava[72].

---

[67] Sobre a extensão da rede bancária no país, veja-se José Felix Ribeiro, Lino Gomes Fernandes, Maria Manuel Carreira Ramos, «Grande indústria, banca e grupos financeiros – 1953-1973», *Análise Social*, vol. XXIII, n.º 99 (1987) pp. 945-1018.

[68] Veja-se um jogo similar na política pública das pescas, Álvaro Garrido, *Economia e política das pescas portuguesas. Ciência, direito e diplomacia nas pescarias de bacalhau (1945-1974)* (Lisboa: Imprensa de Ciências Sociais, 2006).

[69] Fernando Rosas, «O Estado Novo» in *História de Portugal*, vol.VII dir. José Mattoso, (Lisboa: Estampa, 1994), p. 23.

[70] Boaventura de Sousa Santos, *O Estado e a sociedade em Portugal (1974-1988)* (Porto: Afrontamento, 1990), p. 18.

[71] Para o conceito de referencial global ver Pierre Muller, «Esquisse d'une théorie du changement dans l'action publique. Structures, acteurs et cadres cognitifs», *Revue française de science politique*, vol. LV, n.º1 (2005), pp. 155-187.

[72] Nuno Luís Madureira observou que uma das características das políticas económicas do Estado Novo foi a de ajudar os sectores em de-

Escapar às teias do Estado: os emigrantes em busca de autonomia

Mas para além dos cálculos, improvisos e estratégias dos diferentes agentes do Estado, (do agente da PIDE num posto de fronteira, por Salazar, passando pelo funcionário municipal duma cidade beirã ao inspector da Junta da Emigração), não se pode pensar que estes governavam indivíduos apáticos, sem estratégias sem interesses próprios, sem objectivos, sem «maneiras de sentir, de ver e de agir» ([73]) e sem «economia moral» ([74]). Como já apontamos, o conceito de governamentalidade de Foucault reabilita o papel da população que reage, contorna, resiste, obedece ou transforma. As relações entre os actores do Estado e o resto da população devem assim ser concebidas como resultado de uma dialéctica, uns e outros reagindo constantemente. Nos últimos anos, vários estudiosos da emigração realçaram a necessidade de articular a acção dos agentes do Estado e a acção dos migrantes. Não se pode fazer desaparecer o Estado que restringe a liberdade de acção dos migrantes mas que também pode apoiar esta mobilidade por via de políticas activas (acordos de emigração) ou por via da tolerância perante as migrações irregulares. Esta maneira de ver distingue-se das análises que viam nos emigrantes simples mercadorias movidas por entidades abstractas (os Estados, o Capitalismo ou os Capitalismos, a Dependência). Nestas análises, o migrante não pensa, não sente, não têm projectos ou desejos, não decide. As estruturas decidem por ele. Estas análises foram particularmente comuns em Portugal. Nos anos sessenta e setenta, tanto o governo como a oposição (nomeadamente em grande parte dos escritos do Partido Comunista Português e dos partidos da extrema-esquerda sobre a emigração), explicavam a emigração em função de motivos estruturais, negando assim as estratégias, as aspirações, os pro-

---

clínio, «assegurando condições para a sua sobrevivência, reproduzindo o atraso económico pelo amparo às empresas menos competitivas». Nuno Luís Madureira, *A economia dos interesses. Portugal entre as guerras* (Lisboa: Livros Horizonte: 2002), p. 71.

([73]) Bernard Lahire, *La raison des plus faibles. Rapport au travail, écritures domestiques et lectures en milieux populaires* (Lille: Presses Universitaires de Lille, 1993), p. 3.

([74]) Edward Thompson, *A economia moral da multidão na Inglaterra do século XVIII* (Lisboa: Antígona, 2008).

jectos dos migrantes. Por exemplo, em Abril de 1969, Marcello Caetano adoptava um discurso sobre a emigração que realçava a dependência da periferia perante o centro: «A emigração dos últimos anos não é fenómeno especificamente português. A carência de mão-de-obra nas regiões mais ricas do centro europeu atraiu, primeiro, argelinos e italianos; depois os espanhóis; e por fim os portugueses»([75]). Uma mesma lógica encontra-se em muitos textos do PCP e da extrema-esquerda, onde a emigração é tratada como o resultado da expansão do capitalismo em Portugal e da subordinação da economia portuguesa perante as economias da Europa do Centro. Nestas análises a emigração é vista como um instrumento usado pela ditadura, e pela «burguesia» que a sustenta, para se reproduzir([76]).

Desde há alguns anos, estudos sobre as migrações e os migrantes, nomeadamente a corrente dita «transnacionalista», focam as aspirações dos migrantes, as suas estratégias, o espaço social e político que criam entre a sociedade de origem e as sociedades de inserção. Se nestes estudos é realçado o dinamismo dos migrantes, indivíduos que tomam em mão o seu destino e que concebem a expatriação como «uma prática de afirmação e de ascensão

---

([75]) Marcello Caetano, *Pelo futuro de Portugal* (Lisboa: Verbo, 1969), p. 98.

([76]) Segundo os Cadernos de Marxismo-leninismo, publicado pelo Movimento Marxista-Leninista português, «a burguesia anteviu na abertura da emigração a sua bóia salvadora e fomentou a debandada. A rarefacção das massas que habitavam os campos serviu para quebrar a resistência dos camponeses e entregá-los às garras opressoras do capital», in «As tarefas revolucionárias dos camaradas no Exílio», *Cadernos de Marxismo-Leninismo*, n.º 3 (sem data [provavelmente 1967]. A emissão de 13 de Março de 1966 da Rádio Portugal Livre, ligada ao Partido Comunista Portuguesa, apresentava assim a emigração: «a emigração serve os interesses e os desejos do governo em diferentes aspectos. O menos importante não é o facto de as verbas enviadas pelos emigrantes representarem um factor que permite manter o equilíbrio dos orçamentos do governo salazarista. Desta forma, o fascismo transforma o drama da emigração numa maneira de continuar a sua política de protecção do grande capital financeiro e monopolista às custas dos emigrantes e em desprezo do sofrimento e da ruína do nosso povo», Rádio *Portugal Livre*, emissão de 13 de Março de 1966, recebida na PIDE em 15 de Março de 1966, IANTT/PIDE/DGS, processo 11/46, pasta 1, emigração clandestina, n.º 2511.

social»(⁷⁷), apoiando-se em diversos tipos de redes de sociabilidade, o poder dos Estados é por vezes exageradamente minimizado. Com efeito, muitos autores consideram que o Estado revela o seu declínio ao perder o controlo sobre o governo da mobilidade das populações e sobretudo das migrações irregulares. Seria um erro, no caso da emigração portuguesa nos anos sessenta e setenta, pensar que o volume considerável da emigração clandestina significou a ausência do Estado no contexto das estratégias dos migrantes. Fugir à vontade de controlo do Estado é reagir à sua acção. Sem a acção dos agentes do Estado português (e, em parte dos Estados espanhol e francês), milhares de portugueses não teriam emigrado em condições desumanas, não se teriam endividado dramaticamente, não se teriam encontrado numa posição vulnerável, sem documentos legais, à mercê de empregadores, para regularizar a sua situação perante a administração francesa. Devemos, por isto, compreender os motivos que levaram tantos milhares de portugueses a sair ilegalmente e precaver-nos de ver este gesto como irracional, como o afirmavam muitos dos agentes do Estado.

Como Paulo Monteiro sugere, na esteira dos trabalhos de Manuel Villaverde Cabral sobre os camponeses portugueses, é preciso «colocar-se do ponto de vista do emigrante» (⁷⁸) para o compreender. Pensar a relação entre os emigrantes e o Estado não é adoptar a visão do Estado sobre os emigrantes mas o contrário: a visão do Estado pelos emigrantes; é compreender os seus comportamentos e atitudes, o seu ponto de visto e não, numa perspectiva etnocêntrica, aprendendo certos fenómenos como problemas sociais que teriam que ser resolvidos. Um exemplo deste olhar compreensivo foi dado por Alfredo Margarido que demonstrou que os bairros de lata onde se concentraram os Portugueses acabados de chegar à região parisiense no início dos anos sessenta não resultavam de uma disfunção que se devia combater mas, pelo contrário, de uma solução encontrada pelos emigrantes para se inserir no mercado de trabalho francês, para cumprir as metas traçadas quando saí-

---

(⁷⁷) Fariba Adelkhah, Jean-François Bayart, «Introduction. Pour une anthropologie politique du voyage», in *Voyages du développement. Emigration, commerce, exil*, dir. Fariba Adelkhah, Jean-François Bayart (Paris: Karthala, 2007), pp. 5-29.

(⁷⁸) Paulo Filipe Monteiro, *Emigração: o eterno mito do retorno* (Lisboa: Celta, 1994), p. 4.

ram de Portugal (poupar dinheiro para comprar terras, bens de produção ou abrir um negócio), para proteger-se, entre pessoas que falavam a mesma língua, para se relacionar com uma sociedade urbana e estrangeira desconhecida, para manter os hábitos culinários, etc.[79].

A pergunta a colocar é a seguinte: como é que os candidatos à emigração viam o Estado? Muito raros, no conjunto das classes populares, eram aqueles que concebiam o Estado como um recurso, como um fornecedor de bens e de serviços, como um auxílio para uma melhoria das condições de vida. Pelo contrário, o Estado e os seus agentes eram concebidos como inimigos de qualquer estratégia de mobilidade social ascendente, de qualquer melhoria das condições de vida. Os agentes do Estado eram, segundo as classes populares portugueses, os aliados dos «ricos», dos agentes que mantinham a dominação económica, social, política e simbólica duma minoria, graças ao estado de submissão e de dependência na qual se encontrava grande parte da população. Por isto, era irracional em grande parte do casos, do ponto de visto das classes populares, pedir ao Estado auxílio para emigrar, obtendo um passaporte de emigração ou mesmo, apenas, um passaporte de turismo, vedado aos camponeses e operários. Só aqueles que tinham acesso a um «patrão» influente junto do presidente da Câmara, podiam iludir a administração sobre a sua condição social, ou os que residiam numa área onde o interesse dos presidentes das Câmaras era o de favorecer a emigração (como era o caso de certos presidentes de Câmaras do Alentejo, ou de aqueles confrontados com o despedimento maciço de trabalhadores, como acontecia, por vezes, com o fim de «grandes obras» como, por exemplo, a construção de barragens hidráulicas), tinham interesse em usar o intermédio do Estado para emigrar legalmente. Muitos nem pensaram pedir um passaporte de emigrante. A experiência das classes popula-

---

[79] Veja-se Alfredo Margarido, «Elogio do bidonville», *Latitudes*, n.º 5 (1999), pp. 14-20. Sobre os bairros de lata onde viveram Portugueses em França nos anos 1960 veja-se também Tewfik Allal, Jean-Pierre Buffard, Michel Marié, Tomaso Regazzola, *Situations migratoires. La fonction-miroir* (Paris: Galilée, 1977); Marie-Christine Volovitch-Tavares, *Portugais à Champigny, le temps des baraques* (Paris: Autrement, 1995); Colette Pétonnet, *On est tous dans le brouillard* (Paris: Éditions du Comité des Travaux Historiques et Scientifiques, 2002).

res com o Estado explica esta atitude. As Câmaras Municipais, os governos civis, as repartições eram lugares de dominação social, espaços onde tudo contribuía para reforçar o sentimento de inferioridade de uma população, pouco ou não letrada de todo, que não compreendia os formulários que lhe eram dados e a sua linguagem complexa. De resto, a administração portuguesa cultivou esta opacidade nos processos administrativos e na linguagem, para manter a importante distância entre a Administração e a maioria dos portugueses, remetidos para uma situação de sujeitos dependentes que precisavam de «luzes» (do advogado, do solicitador, do patrão, do «chico esperto») e não de cidadãos que usufruíam de direitos[80]. Para as classes populares portuguesas, a experiência da administração era muitas vezes uma experiência da dominação, da humilhação, da subserviência, da corrupção[81]. O processo da emigração legal inseria-se nesta experiência. Os que queriam usar o Estado para emigrar deviam fazer longas filas na câmara municipal, ser atendidos com sobranceria por funcionários municipais, pedir os documentos necessários, ouvir dizer que a pretensão deles era inexequível ou seria provavelmente indeferida, ver serem-lhes apresentados pedidos de remuneração oculta, necessitarem de solicitar o apoio duma pessoa supostamente influente, terem que esperar o eventual deferimento da concessão do passaporte por tempo indefinido. Pedir um passaporte era submeter-se à incerteza, a uma enorme papelada (os documentos requeridos para obter o passaporte de emigração ultrapassavam a dezena) e à submissão às lógicas clientelistas que agravavam o sentimento de inferioridade sentido por parte dos indivíduos. Com o processo administrativo, o controle do tempo escapava aos candidatos à

---

[80] Sobre a «distância ao poder» em Portugal, veja-se Manuel Villaverde Cabral, «Despotismo de estado e sociedade civil real em Portugal: distância ao poder, comunicação política e familismo amoral», in *Razão, Tempo e Tecnologia. Estudos em homenagem a Hermínio Martins*, dir. Manuel Villaverde Cabral, José Luis Garcia e Helena Mateus Jerónimo (Lisboa: Imprensa de Ciências Sociais), pp. 157-180.

[81] Sobre o caciquismo e a corrupção existente nas Câmaras Municipais no tempo do Estado Novo, veja-se além das obras de José Cutileiro e Joyce Riegelhaupt já citadas, Paulo Silveira e Sousa, «Caciquismo e poder local na literatura sob o Estado Novo», in *História dos municípios e dos poderes locais. Dos finais da idade média à União Europeia*, dir. César de Oliveira (Lisboa: Círculo de leitores, 1996), pp. 325-341.

emigração, o que era mais um motivo de submissão ao poder do Estado que detinha assim, como refere Pierre Bourdieu, «o poder absoluto que é o poder de tornar imprevisível e de proibir aos outros toda antecipação razoável, de os instalar na incerteza absoluta não dando qualquer espaço à sua capacidade de prever»[82]. A incapacidade de prever o resultado de um pedido de passaporte era reforçada pelas inúmeras contradições e disfunções existentes na gestão administrativa da emigração nos anos sessenta que devido ao conflito entre a Junta da Emigração e o Ministério das Corporações e da Previdência Social. Segundo um relatório apresentado ao Conselho de Ministros em 1969, no circuito administrativo da emigração havia «entrevistas em duplicado, complexidade de documentação e de 'papelada', exames médicos escusados, burocracia excessiva»[83]. Além disto, a lógica do Estado era muitas vezes oposta às estratégias dos emigrantes. Assim, o Estado de origem e o Estado de acolhimento pretendiam escolher os emigrantes e os lugares onde eles iam trabalhar. Agentes do Estado português planeavam restringir as saídas aos «trabalhadores que entendemos não serem necessários em Portugal, quer em atenção à idade quer à respectiva profissão, tomando também em consideração a situação relativa à mão de obra considerada por regiões»[84]; agentes do Estado francês desejavam canalizar os emigrantes para as profissões deficitárias, muitas vezes aquelas onde as condições de trabalho eram as mais difíceis e as remunerações as mais baixas. Face a isto, os emigrantes pretendiam usar as redes de sociabilidade que lhes ofereciam certezas: um alojamento, um trabalho e um precioso apoio perante uma administração e uma sociedade por vezes consideradas hostis. Nesta perspectiva, a emigração legal era bastante irracional.

Inversamente, emigrar com o auxílio das redes de passadores revelava-se muitas vezes mais rápido, mais barato e inseria-se mais

---

[82] Pierre Bourdieu, *Méditations pascaliennes* (Paris: Seuil, 2003), p. 328.

[83] «Problemática da emigração», relatório preparado pelo Ministério da Presidência do Conselho para o Conselho de Ministros de 29 de Julho de 1969 consagrado à emigração, IANTT/Presidência do Conselho de Marcelo Caetano, caixa 921.

[84] Relatório de Carlos Fernandes, 10 de Dezembro de 1963, AHD, EEA 142.

facilmente nas cadeias migratórias criadas pelos migrantes. Com as redes de passadores, de estrutura bastante flexível([85]), não eram necessários requerimentos, atestados, papel selado, (fazer) ler ou escrever textos incompreensíveis. Entre o engajador, que representava o resto da rede, e o candidato à emigração, um compromisso baseado na palavra e na honra bastavam. Acordava-se o preço da viagem, o dia da partida, as modalidades de pagamento e o sítio onde o emigrante devia chegar. O emigrante podia assim transitar directamente da sua aldeia até o sítio onde o esperavam familiares ou amigos que o podiam acolher e dar trabalho. Para ser assegurada a honestidade das redes de passador, determinado dispositivo foi frequentemente usado. Antes de partir a salto, o emigrante cortava uma fotografia sua em duas partes, ficando uma parte com a família. Se chegasse a França, enviava o segundo fragmento do retrato, sinal que a rede de passador tinha cumprido o seu contracto e que os familiares podiam entregar ao engajador o resto do dinheiro acordado. Se, em função da vigilância exercida pelas autoridades portuguesas, espanholas e francesas, o montante da viagem a salto oscilava, podendo atingir montantes difíceis de reunir para trabalhadores rurais e operários, os emigrantes viam esta quantia como um investimento. Sabiam que em França, trabalhando muito, maximizando as poupanças (vivendo por exemplo nos bairros de lata), conseguiriam rapidamente saldar suas dívidas. E, como vimos, a emigração legal custava caro: partindo clandestinamente, o emigrante poupava os diversos custos do processo administrativo (papel selado, custo dos exames médicos, deslocações, gorjetas, etc.) e podia trabalhar imediatamente não tendo que esperar por um eventual passaporte. Pagando aos passadores, os emigrantes emancipavam-se da tutela dos caciques. Era muitas vezes a sua liberdade e honra que os clandestinos pagavam, preferindo endividar-se a ter que pedir uma cunha. Os emigrantes sabiam que não teriam dificuldades em en-

---

([85]) Para o estudo das redes de passadores num concelho da Beira Alta, veja-se Marta Nunes Silva, *Redes de Emigração Económica Clandestina com Destino a França (Penedono, 1960-1974)*, tese de mestrado em História (Lisboa: Instituto Superior de Ciências do Trabalho e da Empresa, 2008). Veja-se também, Victor Pereira, «Ni héros ni escrocs: les passeurs portugais entre 1957 et 1974», *Plein droit*, n.º 84 (2010), pp.12-17. Para estudos gerais sobre redes de passadores, veja-se Smaïn Laacher, «Partir pour le bout de la terre», *Critique Internationale*, n.º 19 (2003), pp. 157-170.

contrar um trabalho em França, regularizar sua situação perante as autoridades francesas e depois, segundo o período, perante as autoridades portuguesas. A emigração irregular funcionava assim sobre «cadeias migratórias» – que inseriam-se na «sociedade-providência» existente nos campos portugueses isto é «as redes de relações de interconhecimento, de reconhecimento mútuo e de entreajuda baseadas em laços de parentesco e de vizinhança»[86] – que ofereciam oportunidades de trabalho, permitiam antecipações e um controle relativo da incerteza. Por fim, apesar das autoridades e da imprensa apresentarem os passadores como ladrões e indivíduos sem escrúpulos que exploravam os emigrantes, um laço de confiança existia entre eles e os emigrantes. Muitos engajadores e passadores, pelo menos os portugueses, não eram indivíduos exteriores à sociedade camponesa, um mundo de interconhecimento. Nos documentos da polícia, os engajadores e passadores tinham muitas vezes alcunhas, símbolo da sua inscrição nas sociedades rurais[87]. Os emigrantes tinham mais confiança nos engajadores que nos passadores. Alguns altos-funcionários reconheciam-no. Numa das reuniões da Comissão Interministerial de Estudo dos Problemas da Emigração, Carlos Fernandes assegurava que o emigrante clandestino «não se julga, na generalidade dos casos, enganado: paga honestamente um serviço que contratou»[88].

Conclusão

A estratégia da emigração irregular foi tão maciçamente adoptada por portugueses porque o Estado Português regularizou *a posteriori* este «crime», de forma mais ou menos ágil segundo os

---

[86] Veja-se Boaventura de Sousa Santos, «O Estado, as relações salarias e o bem-estar social na semiperiferia: o caso português» in *Portugal um retrato singula*, dir. Boaventura de Sousa Santos (Porto: Afrontamento, 1993), p. 46.
[87] Veja-se o relatório da 4ª repartição do Comando Geral da Guarda Nacional Republicana, sem data (1970, ANTT/AMAI, gabinete do ministro, cx 389.
[88] Relatório final da comissão encarregada do estudo dos problemas da emigração, 22 de Janeiro de 1965, IANTT/AOS/CO/PC-81ᴬ.

anos e a vontade de reduzir o fluxo migratório. A regularização *a posteriori* não era tanto um sinal de fraqueza das autoridades mas uma maneira de evitar os custos políticos, económicos, sociais e administrativos provocados pela organização da emigração legal. Num período dominado pelas guerras coloniais e por uma importante fase de crescimento industrial e de transformação na sociedade portuguesa, a organização da emigração legal podia originar conflitos políticos com os fragmentos mais conservadores da sociedade que defendiam a persistência de um país principalmente agrícola e o envio maciço de colonos para Africa[89]. Organizar a emigração legal e subordinar a gestão da mobilidade transnacional dos trabalhadores à política de emprego também teria provocado conflitos com a Junta da Emigração e o Ministério do Interior que defendiam tenazmente o seu monopólio sobre a política de emigração. Não fazer nada também é uma política. Por um lado, houve uma criminalização da emigração irregular e a divulgação, por via da imprensa devidamente inspirada, dos efeitos nefastos da clandestinidade e a construção da figura do passador como traficante de carne humana e inimigo dos emigrantes. Por outro lado, a PIDE claramente não combateu a emigração irregular, não dispondo de meios materiais e financeiros para o efeito. A sua prioridade nos anos sessenta e setenta não era impedir camponeses de emigrarem para França mas auxiliar as Forças Armadas na luta contra os movimentos de libertação nas Províncias Ultramarinas e neutralizar os militantes da oposição. A Junta da Emigração também nunca recebeu os meios para poder canalizar a emigração legalmente. Os pedidos de aumento do seu orçamento foram várias vezes recusados pelo Ministro das Finanças. Em 1964, António Manuel Pinto Barbosa considerava o «acréscimo acentuado» do volume da emigração como «transitório»[90] e concluía, em consequência, que não era necessário dotar a Junta de mais meios. Com efeito, se, hoje a política de emigração parece totalmente improvisada, resultando de equilíbrios instáveis entre várias instituições e maneiras de ver a economia, a sociedade e o papel do Estado, temos que ter em conta que, nestes anos, ninguém anteci-

---

[89] Veja-se Cláudia Castelo, *Passagens para África. O Povoamento de Angola e Moçambique com Naturais da Metrópole (1920-1974)* (Porto: Afrontamento, 2007).

[90] Carta do Ministro das Finanças ao Ministro do Interior, 7 de Dezembro de 1964, AMAI, gabinete do ministro, cx 273.

pava um tal surto de emigração para França, destino marginal até 1957. Quase todos os anos, políticos previam um abrandamento dos fluxos e um retorno maciço dos emigrantes[91]. Porquê então tomar riscos políticos e administrativos com um fenómeno que devia acabar em breve? Vingou assim uma política que se sustentava num jogo de fachada, onde aparentemente as autoridades combatiam um crime que perdoavam a posteriori. Assim, milhares de emigrantes partiram irregularmente porque sabiam que poderiam voltar a Portugal, que nenhuma represália seria exercida sobre os familiares e que nada os impediria de enviar as suas famílias as poupanças realizadas em França. Esta benevolência contribuiu para a não-politização da emigração clandestina e para o facto de muitos clandestinos não se pensarem como «criminosos» (o que eram, segundo a lei, entre 1961 e 1969). As classes populares portuguesas estavam habituadas a praticar inúmeros desvios devido à abundante legislação e regulamentação que, como nas prisões[92], tornava tudo o que não era «expressamente autorizado provavelmente proibido»[93]. Apesar de não terem respeitado as leis, os clandestinos eram regularizados, pagando as referidas multas. No entanto, este procedimento tornava vulneráveis os emigrantes e as suas famílias. Entrados irregularmente no estrangeiro, os clandestinos tinham poucos direitos e eram obrigados, se queriam voltar a Portugal com o seu objectivo cumprido, a afastarem-se de tudo o que era político como aconteceu, por exemplo, a milhares de Portugueses em França durante os eventos de Maio de 1968.

---

[91] Veja-se o discurso do Ministro das Corporações e da Previdência Social, José João Gonçalves Proença, que, em 1968, dirigia-se aos «trabalhadores portugueses temporariamente afastados do nosso convívio, para lhes garantir que também eles não são esquecidos e que todo o nosso desejo é voltar a tê-los novamente entre nós, agora que as condições económicas do País se vão desenvolvendo cada vez mais com progressiva criação de novos lugares de trabalho», in *Diálogo corporativo*, vol. III, José João Gonçalves Proença (Lisboa: Junta da Acção Social, 1969), p. 53.

[92] Veja-se Grégory Salle, Gilles Chantraine, «Le droit emprisonné? Sociologie des usages sociaux du droit en prison», *Politix*, n.º 87 (2009), pp. 93-117.

[93] Joyce Firstenberg Riegelhaupt, «Peasants and politics in Salazar's Portugal: the corporate state and a village 'nonpolitics'» *in Contemporary Portugal: The revolution and its antecedents*, dir. Lawrence Graham, Harry Makler (Austin: University of Texas Press, 1979), p.182.

Bibliografia

ADELKHAH, Fariba, Jean-François Bayart, «Introduction. Pour une anthropologie politique du voyage», in *Voyages du développement. Emigration, commerce, exil.*, dir. Fariba Adelkhah, Jean-François Bayart (Paris: Karthala, 2007), pp 5-29.

ALÍPIO, Elsa Santos, *Salazar e a Europa. História da Adesão à EFTA (1956-1960)* (Lisboa: Livros Horizonte, 2006).

ALLAL, Tewfik, Jean-Pierre Buffard, Michel Marié, Tomaso Regazzola, *Situations migratoires. La fonction-miroir* (Paris: Galilée, 1977).

AMANTE, Maria de Fátima, *Fronteira e identidade. Construção e representação identitárias na raia luso-espanhola* (Lisboa: Instituto Superior de Ciências Sociais e Políticas/Universidade Técnica de Lisboa, 2007).

BAGANHA, Maria Ioannis, «Social marginalization, government policies and emigrants remittances Portugal 1870-1930», in *Estudos e ensaios em homenagem a Vitorino Magalhães Godinho* (Lisboa: Sá da Costa, 1988), pp. 431-449.

BARRETO, José, «As nacionalizações e a oposição ao Estado Novo», *Análise Social*, vol. XXXIV, n.º 151-152 (2000), pp. 509-554.

BOURDIEU, Pierre, *Raisons pratiques. Sur la théorie de l'action* (Paris: Seuil, 1994).

BOURDIEU, Pierre, *Le bal des célibataires. Crise de la société paysanne.* (Paris: Seuil, 2002).

BOURDIEU, Pierre, *Méditations pascaliennes* (Paris: Seuil, 2003).

CABRAL, Manuel Villaverde, «Despotismo de Estado e sociedade civil real em Portugal: distância ao poder, comunicação política e familismo amoral», in *Razão, Tempo e Tecnologia. Estudos em homenagem a Hermínio Martins*, dir. Manuel Villaverde Cabral, José Luis Garcia e Helena Mateus Jerónimo (Lisboa: Imprensa de Ciências Sociais), pp. 157-180.

CAETANO, Marcello, *Pelo futuro de Portugal* (Lisboa: Verbo, 1969).

CASTELO, Cláudia, *Passagens para África. O Povoamento de Angola e Moçambique com Naturais da Metrópole (1920-1974)* (Porto: Afrontamento, 2007).

CUTILEIRO, José, *Ricos e pobres no Alentejo. Uma sociedade rural portuguesa* (Lisboa: Sá da Costa, 1977).

EVANS, Peter, Dietrich RUESCHMEYER, Theda SKOCPOL, *Bringing the State back in* (Cambridge: Cambridge University Press, 1985).

FAURE, Roland, «Salazar parle... », *L'Aurore*, 9 de Outubro de 1964, p. 11.

FERNANDES, Carlos, *Recordando. O caso Delgado e outros casos* (Lisboa: Universitária editora, 2002).

FISCHER, Nicolas, Alexis Spire, «L'Etat face aux illégalismes», *Politix*, n.º 87 (2009), pp. 7-20.

FITZGERALD, David, *A Nation of Emigrants. How Mexico Manages its migration* (Berkeley/Los Angeles: University of California Press, 2009).

FOUCAULT, Michel, *Histoire de la sexualité* t.1 *La volonté de savoir* (Paris: Gallimard, 1994 [1976]).

FOUCAULT, Michel, *Il faut défendre la société* (Paris: Gallimard/Seuil, 1997).

FOUCAULT, Michel, *Sécurité, territoire, population* (Paris: Gallimard/Seuil, 2004).

GAÏTI, Brigitte, *De Gaulle prophète de la Cinquième République, 1946-1962* (Paris: Presses de Sciences-Po, 1998).

GARRIDO, Álvaro, *Economia e política das pescas portuguesas. Ciência, direito e diplomacia nas pescarias de bacalhau (1945-1974)* (Lisboa: Imprensa de Ciências Sociais, 2006).

HALBWACHS, Maurice, *La mémoire collective* (Paris: Albin Michel, 1997).

HIBOU, Béatrice, *La force de l'obéissance. Economie politique de la répression en Tunisie* (Paris: La Découverte, 2006).

KERSHAW, Ian, *Hitler. Essai sur le charisme en politique* (Paris: Gallimard, 1995).

LAACHER, Smaïn, «Partir pour le bout de la terre», *Critique Internationale*, n.º 19 (2003), pp. 157-170.

LAHIRE, Bernard, *L'esprit sociologique* (Paris: La Découverte, 2005).

Lahire, Bernard, *La raison des plus faibles. Rapport au travail, écritures domestiques et lectures en milieux populaires* (Lille: Presses Universitaires de Lille, 1993).

Lala, Amaral da Silva, *L'enjeu colonial dans les relations franco-portugaises, 1944-1974*, Tese de Doutoramento em História (Paris: Instituto de Estudos Políticos de Paris, 2007).

Leeds, Anthony, «Agricultura, política nacional, subdesenvolvimento e migração em três regiões de Portugal», *Análise Social*, vol. XIX, n.º 77-78-79 (1983), pp. 1023-1043.

Leitão, Nicolau Andresen, *Estado Novo, Democracia e Europa. 1947-1986* (Lisboa: Imprensa de Ciências Sociais, 2007).

Lenoir, Rémi, *Généalogie de la morale familiale* (Paris: Seuil, 2003).

Lima, Maria Antónia Pedrosa de, *Grandes famílias, grandes empresas. Ensaio antropológico sobre uma elite de Lisboa* (Lisboa: Dom Quixote, 2003).

Madureira, Nuno Luís, *A economia dos interesses. Portugal entre as guerras* (Lisboa: Livros Horizonte: 2002).

Mann, Michael, «The autonomous power of the state: its origins, mechanisms and results», *Archives Européennes de sociologie*, vol. XXV (1984), pp. 185-213.

Margarido, Alfredo, «Elogio do bidonville», *Latitudes*, n.º 5, (1999), pp. 14-20.

Mathias, Marcelo, *Correspondência Marcelo Mathias/Salazar. 1947-1968* (Lisboa: Difel, 1984).

Memmi, Dominique, «Mai 68 ou la crise de la domination rapprochée», in *Mai-Juin 68,* dir. Bernard Pudal Dominique Damamme, Boris Gobille, Frédérique Matonti, (Paris: Editions de l'Atelier/Editions ouvrières, 2008).

Miranda, Sacuntala de, *A emigração portuguesa e o Atlântico 1870-1930* (Lisboa: Salamandra, 1999).

Monteiro, Paulo Filipe, *Emigração: o eterno mito do retorno* (Lisboa: Celta, 1994).

MOREIRA, Adriano, *A Espuma do tempo. Memórias do tempo de vésperas* (Lisboa: Almedina, 2008).

MULLER, Pierre, «Esquisse d'une théorie du changement dans l'action publique. Structures, acteurs et cadres cognitifs», *Revue française de science politique*, vol. LV, n.º 1 (2005), pp. 155-187.

MURTEIRA, Mário, «Emigração e política de emprego em Portugal», *Análise Social*, vol. III, n.º 11 (1965), pp. 258-278.

PEREIRA, Miriam Halpern, *A política portuguesa da emigração 1850-1930* (Lisboa: A Regra do Jogo, 1981).

PEREIRA, Victor, «El poder de la impotencia: polícias y migración clandestina entre Portugal y Francia (1957-1974)», *Política y Sociedad*, n.º 42/3 (2005), pp. 103-120.

PEREIRA, Victor, *L'Etat portugais et les Portugais en France de 1957 à 1974*, Tese de doutoramento em História (Paris: Institut d'Etudes Politiques de Paris, 2007).

PEREIRA, Victor, «Espanã como país de tránsito. El caso de la emigración portuguesa hacia Francia (1957-1974)», *Migraciones & Exilios*, n.º 9 (2008), pp. 75-114.

PEREIRA, Victor, «La construction du problème de l'émigration. L'élite étatique et l'émigration portugaises vers la France de 1957 à 1974», *Agone*, n.º 40 (2008), pp. 61-80.

PEREIRA, Victor, «Ineficiência, fragilização e duplicidade. Modos de governar no Velho Estado Novo (1957-1968)», *Ler História*, n.º 56 (2009), pp. 45-68.

PEREIRA, Victor, «L'émigration clandestine portugaise vers la France et les paradoxes de l'intégration européenne», *Sociétés Politiques Comparées. Revue Européenne d'Analyse des Sociétés Politiques*, n.º 19 (2009).

PEREIRA, Victor, «Ni héros ni escrocs: les passeurs portugais entre 1957 et 1974», *Plein droit*, n.º 84 (2010), pp. 12-17.

PÉTONNET, Colette, *On est tous dans le brouillard* (Paris: Éditions du Comité des Travaux Historiques et Scientifiques, 2002).

PROENÇA, José João Gonçalves, *Diálogo corporativo*, vol. 3 (Lisboa: Junta da Acção Social, 1969).

RIBEIRO, Francisco Cassola, *Sinais exteriores de riqueza. Contos que a emigração me contou* (Lisboa: Secretaria de Estado das Comunidades Portuguesas/Instituto de Apoio à Emigração e às Comunidades Portuguesas, 1986).

RIBEIRO, José Félix, Lino Gomes Fernandes, Maria Manuel Carreira Ramos, «Grande indústria, banca e grupos financeiros – 1953-197», *Análise Social*, vol. XXIII, n.º 99 (1987), pp. 945-1018.

RIEGELHAUPT, Joyce Firstenberg, «Peasants and politics in Salazar's Portugal: the corporate state and a village 'nonpolitics'», in *Contemporary Portugal: The revolution and its antecedents*, dir. Lawrence Graham, Harry Makler (Austin: University of Texas Press, 1979).

ROSAS, Fernando. «O Estado Novo», in *História de Portugal*, vol.VII, dir. José Mattoso (Lisboa: Estampa, 1994).

ROSAS, Fernando, «O salazarismo e o homem novo: ensaio sobre o Estado Novo e a questão do totalitarismo», *Análise social*, vol. XXXV, n.º 157 (2001), pp. 1031-1054.

SALAZAR, António de Oliveira, *Discursos e notas políticas*, vol. I *1928-1934* (Coimbra: Coimbra Editora, 1948 [4.ª edição]).

SALAZAR, António de Oliveira, «Discurso proferido por Sua Excelência o Presidente do Conselho na sessão da posse da nova comissão executiva da União Nacional», in *Ministério dos Negócios Estrangeiros, Boletim de informação*, n.º 7 (1965).

SALAZAR, António de Oliveira, *Entrevistas 1960-1966* (Coimbra: Coimbra editora, 1967).

SALLE, Grégory, Gilles Chantraine, «Le droit emprisonné? Sociologie des usages sociaux du droit en prison», *Politix*, n.º 87 (2009), pp. 93-117.

SANTOS, Boaventura de Sousa, *O Estado e a sociedade em Portugal (1974-1988)* (Porto: Afrontamento, 1990).

SANTOS, Boaventura de Sousa, «O Estado, as relações salarias e o bem-estar social na semiperiferia: o caso português», in *Portugal um retrato singular*, dir. Boaventura de Sousa Santos (Porto: Afrontamento, 1993).

SILVA, Marta Nunes, *Redes de Emigração Económica Clandestina com Destino a França (Penedono, 1960-1974)*, Tese de mestrado em

História (Lisboa: Instituto Superior de Ciências do Trabalho e da Empresa, 2008).

SOBRAL, José Manuel, *Trajectos: O presente e o passado na vida de uma freguesia da Beira* (Lisboa: Imprensa de Ciências Sociais, 1999).

SOUSA, Paulo Silveira e, «Caciquismo e poder local na literatura sob o Estado Novo», in *História dos municípios e dos poderes locais. Dos finais da idade média à União Europeia*, dir. César de Oliveira (Lisboa: Círculo de leitores, 1996), pp. 325-341.

THOMPSON, Edward, *A economia moral da multidão na Inglaterra do século XVIII* (Lisboa: Antígona, 2008).

TORPEY, John, *A invenção do passaporte: vigilância, cidadania e o Estado* (Lisboa: Temas e debates, 2003).

VOLOVITCH-TAVARES, Marie-Christine, *Portugais à Champigny, le temps des baraques* (Paris: Autrement, 1995).

ZOLBERG, Aristide «Un reflet du monde. Les migrations internationales en perspective historique», in *Le défi migratoire. Questions de relations internationales*, dir. Bertrand Badie, Catherine Withol de Wenden (Paris: Presses de la Fondation Nationale des Sciences Politiques, 1994), pp. 41-57.

INÊS BRASÃO

2

Serviço doméstico em Portugal: lugares de origem, êxodo e itinerários urbanos (anos quarenta a sessenta).

Introdução

O propósito deste artigo é abordar processos que estão na orla de políticas centrais do regime do Estado Novo e que, de alguma maneira, representam processos de resistência e desafio aos discursos proclamados em torno de uma determinada ordem social. Assim, procurámos reconstituir os lugares de origem, o momento da partida e a integração na cidade de um conjunto de indivíduos que aqui representam uma enorme massa de migrantes que se dirigiram para a cidade entre os anos quarenta e sessenta. O estudo da condição servil doméstica permite levantar uma estrutura subterrânea que teve um peso fundamental na história social do país mas sobrevive num vão de escada da memória oficial e social[1]. Interpretaremos as condições em que se verificou a partida para a

---

[1] Este artigo insere-se no Projecto de Doutoramento «O declínio da condição servil em Portugal no século XX», em curso no Departamento de Sociologia da Faculdade de Ciências Sociais e Humanas da Universidade Nova de Lisboa, sendo financiado pela Fundação para a Ciência e Tecnologia.

cidade de mulheres que iniciaram a sua experiência de trabalho como «criadas de servir». Trata-se de um projecto de história oral que procura a busca do registo escondido, aquele pronunciado longe da vigilância dos patrões e desenvolvido num quadro de memória. O método permitiu recriar e defender um espaço de percepção em que a dissidência em relação aos testemunhos oficiais das relações de poder pudesse ter expressão[2]. As histórias de vida que recolhi ao longo desta investigação circularão fragmentadas ao longo do artigo. Têm como terreno comum um projecto de migração e a experiência de um regime de trabalho de feição co-residencial e tutelar. A cada uma das testemunhas atribui um nome fictício. Tal procedimento visou resguardar a sua identidade, como também a dos seus familiares. As narrativas foram recolhidas entre o ano de 2007 e 2009[3].

Lugares de origem

O surgimento da questão servil doméstica no contexto do Estado Novo é produto de um movimento mais vasto de despopulação das regiões do interior para a capital do país[4]. Em Portugal, os movimentos migratórios internos ganham uma feição moderna

---

[2] «Qualquer análise presa aos transcritos públicos cairá na armadilha de achar que os subordinados são entusiasmados parceiros da subordinação». James C. Scott, *Domination and the Arts of Resistance – Hidden Transcripts* (New Haven e Londres: Yale University Press, 1990), p.4.

[3] Mariana Bonfim nasceu em 1927 no concelho de Chaves, distrito de Vila Real e começou a servir como criada aos 16 anos. Catarina Miguel nasceu em 1943, em Trancoso, e começou a servir como criada aos 12 anos. Isabel Terra nasceu em 1950 na aldeia de Carviçais, concelho de Torre de Moncorvo, distrito de Bragança, e começou a servir como criada aos 14 anos. Amélia Torcato nasceu em 1951 na aldeia de Terrenho, distrito da Guarda, e começou a servir como criada aos 11 anos de idade. Laurinda Reis nasceu em 1958, na cidade de Viseu, e começou a servir como criada aos 7 anos de idade.

[4] Entre o final da década de quarenta e o início da década de setenta, dá-se um impressionante fenómeno de «esvaziamento» do país, em particular das suas áreas rurais. «Foge-se do mundo rural sobrepovoado e miserável para os núcleos industriais ou em vias de industrialização do litoral, mas, fosse das zonas rurais, fosse também dos meios urbanos, retoma-se em força a emigração». Fernando Rosas, dir., *O Estado Novo*, in *História de Portugal* dir. José Mattoso, (Lisboa: Editorial Estampa, 1994), p. 420.

sobretudo partir da década de trinta, contrariando uma expressão anterior marcada por mobilidades ligadas ao trabalho agrícola, pastoreio e transumância. Também o impacto das migrações femininas na estrutura de trabalho da cidade se começa a fazer sentir a partir deste período e irá acentuar-se nas décadas seguintes. Providas de parcos recursos escolares e redes sociais diminutas, as mulheres encontram-se em desvantagem em face do mercado de trabalho disponível. Esta desvantagem repercute-se não só nas oportunidades como também nas expectativas, afunilando a procura para um mesmo destino: o trabalho doméstico de feição co--residencial[5].

No imaginário da população feminina rural, a ligação da vida à terra não vislumbrava mais que a reprodução, ou mesmo degradação, da sua condição de origem. Qualquer hipótese de saída se afigurava uma hipótese de promoção. Este raciocínio é desenvolvido em particular por parte das mulheres aldeãs em relação às suas filhas, que não esperam ver crescer a seu lado. A expressão colectiva do êxodo feminino assente na procura de serviço doméstico é, neste sentido, resultado de uma projecção colectiva de algo mais que uma vida no limiar da sobrevivência para a geração seguinte. Resulta de uma escolha de razões múltiplas que percebe essa mobilidade como indutora de melhorias e benefícios de vida. As ambições das jovens que partiam eram confinadas ao trabalho doméstico, quer em razão de uma quase ausência de recursos escolares, quer porque aos patrões interessava a requisição de trabalho não-especializado a troco de uma remuneração de contorno quase simbólico que funcionava como compensação pelo cuidado e educação prestados. Na verdade, o pagamento pelo trabalho integrava componentes monetárias e de outro tipo, nomeadamente, a distri-

---

[5] Para uma abordagem histórica comparada destes processos, veja-se, entre outros, Theresa McBride, *The Domestic Revolution* (Londres: Croom Helm London, 1976); Faye E. Dudden, *Serving Women, Household Service in Nineteenth-Century America* (Middletown: Wesleyan University Press, 1983); Ryan Louise, «Moving spaces and changing places: Irish women's memories of migration to Britain in the 1930», *Journal of Ethnic and Migration Studies*, vol. XXIX, n.º 1 (2003), pp. 67-82; Joanna Bourke, «Working Women: The Domestic Labor Market in Rural Ireland, 1890-1914», *Journal of Interdisciplinary History*, vol. XXI, n.º 3 (1991), pp. 479-499; Bridget Hill, *English Domestics in the Eighteenth Century* (Oxford: Clarendon Press, 1996).

buição de bens morais como a protecção, assistência e, eventualmente, a instrução.

A migração dos filhos das famílias mais pobres do interior do país para a cidade produzia reflexos imediatos e diferidos na economia e vivência familiar de origem que podem agrupar-se em três tipos de vantagens: libertação de espaço físico na casa-mãe, aumento da quantidade de alimentos disponível para os filhos menores e alargamento do orçamento doméstico possibilitado pelo envio de dinheiro remetido pela jovem serviçal a seus pais. Esta última vantagem permite identificar a existência de uma economia de tipo informal, dificilmente quantificável, impulsionadora de uma dinâmica entre a cidade e os destinos de origem em geral pouco enunciada pelos estudos sobre os movimentos migratórios internos. Os estudos sobre emigração estão bem mais avançados na contabilização do montante de capitais proveniente das remessas do estrangeiro, decisivas para a vitalidade da economia do país[6] e legitimando, aliás, o exercício das políticas oficiais ligadas à imaginação de uma comunidade de emigrantes. Assim, se a historiografia tem vindo a assinalar a importância das remessas chegadas do estrangeiro a Portugal para a sustentabilidade e equilíbrio da balança financeira, parece-nos que no âmbito daquilo que pode ser considerado do foro de uma economia doméstica, estas transferências de montantes entre a cidade e os campos desempenharam igual papel complementar, embora mais modesto, para a subsistência das famílias mais pobres do interior[7].

---

[6] Manuel Pinto Barbosa, *Emigração com remessa: um problema de transferência dupla* (Lisboa: Cognitivo, 1983); Richard Chaney, «Uma análise das remessas dos emigrantes a nível regional», in *Conflitos e mudanças em Portugal. 1974-1984*, dir. Eduardo de Sousa Ferreira e Walter Opello Júnior, (Lisboa: Teorema, 1985), pp. 205-225, pp.207-208; Richard Chaney, *Regional emigration and remittances in developing countries* (New York: Praeger, 1986).

[7] De acordo com Maria I. Baganha, entre 1950 e 1988, as remessas do estrangeiro representaram 13% das exportações na década de cinquenta, 25%, nos anos 60, 56% nos anos 70 e 45% nos anos 80. Esta contabilidade demonstra que, entre o período considerado, o valor global das remessas tem um peso crescente (e fundamental) na economia portuguesa. As referências dos máximos representantes do Estado à comunidade emigrante nos momentos protocolares, e a insistência em abrir e multiplicar canais públicos de comunicação por parte do Estado, são daquele facto sinal

Os movimentos migratórios internos portugueses não foram um projecto exclusivamente masculino. Porém, o tipo de trabalho que a população masculina abraçou, teve, na história do país, uma relação mais directa com a economia e os aspectos ligados ao desenvolvimento e à industrialização. Ainda hoje, a produção de imagens dos lugares que foram sendo sucessivamente desertificados enfatizam o despovoamento masculino e a paisagem humana sobrevivente como um resto de pessoas idosas, mulheres e crianças[8]. Esta desfocagem sobre a amplitude das migrações femininas é particularmente evidente com respeito ao período que corre entre as décadas de cinquenta e sessenta em Portugal. Se tomarmos em consideração os distritos cujos saldos populacionais apresentam índices mais negativos verificamos o seguinte: entre o censo de 1950 e o censo de 1970, o distrito da Guarda perde cerca de 45000 mulheres (cerca de 28% de mulheres), Castelo Branco perde cerca de 30700 mulheres (18,6%), Viseu perde cerca de 39500 mulheres (cerca de 15,3% da população feminina) e Bragança cerca de 24000 mulheres (21% da população feminina em relação ao contingente de referência)[9]. Nos restantes distritos, esta desproporção é menos visível, embora também se verifiquem perdas importantes.

No caso da economia de capitais mobilizada pelas migrações internas ela pode ser considerada, por comparação ao volume das remessas externas, de carácter bastante residual. Isso reporta, no entanto, a um valor objectivo. De um ponto de vista subjectivo, a parcela retirada da remuneração ao fim do mês para envio de dinheiro à família de origem representava um esforço para a jovem «criada de servir» e era um elemento importante na celebração do acordo que permitia recrutar a filha da família de origem para a

---

evidente. Veja-se Maria I. Baganha, «As correntes emigratórias no século XX e o seu impacto na economia nacional», *Análise Social*, vol. XXIX, n.º 128 (1994), pp. 959-980.

[8] Carlos C. Almeida, «Movimentos migratórios, espaços socioculturais e processos de aculturação», *Análise Social*, vol. XI, n.º 42-43 (1975), pp. 203-212.

[9] No total, entre 1950 e 1984, migraram das regiões do interior do país, 59,41% homens e 40,59% mulheres. Francisco G. Cassola Ribeiro, *Emigração Portuguesa – Algumas características dominantes dos movimentos no período de 1950 a 1984* (Porto: Secretaria de Estado das Comunidades Portuguesas/ Centro de Estudos, 1986), pp. 37-46.

família de acolhimento. Sempre que a serviçal migrava com idade inferior a 12 anos, por se considerar ainda incapaz de gerir o seu dinheiro, os pagamentos eram acertados directamente entre patrões e pais, como um acto de compensação da libertação precoce da mão-de-obra que a filha representava. O caso relatado por Amélia Torcato, nascida no concelho de Trancoso, ilustra até que ponto a informalidade do contrato de pagamento era prejudicial à trabalhadora que, longe da tutela dos pais, dispunha apenas da correspondência escrita para dar notícia sobre a forma como era tratada:

> De vez em quando eu escrevia aos meus pais...os meus pais perguntavam-me se eu tinha dinheiro, eu dizia que não... e eles [os patrões] liam as minhas cartas. Naquela altura ainda não tinha muito a noção da privacidade... não me chocava, não me chocava. Eu sei que eles liam as cartas que eu escrevia e que eu mandava. E então eles aperceberam-se que os meus pais estavam a cobrar, digamos. E então houve uma altura que... – 'Ah, nós vamos aqui mandar dinheiro aos teus pais...' E lembro-me que na minha frente meteram o dinheiro dentro da carta. Só que depois, fora de mim, devem ter arranjado outro envelope e puseram outro envelope e tiraram o dinheiro! Os meus pais nunca chegaram a receber esse dinheiro. E isto durou cerca de um ano. Então, como os meus pais nunca receberam dinheiro nenhum... passado um ano, um ano e tal, a minha mãe tinha uma promessa e foi a Fátima e aproveitou para passar por Lisboa.

O acordo informal que estipulava a forma de pagamento é, de certa forma, subsidiário de relações de dependência pré-existentes entre indivíduos notáveis da terra e os pais, de ambientes familiares pobres, muitos deles trabalhadores à jorna([10]). O acordo precede e confirma a decisão de partida, nem sempre totalmente esclarecida para a filha que vai servir para a cidade. Seria um anacronismo considerar este acordo um negócio ou venda, mas sem dúvida que transparecem elementos de troca dificilmente aceitáveis num estádio da constituição social actual que ergue a filiação como um valor maior e inalienável dos bens da educação que os pais podem

---

([10]) De um conjunto de 18 histórias de vida recolhidas ao longo deste estudo, todos os pais desenvolviam actividades ligadas ao sector primário, quer como jornaleiros, pastores, leiteiros, lenhadores, carvoeiros, peixeiros, à excepção de uma família, cujo pai era proprietário de um talho, para além de criador de gado.

transmitir. Na história do serviço doméstico, embora a decisão de libertar a filha para o trabalho seja feita com o consentimento dos pais, nem sempre aquela acede à informação sobre o seu destino com inteira liberdade e consciência, o que é até explicável pela sua juventude. O facto de o recrutamento ser feito directamente na província pelos futuros patrões inibe esse conhecimento. A rapariga sabe que vai ficar com os «senhores», e a seu cuidado, mas as contrapartidas sobre o volume de trabalho que funcionam como moeda de troca à protecção e cuidados prestados é uma realidade para a qual desperta apenas na casa dos patrões. Trata-se de um acordo fundamental para a garantia de uma relação baseada na obediência que deverá observar-se no espaço urbano, no espectro da relação servil ali desenhada. A eficácia de um dispositivo de obediência criado com estes contornos vem ao de cima quando ocorrem situações-limite: sempre que é necessário castigar ou reprimir a serviçal por desobediência ou insolência, a negociação faz-se directamente entre patrões e pais, regressando à terra de origem para negociar a viabilidade da permanência da serviçal nas casas onde havia sido colocada. Estes momentos críticos de renegociação faziam-se, por via de regra, por ocasião de momentos festivos: o Carnaval, a Páscoa ou as férias de Verão, momento no qual são reconstituídas as relações de poder originais. Na verdade, aquilo que podemos anotar como território comum de mediação entre fornecedores de mão-de-obra (pais da criada de servir) e os empregadores (patrões) é um sentimento de respeitabilidade que impedia o desencadear de determinadas formas de contestação e/ou ruptura. O rompimento com os primeiros empregadores é dificultado pelo facto de os laços estarem ainda dependentes de conhecimentos de parentes ou familiares. Em casos mais raros, é a própria «tia rica» quem põe a sobrinha «pobre» ao seu serviço, situação ainda mais impenetrável do ponto de vista da regulação do poder.

Um dos episódios que me foi narrado no contexto das fidelidades transpostas do campo para a cidade parte de uma situação de conflito extremo relacionada com o desaparecimento de uma nota de 500$00. De acordo com Laurinda Reis, os patrões tê-la-ão acusado de roubo, facto que não veio a provar-se. Este equívoco terá «forçado» os patrões de Fátima a levá-la de volta a casa dos pais depois de esta ter sido injustamente acusada de roubo. A patroa era, na altura, professora num liceu de Lisboa e fazia parte do Movimento Nacional Feminino e o patrão era Oficial da Marinha. O momento de reconciliação entre os intervenientes deste contrato: patrões, pais e jovem criada dá-se em Viseu, terra-natal de todos eles:

> O meu pai depois veio para baixo e ...veio falar com a minha madrinha: – 'Então, o que é que se passa? A minha filha nunca roubou nada a ninguém, as minhas filhas, nunca roubaram nada a ninguém, e agora está a dizer isso da minha filha, e porquê?'. – 'Não compadre, não, era ..., mas o dinheiro apareceu, tinha ficado em casa da minha filha...', – 'Mas é assim: a minha filha pode cá ficar. Tudo bem.' – 'Ah, mas eu peço-lhe desculpa...'. Pediu imensa desculpa e enfim...então, lá vim. Vim muito contrariada porque não queria, senti-me mal, não estava bem...e pronto, mas as coisas foram passando, e tal... Porque o meu pai respeitava-a muito. Para ele, a comadre para ele era um Deus. Ele sabia que aqui estávamos bem e que tínhamos tudo ali. Sim, o meu pai pensava isso...([11]).

Partindo no caminho-de-ferro ou nas viaturas particulares dos patrões, o número e diversidade de objectos pessoais que levavam consigo era diminuto, por vezes nada além de um vestido e calçado novo, reflexo dos parcos recursos familiares. Tal não impedia que os pais, apesar de limitados nas possibilidades materiais, não investissem num ritual de separação. Esse ritual assinalava, apesar de tudo, uma dignidade própria num processo em que intervinham futuros tutores sobre quem era projectada uma vida sem privações. Não se tratava apenas de uma separação como também de uma entrada simulada na maioridade e um lançamento para uma vida autónoma. Em muitas situações, os pais não tornariam a rever as filhas senão passado um ano, outras vezes esse regresso era sucessivamente adiado. Este padrão seguiu um modelo muito próximo daquele que marca os fenómenos migratórios de longo alcance, transnacionais. A principal diferença está no facto de, no caso das migrações internas em torno da procura de serviço doméstico, o seu público ser essencialmente constituído por crianças e raparigas adolescentes. No caso das emigrações, trata-se de um projecto também investido de algum cerimonial, quando a opção não passa pela clandestinidade, essencialmente masculino e que afecta uma população prestes a entrar na idade adulta.

O que levavam as raparigas? Em regra, a trouxa era limitada a um vestido cuidadosamente bordado pela mãe, fazendo jus à ida-

---

([11]) Laurinda Reis.

de da filha que partia, uma espécie de fato de festa que almejava na cidade a possibilidade de dar longos passeios domingueiros. Os vestidos de renda, as sandálias, luxo que no campo não era permitido, uma ou outra toalha íntima. A trouxa da jovem serviçal não tinha muitos outros elementos para além destes. Mas, sempre que possível, o calendário de um ano de afastamento estipulava também uma muda de roupa de verão e uma muda de roupa de inverno.

Desigualdade na pobreza

Os recenseamentos gerais da população portuguesa referentes às décadas de cinquenta e sessenta alertaram especialistas e governantes para as grandes perdas verificadas com particular acuidade nos distritos do interior. O *Boletim de Assistência Social*, editado pelo Subsecretariado de Estado da Assistência Social, nomeava a débil situação de saúde de muitos portugueses, fruto de um cruzamento entre pobreza e doença, e anunciava algum descontrolo relativamente ao número crescente de indivíduos detectados como portadores de doenças infecto-contagiosas. Ao longo da década de quarenta, a resposta às doenças que grassavam foi acompanhada de um esforço assinalável por parte do Estado Novo na construção de equipamentos e infra-estruturas de prevenção e cura, como o prova o florescimento de inúmeros dispensários sociais de forma relativamente pulverizada ao longo das zonas do litoral e do interior do país[12]. Alfredo Tovar de Lemos, responsável pelo dispensário de higiene social de Lisboa, criticava a menor atenção do Estado relativamente ao controlo da sífilis em favor de outras doenças: «Numa época de realizações que honram sobremaneira o nosso País, parece que onde há uma leprosaria como a de Rovisco Pais, em Atocha, instalações soberbas como as do cancro, e as magníficas obras, mais grandiosas ou mais modestas, dos Serviços de Assistência da região de Coimbra, onde se concebe e efectiva um Hospital Escolar, em Lisboa, obra grande, ou um Instituto de

---

[12] Veja-se, a este propósito, *Boletim de Assistência Social* (Lisboa: Edição do Subsecretariado de Estado da Assistência Social, Redacção e Administração: Direcção Geral de Assistência), n.º 1 e seguintes, anos 1942, 1943 e 1944.

Transfusões, obra mais pequena, possam ser menosprezados os serviços de venéreo, enfermidade que hoje a Organização Mundial de Saúde, considera como um dos mais importantes problemas da sua agenda de trabalho, a par do paludismo, da tuberculose, das epidemias»([13]).

Apesar de a contenção e discurso objectivo a que a classe médica, por princípio, se obrigava, à guisa de neutralizar as impressões, notas e prescrições decorrentes da prática médica, encontram-se nos relatórios descrições próprias da dureza do confronto prolongado e ininterrupto com a doença a que os médicos habitualmente eram sujeitos. Alfredo Tovar de Lemos confessava não ser fácil descrever uma sessão de trabalho durante a qual desfilavam centos de criaturas que eram verdadeiros *excreta* da fisiologia social da época([14]). «Il faut frapper fort» eram as palavras de combate ao flagelo([15]). No período do pós-guerra, os números da tuberculose também cresciam. No consultório médico, caíam naturalmente os mais ressentidos dos insucessos migratórios, condições de inabitabilidade, falta de condições de trabalho e de assistência. A medicina respondia com grandes equipamentos para várias especialidades. A partir do início da década de cinquenta, a descoberta e chegada aos serviços médicos de antibióticos contribuiu para que descessem, paulatinamente, os números das doenças infecto--contagiosas([16]).

Nos distritos onde se registam os maiores fluxos migratórios, o sector agrícola tinha um peso maior do que em outras regiões do país. Em termos comparativos, as taxas de analfabetismo apresentavam os índices mais elevados. Um esforço de caracterização do país rural tinha sido objecto de encomenda à Universidade Técnica de Lisboa, em concreto, ao Instituto Superior de Agronomia pela mão dos engenheiros agrónomos Lima Basto e Henrique de

---

([13]) Alfredo Tovar de Lemos, *Dispensário de Higiene Social Lisboa - Relatório de 1947* (Lisboa: Imprensa Nacional, 1948).

([14]) Alfredo Tovar de Lemos, *Relatório do Serviço de Inspecção de Toleradas referente ao ano de 1941* (Lisboa: Imprensa Nacional, 1942), p.3.

([15]) Alfredo Tovar de Lemos, *Relatório do Serviço de Inspecção de Toleradas referente aos anos de 1942*, 1943, 1944 (Lisboa: Imprensa Nacional, 1944), p.3.

([16]) Alfredo Tovar de Lemos, *O serviço de Inspecção de toleradas no ano de 1950* (Lisboa: Tipografia Americana, 1951).

Barros[17]. Pretendia-se levar a cabo uma análise microscópica das condições de habitação rural[18].

Nas narrativas das antigas criadas de servir que nasceram nas aldeias dos distritos do norte interior ao longo dos anos quarenta e cinquenta, reencontramos um grande número de elementos comuns aos quadros de vida expostos no *Inquérito à Habitação Rural* publicado em 1943. As famílias eram numerosas, as casas exíguas. As mulheres davam à luz longe de qualquer planeamento ou vigilância. Os relatos integram a recordação da morte precoce de irmãos vítimas de doenças «sem nome». Algumas destas mulheres tiveram de mendigar para comer, tarefa de que eram incumbidas quando adquiriam um mínimo de autonomia para circular pela aldeia. Nascidas entre a década de trinta e o início da década de cinquenta, recordam já a impressão de que as suas aldeias iam sendo progressivamente votadas ao abandono, situação que imitaram, partindo para o litoral. Nas aldeias dominavam as situações de extrema pobreza em fundo contraste com a riqueza de um ou dois senhores da terra[19]. Nos seus depoimentos, recordaram com nostalgia o momento em que as casas ricas redistribuíam alimentos no final do dia das grandes colheitas, consignando esse hiato de tempo ao convívio e ao excesso. Excesso nos comportamentos autorizados mas, também, na dieta alimentar oferecida, ocultando a rotina dos dias e os regimes de trabalho. Isabel Terra relembra desses tempos a imagem de uma «(…) entreajuda que não há agora…eram os pobres que iam ao encontro dos ricos…e havia aquele convívio.

---

[17] Veja-se, Eduardo Alberto Lima Basto e Henrique de Barros, *Inquérito à Habitação Rural*, 2 vols. (Lisboa: Universidade Técnica, 1943), pp. 29-30.

[18] Veja-se, sobre esta questão, o artigo de Frederico Ágoas publicado neste volume.

[19] Das 18 biografias aprofundadas para a reconstituição dos percursos de vida de antigas «criadas de servir», apenas 2 situações têm o sul do Tejo como proveniência. O sentimento de que o mundo se dividia em «ricos» e «pobres» está ainda muito presente. Reconhecemos, porém, que esta visão do mundo é toldada pela subjectividade do lugar de origem e que, para o caso das regiões do Alentejo, existem estudos que atestam categorias intermédias e posicionais para a definição da origem de classe. Veja-se, a este propósito, Renato Miguel do Carmo, «As desigualdades nos campos: o Alentejo entre as décadas de 30 e 60 do século XX», *Análise Social*, vol. XLII, n.º 184 (2007), pp. 811-835.

Cantava-se...Havia assim aqueles jantares...como é que se chama, ao fim do dia..., acho que é uma diafa([20])que se diz. Quando se acabava aquele trabalho...fazia-se um bailarico com umas filhós, já não era o salpicão e o queijo...eram filhós, era o arroz-doce, já havia umas maçãs que eram docinhas e eram coisas que a gente não tinha e ali davam-nos aquele gostinho»([21]). A nostalgia de um «espírito de comunidade perdido», imaginado pelas aldeãs, nas quais se representam as relações entre fracos e poderosos como fáceis e harmoniosas, sobretudo quando a iniciativa dos primeiros se pautava por uma atitude de amparo aos mais necessitados surge citada igualmente em monografias sobre o espaço rural do país de então([22]). A penetração da ideologia do catolicismo social e a forma como ela persiste no discurso destas testemunhas favorece uma ausência de ressentimentos de classe, uma vez que a caridade «dos que podem» se substitui, no seu imaginário, ao papel de um Estado político e administrativo distante e inacessível.

A possibilidade de *ver* os ricos é associada aos dias festivos, em particular a momentos de celebração em que o tempo de trabalho e lazer se fundem. As recordações amplificam o poder e força integradoras de pequenos momentos de interacção social como o acto de pregar partidas ou contar anedotas. Nestes momentos, a atracção é justificada pela desorganização da ordem de poder: dos mais novos perante os mais velhos, das raparigas perante os rapazes, dos pobres perante os ricos. Dissimulada pelo ambiente festivo, a desordem parecia convidar ao caos. O caos era, no entanto, organizado: existem dias para subverter na linha de uma tradição caritativa e benemérita (patriarcal) secular. A força dos momentos excepcionais irrompe na memória destas testemunhas como algo pelo que vale a pena esperar: algo que oculta o efeito de dominação e produz um esquecimento de auto-reflexividade sobre o que era a rotina dos dias. Podemos encontrar aqui um paralelismo com o significado social do *Potlach*, cuja função estu-

---

([20]) «Diafa», corruptela de «Adiafa» – Alent. Alg. – Refeição dada aos trabalhadores depois de concluída a vindima. Gorjeta, gratificação.
([21]) Isabel Terra.
([22]) Veja-se, Maria Deolinda Ferreira, «Corte do Gafo, uma aldeia em decadência», *Finisterra, Revista de Estudos Demográficos*, vol. II, n.º 4 (1967), p. 220.

dada por Marcel Mauss[23] consistia em redistribuir os meios de subsistência em excesso num grupo pelos grupos a quem faltavam de maneira crítica. Nestas ocasiões, os bens são convertidos num valor de uso sumptuário, excepcional e único. Lembrando que os estatutos de doador e recebedor estabelecem entre ambos uma relação de dependência reversível, isto é, o doador dá, e o recebedor quando retribui dá a dobrar, a troca surge como uma forma de empréstimo ligada à divisão social do trabalho[24].

Por representarem intervalos no tempo, constituíam também suspensões nas relações entre subalternos, capatazes e patrões. Contudo a descrição do que eram as condições de trabalho na terra alertam-nos para o facto de aqueles momentos não deixarem de ser intervalos de realidade. A figura do capataz, por exemplo, é ainda presente na memória de algumas raparigas que fizeram trabalho agrícola – à jorna – antes de tentarem a sua sorte em Lisboa:

> Portanto...[os capatazes] eram os que mandavam. Os patrões arranjavam aqueles homens e aquela mulher. O capataz era para falar aos homens. A capataza era para falar às mulheres. A gente ia trabalhar e a capataza dizia: 'Amanhã de manhã, quando chegarem ao trabalho, vocês vão para aqui e vocês vão para acolá.' Depois ela é que ia mandar na gente...(*E ralhava?*) Ai pois não! Ai não que não ralhava!...Eu uma vez andava a cavar terra para arroz e estava dentro d'água e por mandar a enxada e a água salpicar para cima de uma colega minha, ela andava à minha frente e quase me queriam mandar embora. (*e pagaram?*) Não, não era questão de pagar! Naquela altura era assim. As pessoas, por tudo e por nada, falavam e diziam que nós não prestávamos para trabalhar. (*e não podiam responder...*) Não, a gente não podia dizer nadinha. Se a gente dissesse alguma coisa, naquela semana ainda chegávamos ao fim, mas depois para aquele patrão a gente nunca mais trabalhava.

Este traço definidor das relações entre jornaleiros e capatazes caracteriza-se por uma acção que não está habitualmente à disposição dos subalternos: a hipótese de uma «reciprocidade

---

[23] Veja-se, Marcel Mauss, *Ensaio Sobre a Dádiva* (Lisboa: Edições 70, 1989); Maurice Godelier, *L'énigme du don* (Paris: Fayard, 1996).
[24] Maurice Godelier, *L'énigme* ..., p.67.

negativa»([25]); a possibilidade de responder a um castigo, aviso, emenda e reprimenda e que é bem expresso pela voz de Rosa Maria quando assinala o seu *ethos* de contenção; a obrigação de ficar em silêncio com medo das represálias.

Apenas as raparigas que migraram mais tarde tiveram um primeiro contacto com os esquemas de autoridade subjacentes ao regime de trabalho na terra, quer de acordo com o regime de ranchos migratórios, quer trabalhando à jorna pelas áreas limítrofes da aldeia, ou mesmo por paragens mais longínquas, sendo precocemente usadas como mais um braço de trabalho pela família de origem. Nessas temporadas, o mais natural era que o regime de vida a que eram sujeitas se fundasse na exiguidade miserável da alimentação e do alojamento([26]). A chuva e o frio não deixavam improvisar fogos naturais, os alimentos eram consumidos secos e conservados em sal.

Quando migravam antes de completar os dez anos de idade, não existia contacto disciplinar com regimes de trabalho se não aquele que recordavam dos pais, aliado a condições muito duras, implicando grandes ausências de casa, por tempo incerto, a troco de uma garantia de sobrevivência. Em geral era o pai e os irmãos mais velhos que se ausentavam por períodos de 15 dias, às vezes um mês. O caso da história de Mariana Bonfim, colocada pela Di-

---

([25]) Veja-se, James C. Scott, *Domination and the Arts of Resistance – Hidden Transcripts* (New Haven e Londres: Yale University Press, 1990).

([26]) «Muita gente tem ouvido falar dos 'ranchos migratórios.' É do conhecimento de quase todos que, nas épocas próprias (...) se verifica a cedência temporária por parte das regiões agrícolas sobrepovoadas (Beiras, Algarve, etc), de naturais seus, em favor de outras de fraca densidade e onde predomina a cultura extensiva, em especial nas grandes propriedades. (...) Quem há aí, com responsabilidades nos problemas do mundo rural, que não tenha ouvido falar no regime de vida da gente dos ranchos, na exiguidade miserável da sua alimentação, nas péssimas condições dos alojamentos que lhes destinam os proprietários, na espantosa promiscuidade em que dormem casais, homens, mulheres, rapazes, raparigas, crianças mesmo? Quem é que desconhece o ambiente de frequentíssimos bailes nocturnos, o escândalo da vida moral da própria juventude a partir dos 13-14 anos e ainda menos, em que os patrões e os capatazes surgem por vezes na lista dos primeiros culpados?» «O Calvário dos ranchos migratórios», *Acção Católica Portuguesa: Boletim Oficial*, n.º 265-266, Julho-Agosto de 1956.

rectora do Asilo de Vila Real como criada de servir numa família residente na capital de Trás-os-Montes confirma esta realidade. Tendo ficado órfã de mãe aos 6 anos, a memória do pai era extremamente frágil e difusa. Dizia-me da vida do pai que andava de terra em terra à procura de trabalho, acompanhado pelo irmão mais velho. Mariana foi internada no Asilo com 6 anos de idade:

> [O asilo] era em Vila Real de Trás-os-Montes... eh...o meu pai já não estava muito porque ele andava de terra em terra... Eu estava era com uma tia minha mas...custou-me bastante porque...via ir todos...de férias, no Natal e na Páscoa e eu nas férias nunca ia a lado nenhum porque não me iam lá buscar... (*com comoção*).

As raparigas que partiam tinham consciência de que a vida dos pais as sujeitava a situações de exploração, que por simplificação designavam por «escravatura», extremamente desvantajosas e das quais estavam ausentes quaisquer condições de negociação, ou instrumentos de revolta. A sua visão do mundo estava limitada à aldeia. Outro momento extraordinário na vida da aldeia estava relacionado com a chegada dos notáveis da terra. O regresso ocorria em períodos de férias ou com o intuito de celebrar cerimónias privadas. Para o povo, abriam-se janelas para a visão de um mundo à qual não pertenciam, mas a partir de onde eram emitidos sinais de que esse mundo se encontrava estratificado e não era uma cosmogonia perfeita. Isto contribuía de algum modo para associar a vivência na cidade a formas civilizacionais e de luxo ali não experimentadas:

> [O Senhor Conde][27] passava lá determinadas épocas do ano e quando lá estava aquilo para nós era um mundo de...de sonho, de fantasia...porque ele...às vezes...aquilo a casa era muito grande. Hoje está completamente abandonada e a destruir-se...Mas naquela altura, para já a casa era muito grande, e para mim aquilo era como se fosse um palácio e depois ele dava festas e então aí sim, as senhoras de vestidos compridos que eu nunca tinha visto na minha vida, os carros, aquilo tudo...(*e espreitavam? pergunto*) Sim, sim, porque a casa tinha uma cerca e nós miúdos metíamo-nos debaixo dos cedros que era para espreitar e

---

[27] Grande proprietário da terra (concelho de Trancoso).

ver bem os carros e as senhoras com aqueles penteados, aqueles vestidos, aquelas coisas todas, eu acho...tenho ideia que alguns ainda chegavam de carruagem...aquilo para nós era um mundo de sonho!...mas eram épocas esporádicas e era só a casa do senhor conde porque tirando essa parte o resto não havia assim uma grande diferença de classes porque estava tudo assim mais...porque aquilo era uma aldeiazinha pequena e pobre e, portanto, as classes não se demarcavam muito([28]).

O facto de a chegada dos proprietários e dos seus filhos se fazer anunciar com luxo acentuava no ideário urbano uma promessa de promoção social. Nas aldeias, as propriedades eram defendidas com sebes e muros altos nas suas zonas sociais. Apesar disso, os aldeãos encontravam formas de transgredir esta fronteira, espiando os hábitos de quem chegava([29]). Muitas vezes, usavam o atrevimento e a irresponsabilidade das crianças para dar início à correia de transmissão sobre episódios e novidades. Estas cenas eram vistas sob aquilo que podemos designar como um *écran*, ou montra, no sentido de uma realidade percebida e respeitada como algo que se podia ver, mas não tocar, e de ser forte a consciência dessa intangibilidade. Nas aldeias, as perspectivas de ocupação do tempo livre fora do ciclo das colheitas são escassas. Os momentos de celebração, para além dos acontecimentos extraordinários que marcavam a chegada dos ricos, eram limitados ao calendário litúrgico, sendo muito menos afectados que hoje por lógicas massificadas de consumo, embora mantendo os pressupostos de abundância. Como vestígio fundo de disposições reverenciais incorporadas, permanecem até hoje gestos e códigos de comunicação, em especial quando regressam as segundas e terceiras gerações de ricos. De um ponto de vista do acesso à informação sobre o mundo, era muito frágil a noção sobre a situação do país. O conhecimento das coisas era transmitido oralmente. As viagens realizadas a Lisboa têm por objectivo tratar de situações relacionadas com a doença e a morte. As chegadas de comboio são momentos fundamentais para o alargamento de perspectiva, ainda que penalizadas por diferimento no tempo.

([28]) Amélia Torcato.
([29]) Veja-se, José Manuel Sobral, «Estilos de vida, consumos e lazer num espaço rural português: alguns aspectos», in *New routes for leisure, Actas do Congresso Mundial do Lazer* (Lisboa: Imprensa de Ciência Sociais, 1992).

O contacto de Rosa Maria com o regime político vivido no país é intermediado pela detenção do pai pela PIDE (Polícia Internacional e de Defesa do Estado), criada pelo regime em 1945. Natural de Salvaterra de Magos, este acontecimento sucedeu no ano de 1949:

> A gente não sabia de nada...A gente não sabia nada! Só quem tinha rádio eram os um grupo a falar e a gente chamava--lhe a camioneta preta. E veio a camioneta preta e levou-os ... porque eles não queriam...estavam a fazer uma reunião, não sei quê, porque a gente não ouvia falar de nada. (*mas tinham algum medo? Sabiam que não podiam falar de algumas coisas?*) A gente não sabia de nada, filha! A gente não sabia se podia falar, a gente não ouvia dizer nada!...os outros é que sabiam, quem era rico é que sabia! O meu pai, naquele dia, estavam a falar...por causa de... devia ser por causa do Norton de Matos e qualquer coisa...e depois levaram-nos presos, porque a gente não sabia de nada. Eu só quando vim para Lisboa é que comecei a ouvir falar! Porque a gente ouvia falar no Salazar, não sei quê, mas a gente não sabia quem era o Salazar...([30]).

As memórias de uma das nossas protagonistas trazem para este estudo o testemunho de uma infância muito pobre. Para além da mãe e do pai, Amélia era uma de dez irmãos. A sua aldeia natal fica situada no concelho de Trancoso, terra da Beira Alta. A população local vivia da agricultura e os pais não fugiam à regra. Os seus pais tiveram dez filhos, cinco rapazes e cinco raparigas. Sobreviveram cinco irmãos, três raparigas e dois rapazes. Nem sempre o dinheiro que recebiam pelo esforço de trabalho permitia aos pais fornecer uma dieta alimentar diversificada a seus filhos, sequer nutritiva. No final de cada ano, quando os trabalhadores recolhiam da terra aquilo que cultivavam, as regras ditavam que se pagassem as rendas – os alqueires – aos proprietários e também o rol da venda([31]), produtos de mercearia acumulados sob fiança pelos donos. Com este acerto de contas,

---

[30] Rosa Maria.
[31] «Venda»: espécie de mercearia que abrange taberna e fornece não apenas produtos alimentares, como também de limpeza e agrícolas. As vendas são anotadas pelo dono num papel ou caderno e, no final de cada ano, são liquidadas pelos compradores.

praticamente nada restava. As refeições pouco mais eram guarnecidas que de «caldo»:

> (*Como era a comida?*) Completamente básica. Era...chamava-se... sopa, a sopa lá era o caldo... e o caldo... nós comíamos caldo ao pequeno-almoço, ao almoço e ao jantar... o almoço era de manhã, o jantar era ao meio-dia/uma e depois era a ceia, à noite era a ceia. A nossa alimentação era basicamente o caldo. E o caldo era com batata, não muita... naquelas circunstâncias era um artigo caro. Era com batata e... caldo... lá chamava-se caldo de coevo, porque aqui chamava-se caldo verde. E quando... quando éramos pequeninos andávamos mesmo a pedir esmola... Devia ser muito pequenina porque eu sei que nós começámos muito pequeninos a pedir. Quando tínhamos a orientação necessária para ir pelas ruas da aldeia, nós começávamos. E eu lembro-me de ter tomado esta consciência: eu não quero ir pedir. Não sei se era por medo, se era por vergonha, mas sei que criei um certo pânico de crescer para não ter de pedir... e, mas pronto. Eu esta memória é das mais longínquas que tenho e devia ser mesmo muito pequenina, porque via os meus irmãos e eu rejeitava... mas pronto... a verdade é que, bem ou mal, eu cresci e lembra-me que foi das experiências mais dolorosas que... não sei, não sei... era uma coisa... lembro-me muito bem de locais exactos, de episódios exactos que aconteceram nesse percurso de ir ter de pedir. O que nos davam para comer logo era também o chamado caldo que às vezes... o problema é que muitas vezes nos davam caldo já azedo... as pessoas já o tinham lá... e eu lembro-me de episódios dramáticos para mim porque o caldo era extremamente azedo e eu não conseguia comer, mesmo com fome, mas também, a minha mãe ensinava-nos, 'Não se rejeita nada!' Àquelas pessoas se nós rejeitássemos era sinal de que não tínhamos fome... 'Não queríamos, não precisávamos!' Era, era isso. E, e... custava muito também quando tinha de ir pedir a casa de colegas minhas da escola.

Os regimes alimentares eram pouco variados do ponto de vista alimentar: couves e feijão para o caldo, trigo em grão para moer, batatas, raramente bacalhau ou sardinhas – uma por pessoa (que já constituía um regime de excepção), uma medida fixa de azeite fornecida ao ano, raramente açúcar, tão pouco o acesso a peças de fruta, embora o produto não escasseasse nessas regiões do interior[32].

---

[32] Problemas nacionais de alimentação (Lisboa: Inst. Superior de Ciências Sociais e Política Ultramarina, 1967).

Num estudo publicado pela revista *Estudos Políticos e Sociais*, editada pelo Instituto Superior de Ciências Sociais e Políticas Ultramarinas, no ano dedicado aos problemas nacionais da alimentação e realizado no âmbito da cadeira de Medicina Social e Saúde Pública dirigida por Almerindo Lessa([33]), é evidenciado como resultado de incursões etnográficas realizadas pelos jovens estudantes de medicina pelo país o muito deficiente regime alimentar da maior parte das populações estudadas. Salienta-se também o facto de constituir um privilégio dos ricos a inclusão da fruta no cabaz alimentar.

Na reconstituição da história do serviço doméstico e das migrações que lhe estão indelevelmente associadas, é importante conceder algum espaço de análise à tensão social que se gerava aquando do regresso à aldeia. Introduzimos o tema com o auxílio de um documento da colecção privada de fotografias de três irmãs que tiveram como destino o serviço doméstico interno. O contraste entre a paisagem natural e humana é posto a descoberto pelas formas de vestir, já perfeitamente quadradas com o modo urbano, embora de estilo modesto. O uso do lenço de seda, do *tailleur*, do próprio calçado, ou a posse de uma mala para guardar objectos de uso pessoal sinalizava

---

([176]) Almerindo Lessa foi médico e professor de antropologia tropical e medicina do ISCSPU (Instituto Superior de Ciências Sociais e Política Ultramarina).

para a comunidade de origem a evidência de uma ascensão. Na cidade, as serviçais obtinham um grau mínimo de reconhecimento: a leitura da sua condição de subordinadas era facilitada pelo uso da farda ou uniforme, pelo modo de expressão e outras formas «incoerentes» de trazer o corpo no espaço público como o uso de maquilhagem e a meia de vidro que a mulher urbana se reclamava saber exclusivamente usar. Essa autoridade de gosto imprimia uma crua desigualdade social de acesso aos bens que cuidam do corpo. Que o cuidam não apenas no sentido de limpar e assear, mas essencialmente pela possibilidade de lhe introduzir novos movimentos no quotidiano, suavizando a linha do andar e as linhas de cansaço do rosto e do corpo. A criada, acusavam dirigentes da Acção Católica, apostava no exterior deixando de lado outros cuidados menos visíveis, como a limpeza([34]). No espaço rural, a exibição desses sinais era premeditada e afirmativa: o uso de calçado em terrenos acidentados, enlameados e sujos desempenhava um papel de confirmação e de afastamento daquele lugar de origem. Os cabelos curtos, os penteados da moda, o fio de ouro posto ao pescoço, sobre a roupa, e a exibição de adornos funcionava como indicação de sucesso no difícil projecto de integração na malha urbana, embora esse sucesso pudesse ocultar formas de dominação e humilhação. Em contraste com os sinais de subalternidade que no espaço urbano se confirmavam, trazer para a aldeia novas formas de vestir e de se apresentar favorecia aquilo que era percebido pelas serviçais como sinais de inveja e ressentimento social. A moral dominante reprimia este uso, responsabilizando a vaidade das criadas regressadas à terra pela perdição das que ainda se encontravam virgens de pecado([35]). Estes sinais marcavam uma desigualdade perante mulheres e homens com quem tinham vivido experiências de enorme privação.

([34]) Veja-se, «Secção Feminina», *Renascença*, n.º 56 (1933), p. 19.

([35]) «Assim acontece de modo muito especial às raparigas. Seduzidas pelo luxo em que aparecem, na aldeia, as companheiras que estão na cidade a servir; entusiasmadas com as liberdades, e com as aventuras que aquelas lhes descrevem, aí vão...a princípio talvez para uma casa séria e honesta; mas, passado pouco tempo, aborrecidas com o ambiente 'sensaborão' (?) e 'bota de elástico', mudam, procuram outra, e...começa a desgraça. Quantas, ao verem-se vestidas como a sua senhora, perdem a cabeça e levam outras a perder-se, as quais lá longe poderiam ser mulheres honestas e mães respeitadas e abençoadas por Deus.» Maria Isabel Peixoto, «Visão panorâmica da Acção Católica no meio rural», *Boletim Oficial da Acção Católica Portuguesa*, Junho de 1953, n.º 229, pp. 50-52.

A gente aqui [na cidade] andávamos limpinhas, lá andávamos sujas porque andávamos na terra...Uma vez, já eu tinha aí uns 18 anitos e tinha feito uma permanente, tinha cortado o cabelo, tinha uns brinquinhos de ouro que a minha mãe me tinha comprado, e então, ao domingo fui à missa [na aldeia] e levei um vestido. E então elas puseram-se a dizer: 'Ah, mas tu fizeste-te uma vaidosa! Foste tu para Lisboa para te fazeres...' E eu disse, 'Não, não ando vaidosa, só que lá não ando suja como andava aqui. Esta roupinha era a que eu tinha lá, e eu agora venho para aqui e venho de férias e não venho para aqui trabalhar e andar outra vez a apanhar batatas.' Era uma censura...parece que era assim uma censura...e então havia outra coisa...a rapariga que viesse para Lisboa já era raro casar-se lá na terra porque as pessoas lá tinham a mania que a gente vinha para aqui e se entregava aí a qualquer...([36]).

A percepção de censura ocorria, portanto, duplamente: pelo contraste nas formas de apresentação, de leitura mais superficial e, também, pelos novos sinais de comportamento urbano, de percepção mais funda, associando aos modos e maneiras uma suspeição e um ressentimento pela assunção de não pertença àquele lugar, como seria a de alguém tomado por estranho, estrangeiro ou, de igual forma, tal como é habitual comentar a ostentação de riqueza da comunidade de emigrantes. A má fama que então invadia os comentários sobre os súbitos sinais de enriquecimento (ainda que parcos) reproduzia, afinal, o mesmo tipo de representações sociais fomentadas na cidade: ambos tinham como cimento comum a percepção de uma figura que surge deslocalizada e inadaptada a qualquer dos lugares.

Êxodo feminino: a expressão de um movimento em direcção à cidade

É vulgar que das províncias venham para a capital essas raparigas mais ou menos inaptas, espertas umas; estúpidas, outras; que, segundo os caprichos da boa ou má fortuna tanto podem encontrar trabalho remunerado em casa de famílias decentes como ficar ociosas noutros trabalhos em que não se fala na decência([37]).

([36]) Catarina Miguel.
([37]) «Crónica pequena duma cidade amena», *Modas e Bordados*, Suplemento feminino de *O Século*, n.º 2403, 26 de Fevereiro de 1958.

As serviçais que migravam do campo eram pretendidas pela sua rusticidade. Vinham treinadas para o exercício de um conjunto de habilidades domésticas, aquelas que longe dos benefícios das tecnologias e experiências da eficácia da limpeza se acreditava cultivarem no corpo uma disponibilidade «imaculada» e incansável para o trabalho manual, assente numa contínua obediência. A maior parte das referências sobre a idoneidade da serviçal vinham comprovadas pela carta de recomendação dos patrões onde tinham feito a iniciação ao serviço, ou pelas credenciais dadas pelas redes familiares, irmã ou prima ao serviço da mesma casa. Se não é possível identificar com rigor o número de trabalhadoras menos bem sucedidas no seu desígnio, o desenlace desta viagem podia desembocar numa situação de desprotecção total e consequente entrada em circuitos de prostituição. Em 1955, num artigo publicado no *Boletim de Assistência Social*, Adérito Sedas Nunes recomendava aos Serviços Sociais que envidassem esforços para conseguir que todas as raparigas que viessem do campo para as cidades trouxessem uma *guia* para se apresentarem numa instituição de protecção e orientação de raparigas, como as «casas de Santa Zita» ou certas obras paroquiais. O serviço social de cada localidade deveria aliás, manter-se em permanente ligação com as instituições das cidades, informando-as sobre a identidade e o destino das raparigas[38]. A Obra de Previdência e Formação das Criadas[39] desempenhou um papel relevante neste contexto. Criada em 1931 por Joaquim Alves Brás, estava estruturalmente dependente da Acção Católica Portuguesa. Tinha como principais objectivos prestar formação moral e religiosa, para além de proporcionar assistência médica, económica e profissional ao grupo das criadas de servir. Entre os objectivos de natureza evangelizadora e os de assistência material - desde ensinar a poupar, cuidar da higiene do corpo, tratar as doenças, amparar nas saídas e no desemprego, prestar formação profissional, alfabetizar ou orientar no namoro[40] – disseminou estruturas pelo país. Colaborava com uma outra instituição de Assistência a *Obra de Protecção às raparigas*[41], cujas funções de asilo eram semelhantes.

---

[38] Adérito Sedas Nunes, «Luta contra a prostituição», *Boletim de Assistência Social*, Ano 13ª/ n.º 121 e 122, Julho a Dezembro de 1955, p. 315.

[39] Esta Obra assistencial é vulgarmente conhecida como *Obra de Santa Zita*.

[40] *Voz das Criadas*, Novembro de 1940, n.º 81, p. 3.

[41] Veja-se, António Ferreira de Sousa, *A obra de protecção às raparigas:*

Independentemente do número de mulheres abandonadas à sua sorte, a sociedade passa a encarar o grupo das «criadas de servir» como perigoso e marginal, e sob ele se pronuncia enquanto «tipo ideal» de marginalidade feminina[42]. Este cenário permite reforçar o argumento de que o mercado absorvia as necessidades de serviço doméstico ao desabrigo de regras de regulação. O Estado, apesar de um esforço para intervir nas relações de trabalho, organizando os princípios corporativos das relações entre empregados e patrões[43], mantinha para um conjunto de ocupações, nomeadamente a do serviço doméstico, o entendimento de que se tratava de práticas laborais reguladas pelo costume, afastando-as da discussão pública e da alteração da ornamentação jurídica e fazendo valer a norma segundo a qual a serviçal fazia parte da ordem natural da família, reificando a sua existência como uma espécie de ilha, um instrumento de trabalho fora de uma historicidade e sem qualquer ligação com a realidade social total[44].

De um estilo de recrutamento informal e personalizado das provincianas chegadas à cidade, o mercado foi crescendo e apresentando sinais de estruturação, entre os quais o facto de o recrutamento se passar também a fazer por intermédio da imprensa periódica, de acordo com um sistema bastante mais despersonalizado e formalizado de publicidade com regras e padrões definidos pelo jornal que os publicava. Uma terceira via, mais nebulosa, que atemorizava as trabalhadoras domésticas e entidades de assistência e segurança pública, é representada pelas «agentes de colocações» – pessoas singula-

---

um exemplo de associativismo católico de mulheres, 1914-1945, Tese de mestrado (Lisboa: Universidade Aberta de Lisboa, 2004).

[42] «Um dos problemas mais graves que as donas de casa lisboetas têm hoje a entenebrecer-lhes a vida é o das criadas. Serviçais competentes e sérias são raríssimas. Abundam, sim, as incompetentes, sem a menor noção do dever e da responsabilidade, que pouco sabem fazer, que metem as mãos nas compras, que maltratam as crianças, que estragam e partem o que é dos patrões e muito custo a comprar – que se julgam cozinheiras ou muito 'apresentáveis' - exigem 200$00, 250$00 e 300$00 DE ORDENADO. Onde irá isto parar?», «Interrogações», *Modas e Bordados*, Suplemento Feminino do jornal *O Século*, N.º 1812, 30 de Outubro de 1946; «Editorial», *Modas e Bordados*, n.º 1830, 5 de Março de 1947.

[43] O Estatuto Nacional do Trabalho foi aprovado em 1933.

[44] Alfredo Margarido, «Prefácio», in Joseph Gabel, *A falsa consciência, Ensaio sobre a Reificação* (Lisboa: Guimarães e C. Editores, 1979).

res ou sediadas em pequenos escritórios – cujo mau nome as associava a indivíduos que recrutavam ao engano, seduzindo a uma primeira impressão de colocação numa Casa, e acabando por concretizar-se aquela esperança na entrada em redes de prostituição([45]). É o caso de «agências» que anunciam precisar «de muitas criadas novas», declarando «ter raparigas»([46]), um tipo de anúncio que já prefigura a existência de uma certa escala de negócio.

De acordo com a *Obra de Santa Zita*, um dos problemas que mais amplificava o risco e vulnerabilidade da classe servil doméstica prendia-se com a fiabilidade dos intermediários agenciados por empresas para a colocação de trabalho, espécie de agentes colocados em gares e outros lugares de chegada para encaminharem oportunidades de trabalho na urbe. Directores de asilos, médicos e outras personalidades alertaram para a existência de mercenários que faziam cair no logro as jovens serviçais desaguadas nas gares. Se é certo que o seu discurso era uma forma de legitimar a sua própria acção, é também verdade que esta categoria profissional aparece sobrerepresentada nos rastreios das Casas de Toleradas e das doenças venéreas. O Parecer da Câmara Corporativa tendo em vista a Proposta de Lei sobre o Estatuto da Assistência Social publicado em Fevereiro de 1944 considerava como causas indirectas da prostituição: «1) A saída das raparigas das aldeias sozinhas para as cidades; 2) Os maus encontros nos comboios e nas gares, conhecido campo de acção do *tráfico das brancas* – ou nos vapores e portos, se a viagem se faz por mar, etc»([47]). Aparecendo a seus olhos como facilitadoras, em breve as encaminhavam para caminhos diversos dos do trabalho doméstico.

Itinerários urbanos

Uma vez que os dados relativos às áreas de actividade não se encontram desagregados até à unidade da freguesia (apenas à es-

---

([45]) Os rastreios efectuados no dispensário de higiene social de Lisboa, dirigido por Alfredo Tovar de Lemos, comprovam que, entre as mulheres inscritas nos Casos das Toleradas, a categoria das «criadas de servir» era a mais representada, ficando para trás a categoria das operárias ou das domésticas.

([46]) *Diário de Notícias*, 1 de Setembro de 1941, p.6

([47]) *Estatuto da Assistência Social* (Lei n.º 1998, de 15 de Maio de 1944).

cala nacional, do distrito e do concelho), torna-se difícil reconstituir a distribuição destas trabalhadoras pelos bairros de Lisboa. Esse cruzamento potenciaria uma análise por mancha: admitindo que o espaço social da cidade é ele mesmo estratificado, a posse, ou não, de serviçais domésticos, possibilitaria uma análise complementar da diversidade social da cidade e das assimetrias entre centro e periferia. Sabemos, no entanto, que o número de serviçais domésticas foi crescendo em número absoluto e relativo entre as décadas de trinta e cinquenta, começando a decrescer a partir de então (vide Quadro 1). Num período em que a aceitação da oferta de trabalho correspondia dominantemente a uma lógica de co-residência, as casas de classe média podiam apenas requisitar uma «criada para todo o serviço» e, sobretudo, este aspecto aumentava a vulnerabilidade do contrato.

Quadro 1: Relação entre o número de serviçais e população activa na cidade de Lisboa (1940-1970)

Lisboa	Serviçais/ Criados	População activa/ Lisboa	% de serviçais sobre total da Pop. Activa	% de serviçais femininos sobre activos femininos
1940	Total: 42.043 M-37.812	Total- 519.922* M- 300.581	8,15%	12,58%
1950	Total- 59407 M – 53.404	Total- 519.794* M-135.216	10,27%	39,50%
1960	Total- 53809 M- 52.105	Total-585.353 M-143.728	9,19%	36,25%
1970	Total- 40.920 M – 39.105	Total-640.330* M-193.110	6,3%	20,25%

*activos com profissão (excluídos os que estão à procura do 1º emprego ou desempregados, etc).

Dados do Instituto Nacional de Estatística (Censos)

Na cidade de Lisboa foi-se desvanecendo um conjunto de itinerários quotidianos e emergiram outros, mais radiais, decorrentes da abertura das grandes vias de transportes públicos e privados, em sintonia com a amplificação das distâncias entre a casa e o emprego e a emergência de um conjunto de novos serviços urbanos. Os horários de prestação de serviços comerciais e de administração pública criaram correntes pendulares de afluência e esvaziamento nas zonas centrais de trabalho. Enquanto as mobilidades na cidade se intensificavam a partir da década de cinquenta, outros itinerários persistiam ligados à prestação de serviços privados, possibilitados por um conjunto de ocupações subalternas cuja mole era alimentada pelo fornecimento de um vasto conjunto de produtos, de errância permanente, rua após rua, prédio após prédio. Esses agentes que circulavam pela cidade têm, aliás, suscitado uma recente vaga de sínteses de preservação social de memória, ora apelando a uma «Lisboa desaparecida», ora «boémia», ora moderna e cosmopolita. Na verdade, a maior parte das ocupações subalternas ligados ao abastecimento privado de bens acarretava condições de grande esforço, como o uso de força braçal para transporte de mercadorias de grande volume[48]. Na Lisboa do pós-guerra, o fornecimento de bens alimentares e de consumo, como o jornal ou o vestuário, são ainda levados ao espaço privado, espelhando uma fase de proto-consumo que está longe de assumir uma face económica massificada. Por exemplo, o universo de feitura do vestuário não tem ainda como símbolo a loja, mas a costureira e o fabrico personalizado.

Para as serviçais domésticas, o contacto com a rua desempenhava também uma importante função social: tratava-se de uma oportunidade que suspendia o contínuo de vigilância. O encontro nas lojas próximas da casa funcionava como espécie de válvula, ar-

---

[48] «Quando vão ao mercado, as mulheres do povo e as criadas carregam a mercadoria à cabeça, sobretudo no Minho, no Douro, Beira e Algarve. Mesmo em Coimbra. Mas em Lisboa e no Porto, transportam preferencialmente as compras na mão para se distanciarem do ar camponês. Os estrangeiros estranham este uso, considerando-o um abuso e mesmo um governador civil tentou regulamentar o uso das mulheres como transporte. Mas os baixos salários femininos são um bom argumento para travar a implantação deste novo mecanismo». Paul Descamps, *Le Portugal – La vie sociale actuelle* (Paris: Éditeurs Firmin-Didot et Cie, 1935), pp. 468-469.

gamassa de notícias diárias para onde se canalizava a maledicência ou a fidelidade, a denúncia, a inveja e a comparação. A rua representa uma hipótese de intersecção social mais livre, maximizada no período de folga – concedida nos domingos à tarde – no qual se desenrolam acontecimentos fortuitos e desabrigados de vigilância. Mas, ao contrário daquilo que transparece nas representações sociais sobre o comportamento desobediente das criadas de servir, é uma constante nas suas narrativas a memória de um elevado sentimento de privação no acesso ao espaço público, para além de ser marcado por experiências fortemente cronometradas.

Conclusão

Este artigo pretendeu interpretar a raiz do movimento feminino de despovoamento das zonas do interior até à capital do país em busca de serviço doméstico. Esse movimento migratório feminino foi massivo e produziu efeitos na estrutura de classes e na relação entre as classes. A partir da década de setenta, a revolução na paisagem típica da domesticidade está concluída em Portugal. A figura da criada de servir, até então considerada prolongamento da família do ponto de vista social e económico, deixa de ser classificada como membro da família. A economia moral que suportava este regime de trabalho sofre alterações. A desoficialização da categoria, que só no recenseamento de 1980 ocorre de forma definitiva, compreenderá elipses sucessivas noutros campos: no campo da família, no campo da instrução, das conversas públicas, da cena política e evidentemente, como também de forma progressiva, no registo escrito. No recenseamento, a estrutura familiar deixa de prever situações de co-residência ligadas ao trabalho doméstico, (reservando-a apenas aos casos especiais de hóspedes e estudantes)[49]. Na esfera das nomenclaturas profissionais essa desoficialização também ocorre. O problema que cabe à ciência social interpretar extrapola o período cronológico em estudo e é, para um contexto presente, interrogar até que ponto o desvanecimento oficial de uma categoria elide, de facto, as relações de poder que

---

[49] As possibilidades dos membros que constituem o núcleo familiar são reservadas aos seguintes casos: marido e mulher/filho solteiro/filho não solteiro/nora ou genro/neto ou bisneto/pai ou mãe/outro parente.

lhe estão subjacentes. Estamos perante uma sociedade que tem vindo a reproduzir sistemas de trocas de tipo servil ou, de alguma forma, esse modelo concede níveis de dominação diferentes, com consequências diferentes para ambos os actores que participam nesta relação? É grande a urgência em multiplicar estudos nesta área[50].

Bibliografia

ALMEIDA, Carlos C, «Movimentos migratórios, espaços socioculturais e processos de aculturação», *Análise Social*, vol. XI, n.º 42-43 (1975), pp. 203-212.

BAGANHA, Maria I, «As correntes emigratórias no século XX e o seu impacto na economia nacional», *Análise Social*, vol. XXIX, n.º 128 (1994), pp. 959-980.

BARBOSA, Manuel Pinto, *Emigração com remessa: um problema de transferência dupla* (Lisboa: Cognitivo, 1983).

BASTO, Eduardo Alberto Lima e Henrique de Barros, *Inquérito à Habitação Rural*, 2 vols, (Lisboa: Universidade Técnica, 1943).

Boletim de Assistência Social (Lisboa: Edição do Subsecretariado de Estado da Assistência Social, Redacção e Administração: Direcção Geral de Assistência, 1942-1944).

BOURKE, Joanna, «Working Women: The Domestic Labor Market in Rural Ireland, 1890-1914», *Journal of Interdisciplinary History*. vol. XXI, n.º 3 (1991), pp. 479-499.

CARMO, Renato Miguel, «As desigualdades nos campos: o Alentejo entre as décadas de 30 e 60 do século XX», *Análise Social*, vol. XLII, n.º 184 (2007), pp. 811-835.

---

[50] Estudos recentes têm contribuído para reflectir sobre a emergência de novas formas de servilismo e de exploração no âmbito do trabalho doméstico, de que são exemplo Barbara Ehrenreich e Arlie Russell Rothschild, dir., *Global Woman: Nannies, Maids and sex workers in the new Economy*, (New York: Metropolitan/Owl Books, 2004). Para a realidade do Brasil confrontar: Hildete Pereira de Melo, *O serviço doméstico remunerado no Brasil: de criadas a trabalhadoras* (Rio de Janeiro: IPEA, 1998).

CHANEY, Richard, «Uma análise das remessas dos emigrantes a nível regional», in *Conflitos e mudanças em Portugal. 1974-1984*, dir. Eduardo de Sousa Ferreira e Walter Opello Júnior (Lisboa: Teorema, 1985), pp. 205-225.

CHANEY, Rick, *Regional emigration and remittances in developing countries* (New York: Praeger, 1986).

DESCAMPS, Paul, *Le Portugal – La vie sociale actuelle* (Paris: Éditeurs Firmin-Didot et Cie, 1935).

Dudden, Faye E., *Serving Women, Household Service in Nineteenth--Century America* (Middletown: Wesleyan University Press, 1983).

EHRENREICH, Barbara, Arlie Russel HOCHSCHILD, dir. *Global Woman: Nannies, Maids and sex workers in the new Economy* (New York: Metropolitan/Owl Books, 2004).

Estatuto da Assistência Social (Lei n.º 1998, de 15 de Maio de 1944).

FERREIRA, Maria Deolinda, «Corte do Gafo, uma aldeia em decadência», *Finisterra, Revista de Estudos Demográficos*, vol. II, n.º 4 (1967).

GODELIER, Maurice, *L'énigme du don* (Paris: Fayard, 1996).

HILL, Bridget, *English Domestics in the Eighteenth Century* (Oxford: Clarendon Press, 1996).

LEMOS, Alfredo Tovar de, *Relatório do Serviço de Inspecção de Toleradas referente ao ano de 1941* (Lisboa: Imprensa Nacional, 1942).

LEMOS, Alfredo Tovar de Lemos, *Dispensário de Higiene Social Lisboa - Relatório de 1947* (Lisboa: Imprensa Nacional, 1948).

LEMOS, Alfredo Tovar de, *Relatório do Serviço de Inspecção de Toleradas referente aos anos de 1942, 1943, 1944* (Lisboa: Imprensa Nacional, 1944).

LEMOS, Alfredo Tovar de, *O serviço de Inspecção de toleradas no ano de 1950* (Lisboa: Tipografia Americana, 1951).

MARGARIDO, Alfredo «Prefácio», in Joseph Gabel, *A falsa consciência, Ensaio sobre a Reificação* (Lisboa: Guimarães e C. Editores, 1979).

MAUSS, Marcel, *Ensaio Sobre a Dádiva* (Lisboa: Edições 70, 1989).

McBride, Theresa, *The Domestic Revolution* (Londres: Croom Helm London, 1976).

Melo, Hildete Pereira, *O serviço doméstico remunerado no Brasil: de criadas a trabalhadoras* (Rio de Janeiro: IPEA, 1998).

Nunes, Adérito Sedas, «Luta contra a prostituição», *Boletim de Assistência Social*, Ano 13.ª/ n.º 121 e 122, Julho a Dezembro de 1955.

«O Calvário dos ranchos migratórios», *Acção Católica Portuguesa: Boletim Oficial*, n.º 265-266, Julho-Agosto de 1956.

Pereira, Victor, *L'Etat portugais et les Portugais en France de 1957 à 1974* (Paris: Institut d'Etudes Politiques de Paris, 2007).

Peixoto, Maria Isabel, «Visão panorâmica da Acção Católica no meio rural», *Boletim Oficial da Acção Católica Portuguesa*, Junho de 1953, n.º 229, pp. 50-52.

Problemas racionais de alimentação (Lisboa: Inst. Superior de Ciências Sociais e Política Ultramarina, 1967).

Ribeiro, Francisco G. Cassola, *Emigração Portuguesa – Algumas características dominantes dos movimentos no período de 1950 a 1984* (Porto: Secretaria de Estado das Comunidades Portuguesas/ Centro de Estudos, 1986).

Fernando Rosas, dir., *O Estado Novo*, in *História de Portugal*, vol.XVII dir. José Mattoso (Lisboa: Editorial Estampa, 1994).

Ryan, Louise, «Moving spaces and changing places: Irish women's memories of migration to Britain in the 1930», *Journal of Ethnic and Migration Studies*, vol. XXIX, n.º 1 (2003), pp. 67-82.

Scott, James C, *Domination and the Arts of Resistance – Hidden Transcripts* (New Haven/Londres: Yale University Press, 1990).

Sobral, José Manuel, «Estilos de vida, consumos e lazer num espaço rural português: alguns aspectos», in *New routes for leisure». Actas do Congresso Mundial do Lazer* (Lisboa: Edições do Instituto de Ciências Sociais da Universidade de Lisboa, 1992).

Sousa, António Ferreira, *A obra de protecção às raparigas: um exemplo de associativismo católico de mulheres, 1914-1945*, Tese de mestrado (Lisboa: Universidade Aberta de Lisboa, 2004).

MANUEL DENIZ SILVA E PEDRO RUSSO MOREIRA

3

«O essencial e o acessório»: práticas e discursos sobre a música ligeira nos primeiros anos da Emissora Nacional de Radiodifusão (1933-1949).

A Emissora Nacional de Radiodifusão (ENR), criada em 1933 sob a tutela do Ministério das Obras Públicas e Comunicações, foi não só um dos principais aparelhos de propaganda e de produção discursiva do Estado Novo, como uma instituição decisiva na dinamização do campo musical português durante todo o período da ditadura. Neste artigo abordaremos alguns dos discursos produzidos sobre a programação da rádio estatal pelos seus principais intervenientes e as principais estruturas de produção de «música ligeira» organizadas no seu âmbito, procurando mostrar como as estratégias musicais implementadas pela ENR foram o resultado, não da aplicação unívoca de uma norma ideológica, mas de compromissos e de equilíbrios complexos([1]).

([1]) O campo de estudos em torno da rádio, e em particular da Emissora Nacional de Radiodifusão, não é muito fértil na diversidade de abordagens e metodologias aplicadas. Destacam-se sobretudo, por serem os mais recentes trabalhos que se debruçam no caso da ENR, o estudo de Nélson Ribeiro *Emissora Nacional nos Primeiros Anos do Estado Novo [1933-1945]* (Lisboa: Quimera, 2005) e os trabalhos de Rogério Santos, «A Emissora Nacional nos Anos 30. Estética Radiofónica e 'Parte Falada'», *JJ-Jornalismo e jornalistas* 15, ([2003]), pp. 52-65 e *As Vozes da Rádio [1924-1939]* (Lisboa:

A «música ligeira», enquanto categoria discursiva que se refere a um domínio de confluência de diferentes estilos musicais[2], foi central na organização da produção musical na ENR e na programação radiofónica, bem como na articulação com alguns vectores de orientação política do Estado Novo. Enquanto domínio que inclui diferentes géneros musicais disseminados pela indústria fonográfica transnacional, edição de partituras, radiodifusão ou circuitos de lazer urbanos, cedo se colocou a questão de como deveria a rádio do Estado, a ENR, enquadrar a música ligeira institucionalmente no âmbito das suas acções propagandísticas e de tentativa de inculcação ideológica. Esta constituiu mais um objecto a enquadrar por parte do dispositivo cultural e institucional do Estado Novo, fazendo parte de um processo de propaganda que visava reforçar o seu ideário e nacionalizar, dentro do devido contexto, práticas que podiam ser subversivas ou desalinhadas ideologicamente com os grandes vectores definidos pela rede institucional que se ocupava das diversas formas de manifestações da cultura expressiva.

A historiografia acerca do Estado Novo tem enfatizado o papel do folclorismo musical enquanto «imagem de marca» do regime, apontando a recuperação da música tradicional como uma concretização da matriz ruralista da ideologia do regime e analisando a sua organização e difusão por instituições centralizadoras e vocacionadas para o enquadramento do lazer das massas (Secretariado da Propaganda Nacional/Secretariado Nacional de Informação [SPN/SNI], Fundação Nacional para a Alegria no Trabalho [FNAT], Casas do Povo, etc.). Mas não obstante a importância destes «processos de folclorização»[3] musical impulsionados pelo Estado Novo, a aplicação de políticas culturais no terreno não

---

Caminho, 2005), englobando também este último um levantamento de fontes em torno do Rádio Clube Português, da Rádio Renascença e das denominadas «rádios minhocas». O trabalho de Nélson Ribeiro, partindo de uma grelha interpretativa marcada pelas ciências da comunicação (cf. pgs 13 a 15), realiza uma análise dos discursos produzidos no âmbito da rádio estatal e sua relação com a ideologia do Estado Novo.

[2] Pedro Russo Moreira et al., «Música Ligeira», in *Enciclopédia de Música em Portugal no séc. XX*, dir. Salwa Castelo-Branco (Lisboa: Círculo de Leitores, 2010).

[3] Castelo-Branco Salwa e João de Freitas Branco, dir., *Vozes do Povo* (Oeiras: Celta, 2003).

consubstanciou uma linearidade de processos, mas uma heterogeneidade caracterizada por diferentes respostas institucionais e dependentes de várias contingências próprias do contexto histórico. A ENR foi um dos lugares estratégicos da vida musical em que o poder ditatorial se confrontou com lógicas diversas e conflituais. Questões como a «elevação do gosto musical», da eficácia comunicacional do entretenimento, da influência social dos produtos culturais de origem estrangeira e da necessidade de os «nacionalizar», que ocuparam as primeiras administrações da ENR – António Joyce (1934-1935), Henrique Galvão (1935-1941) e António Ferro (1941--1949) – foram objecto de uma negociação em que participaram não apenas o voluntarismo ideológico da ditadura, mas também a relação de forças entre as diferentes instituições e sectores do regime, as instâncias de legitimação próprias do campo musical e os processos de afirmação das emergentes indústrias culturais.

Os estudos em torno da rádio carecem ainda de uma perspectiva que procure evidenciar os processos sociais associados à recepção e, em particular, às mudanças operadas pela escuta radiofónica na sua ligação com a questão do «gosto»[4]. No caso português, uma história da escuta radiofónica «vinda de baixo» torna-se particularmente difícil no período em estudo pela ausência de inquéritos radiofónicos[5], existindo apenas, sobretudo a partir dos anos quarenta, alguns periódicos que publicaram opiniões de radiouvintes[6]. Não obstante, permanece nestes casos a dúvida quanto aos critérios editoriais e selecção de correspondência por parte dos periódicos.

Partimos, portanto, da análise documental de dois arquivos principais: o arquivo histórico e sonoro da RDP e o Arquivo Oliveira Salazar depositado na Torre do Tombo. Devido à natureza da problematização deste trabalho foi central a pesquisa em periódicos ligados ao universo radiofónico e musical depositados na

---

[4] Veja-se a este propósito o trabalho de Gianni Isola no contexto da rádio na Itália de Mussolini. Gianni Isola, *Abassa La Tua Radio Per Favore... Storia Dell'ascolto Radiofonico Nell'italia Fascista* (Florença: La Nuova Italia, 1990).

[5] Note-se que o primeiro inquérito radiofónico foi realizado entre 20 de Setembro e 17 de Novembro de 1953, circunscrevendo-se a Lisboa. Amaro Duarte Guerreiro e Joaquim José Pais Morais, *Inquérito Radiofónico*, (Lisboa: Emissora Nacional de Radiodifusão, 1955).

[6] Por ex.: *Rádio Nacional, Rádio Mundial, Rádio Semanal*, e.o.

Hemeroteca Municipal de Lisboa e Biblioteca Nacional, para uma melhor caracterização de questões relacionadas com a programação da ENR, situação da classe dos músicos e debates em torno da ideia de «gosto musical».

Da política da «elevação do gosto» ao reconhecimento do «gosto popular» (1934-1941)

A ENR iniciou as suas emissões experimentais num contexto de enorme expectativa por parte da classe musical portuguesa. No âmbito da preparação do primeiro Congresso da Radiofonia, organizado pelo jornal *O Século* em Maio de 1932, o compositor Luís de Freitas Branco indicou claramente que apenas a criação de uma orquestra na rádio pública poderia absorver o desemprego dos músicos e permitir o renascimento da «agonizante música portuguesa»[7]. O final dos anos vinte tinha sido, no campo musical, um momento de profunda crise, em que a progressiva expansão dos meios de reprodução mecânica do som (rádio, disco, cinema sonoro), tinham agitado o espectro do desemprego dos músicos. Em Fevereiro de 1930, num dos primeiros números de uma nova série da *Arte Musical*, «órgão defensor dos músicos portugueses», um artigo sobre a «crise aguda» atravessada pela classe musical onde se denunciava a «loucura do jazz» e «a concorrência estúpida dessas arreliantes máquinas reprodutoras do som a que chamam grafonolas», resumia a inquietação da classe musical desta forma: «se o Estado não vier em nosso auxílio fazendo promulgar leis proteccionistas, que sucederá!?»[8]. Em 1932, o maestro Pedro de Freitas Branco, numa carta ao Presidente do Conselho em que pedia um subsídio para os concertos sinfónicos que então organizava no Teatro Tivoli, prevenia António de Oliveira Salazar que «sem um auxílio imediato da parte do Estado»

---

[7] Luís de Freitas Branco, «Da radiotelefonia depende que renasça a agonizante música portuguesa», *O Século*, 26 de Novembro de 1931.

[8] F. Bagulho, «A Crise», *A Arte Musical*, n.º 6, 20 de Fevereiro de 1930, p. 2. Em Setembro do mesmo ano, num editorial sobre o desemprego criado pelo cinema sonoro, o jornal voltava a ressoar o alarme: «ou o Governo nos vale ou vamos para o fundo», veja-se «Ao Governo», *A Arte Musical*, n.º 25, 1 de Setembro de 1930, p. 1.

não poderia continuar a «obra de levantamento do [...] nível artístico» português, e lembrava que «a vida das melhores orquestras europeias e norte-americanas não poderia manter-se se não fossem os largos subsídios, generosamente concedidos pelos respectivos governos»([9]). A responsabilização do Estado na sua função de organizador e protector da actividade artística tornara-se uma reivindicação recorrente a partir do final dos anos vinte em todos os quadrantes do meio musical, uma reivindicação que precedeu, e em certa medida determinou, uma resposta mais intervencionista dos poderes públicos. E a radiodifusão, primeiramente atacada como uma das razões do declínio da vida musical portuguesa, surgia como a solução possível para a crise atravessada pela classe dos músicos.

Teófilo Saguer, professor do Conservatório Nacional em Lisboa, publicou no rescaldo do primeiro Congresso da Radiofonia ([10]) um pequeno opúsculo em que sintetiza alguns dos principais eixos da argumentação da classe musical, participando abertamente no debate sobre a orientação a seguir na estação de rádio oficial:

> À telefonia está confiado um grande futuro na educação e civilização dos povos. Agora que se tenta organizar entre nós e desconhecendo qual a orientação que se pretende dar à parte artística musical da futura estação emissora, entendemos ser tempo de ir lembrando às entidades, encarregadas dessa alta missão patriótica, que devem estar à frente dos serviços a que ela se destina pessoas de reconhecida competência, não somente com relação aos problemas técnicos da própria sciencia, como à finalidade a que se destina([11]).

O argumento de Saguer apoiava-se na ideia de que «uma das finalidades que a T. S. F. vai servir é a *música*, e, como tal, impõe-se, sob todos os aspectos, que à frente dessa secção esteja um músico». Lembrando que «está provado que a iniciativa particular em Portugal não consegue sustentar permanentemente uma orques-

---

([9]) Arquivo Nacional da Torre do Tombo, Arquivo Oliveira Salazar, cota AOS/CO/ED-1 (4).

([10]) O livro de Saguer não apresenta data de publicação, mas as referências citadas pelo autor permitem datá-lo de finais de 1932 ou início de 1933.

([11]) Teophilo Saguer, *A Radiotelefonia, sua organização artística em Portugal* (Lisboa: Imprensa Lucas, s.d.).

tra sinfónica», insistiu na necessidade de criar no âmbito da nova estação uma verdadeira orquestra sinfónica, salientando que esta nova formação seria a ocasião de conceder uma difusão inédita aos compositores nacionais, revitalizar o ensino musical através do recrutamento preferencial de músicos diplomados pelo Conservatório, retomar as temporadas de ópera no Teatro de S. Carlos, e relançar a cultura dos concertos sinfónicos.

A nomeação de António Joyce, conceituado musicógrafo e maestro coral, como director artístico da ENR durante o período da sua actividade experimental (1934-1935), pareceu responder às exigências que vimos serem formuladas no seio da classe musical. Joyce considerou prioritária a criação de uma Orquestra Sinfónica, que foi organizada logo em 1934 sob a direcção do maestro Pedro de Freitas Branco, que depois da falência da sua empresa de concertos sinfónicos do Tivoli alcançara um reconhecimento internacional durante a sua estadia em Paris, em que dirigira obras de Maurice Ravel. Foram igualmente criadas uma Orquestra de Câmara – dirigida pelo compositor Ivo Cruz, fundador do Renascimento Musical, movimento de inspiração integralista –, e uma Secção de Música Portuguesa – confiada ao compositor nacionalista Rui Coelho, à época próximo dos Nacionais-Sindicalistas de Rolão Preto – que tinha como principal função encomendar partituras originais a autores portugueses e fomentar a recolha de repertório musical tradicional. A fase de funcionamento experimental da ENR foi assim caracterizada pelo predomínio de músicos de formação erudita nos quadros da estação, a defesa de um paradigma musical nacionalista e a preferência pela retransmissão de concertos em directo em detrimento da música gravada. O musicólogo Mário de Sampaio Ribeiro, igualmente animador do Renascimento Musical, em palestra transmitida pela ENR em Julho de 1934, de certa forma resumiu o objectivo da programação de António Joyce, afirmando que competia «à Emissora Nacional restaurar o bom gosto em matéria musical» e apontando como horizonte o dia em que «Emissora Nacional quererá dizer Educadora Nacional»([12]).

Mas este paradigma de programação encontrava-se em concorrência directa não só com as emissões de rádios estrangeiras, aces-

---

([12]) M. de Sampaio Ribeiro, «A Música e os Organismos Musicais da Emissora Nacional, Palestra realizada ao microfónio da E.N. na noite de 16 de Julho de 1934», *A Voz*, 21 de Julho, 1934.

síveis através da recepção de ondas curtas, como com o que era então proposto a nível nacional pelas estações de rádio privadas([13]), e em particular pelo Rádio Clube Português – fundado em 1931 e estação mais importante e popular do panorama radiofónico da época –, que privilegiava o repertório de «música ligeira», variedades e fado, e as emissões de música gravada, nomeadamente com espaços reservados para os «discos pedidos». Esta substancial diferença na orientação musical das duas emissoras teve como consequência a manutenção da enorme popularidade do RCP e uma total desinteresse dos radiouvintes pela ENR, rapidamente apelidada de «maçadora nacional»([14]).

A fase de funcionamento experimental terminou com a inauguração oficial dos estúdios da ENR a 1 Agosto de 1935 e com a no-

---

([13]) As rádios privadas iniciaram a sua actividade de modo regular nos anos vinte, constituindo-se essencialmente associadas a colectividades de bairro. «Em Lisboa surgiram a Rádio Condes (1925), a Hertziana (1928), a Rádio Motorola (1929), que em 1933 passou a designar-se Rádio Peninsular, a Alcântara Rádio (1931), o Clube Radiofónico de Portugal (1931), a Rádio Luso (1932), a Rádio Graça (1932), a Rádio Amadora (1932) e a Rádio São Mamede (1933). No Porto nasceram a Ideal Rádio (1925), a Rádio Porto (1925), a Sonora Rádio (1929), a Invicta Rádio (1932) e o Rádio Clube Lusitânia (1932)». Manuel Deniz Silva, «Rádio», *Enciclopédia de Música em Portugal no séc. XX*. (Lisboa: Círculo de Leitores, 2010). A este propósito, como observa Rogério Santos, foi no «dobrar da década de vinte (que se) assiste à mudança de geração das estações de rádio», associada a diferentes perfis de proprietários e de conteúdos radiofónicos. A primeira geração, que está no início das emissões regulares (1924-1925) «tinha proprietários, gestores e militares à frente das rádios.» A geração que surge no início dos anos trinta «(...) tinha donos de lojas de rádio em maior número, embora este perfil também assentasse nos da primeira geração». Observa-se também na distinção operativa que aponta a existência de duas gerações a questão de mudança do «gosto», mais vocacionada para a os concertos em estúdio e a música erudita na primeira e «programação mais popular» (pg. 96), na segunda. Rogério Santos, *As Vozes da Rádio (1924-1939)* (Lisboa: Editorial Caminho, 2005) pp. 95e segs. Veja-se também Rogério Santos, «A Emissora Nacional nos Anos 30. Estética Radiofónica e 'Parte Falada'», *JJ-Jornalismo e jornalistas* n.º 15 (2003) pp. 52-65. Não obstante estas linhas gerais que permitem perceber o enquadramento das rádio privadas até ao aparecimento da ENR, falta ainda um estudo de base que se ocupe de uma análise cuidada que relacione a programação com as discussões em torno da questão do «gosto» neste âmbito.

([14]) Veja-se p. ex. a primeira página de *Os Ridículos*, n.º 3004, 28 de Novembro de 1934.

meação de uma nova comissão administrativa, chefiada por Henrique Galvão, figura importante da elite política do Estado Novo. O novo director procurou impor uma orientação diferente à programação musical da Emissora, em clara ruptura com os anteriores responsáveis, invocando que houvera «preocupações de ordem artística que só não foram imensamente louváveis, porque supuseram que podiam desentender-se as notas de banco com as notas de música, isto é: que um plano artístico se podia desenvolver independentemente de uma ordem financeira e administrativa»([15]). Tratava-se para Galvão de criar uma «ordem nova» na ENR, cuja função deveria ser, doravante, «procurar servir, não as fantasias, paixões ou interesses de alguns, mas sim a utilidade de todos e a política do Estado»([16]). Em Agosto de 1935, Henrique Galvão convidou Frederico de Freitas, compositor celebrado nos palcos da revista e autor da música do primeiro filme sonoro português, *A Severa*, para a direcção da Orquestra Portuguesa da ENR e António Lopes Ribeiro para director da secção de «música gravada». A passagem de António Lopes Ribeiro pela EN, apesar de curta, foi no entanto suficiente para introduzir os novos sons do jazz na programação da antena e para defender a utilidade do disco na programação radiofónica([17]). De forma pragmática, Galvão apelou aos especialistas das novas modalidades de entretenimento, e nomeadamente do cinema sonoro, para que elaborassem uma nova orientação que tivesse em conta aquilo que considerava serem as expectativas dos radiouvintes.

A função primordial da ENR na orgânica do regime foi repensada por Galvão, que a considerava antes de mais como um meio

---

([15]) *O Século*, 1 de Agosto de 1935.
([16]) Idem, *Idem*.
([17]) António Lopes Ribeiro realizou uma palestra intitulada «A função do disco na radiofonia» na ENR, onde «procurou demonstrar, partindo das ideias do célebre crítico francês Émile Vuillermoz, as vantagens incontornáveis do disco, tanto em termos técnicos (a gravação e retransmissão eram de melhor qualidade), como estéticos (o disco permitia repetir momentos únicos, como a improvisação do músico de jazz, ou continuar a ouvir grandes intérpretes já desaparecidos)». Veja-se Manuel Deniz Silva, «'Não Aborrecer, Nunca Aborrecer': Propaganda e divertimento na programação da Emissora Nacional nos primeiros anos do Estado Novo (1933-1945)», in *Transformações Estruturais no Campo Cultural Português*, dir. António Pedro Pita e Luís Trindade (Coimbra: A paleta e o mundo, 2008), pp. 365-98.

de propaganda. E para cumprir a sua missão de instrumento de difusão da ideologia do regime, a ENR teria primeiro que chegar a um leque muito mais vasto de ouvintes, e conseguir fidelizá-los. Esta nova estratégia afectou de diversos modos o contexto de práticas musicais associadas à «música ligeira» na rádio estatal, com o lançamento de programas de variedades em estúdio e a transmissão a partir de locais reconhecidos de entretenimento urbano, como o Retiro da Severa, o Hotel Borges, o Maxim's ou o Café Chave d'Ouro.

O condicionamento orçamental que afectava a nova administração contribuiu para um decréscimo do número de orquestras e de outros grupos que actuavam ao vivo, lançando o disco como médium privilegiado para a disseminação de «música ligeira» e «erudita» nos programas da rádio nacional. O equilíbrio na programação exigido aos decisores colocava-os numa posição que devia por um lado agradar à classe dos músicos, que se sentia lesada com o acréscimo de discos na rádio, e, por outro lado, as audiências urbanas, que procuravam programas de entretenimento com música norte e sul americana, espanhola, francesa, italiana, bem como os êxitos do teatro de revista em cena nos principais teatros da capital. A reorganização de 1935 determinou ainda o afastamento dos compositores Ivo Cruz e de Rui Coelho, o que desencadeou uma feroz campanha contra a ENR em alguns jornais conservadores, nomeadamente *A Voz*[18].

O Sindicato Nacional dos Músicos (SNM), de que Ivo Cruz era presidente, enviou um protesto formal ao Presidente do Conselho, em que denunciava em particular as novas escolhas de programas, e o privilégio concedido à música ligeira em detrimento do repertório erudito, explicando que a política cultural dirigida às massas devia procurar popularizar o património artístico da «Alta Cultura». O SNM acusava o novo director da ENR de «desconhecimento dos assuntos musicais e dos problemas da radiofonia» e contestando a sua opinião de que «a massa de seis milhões de portugueses incultos não querem ouvir música elevada», explicando que não se tratava de excluir a música não erudita, mas de manter bem claras as hierarquias entre os diferentes géneros musicais:

---

[18] A este propósito ver a crónica «Das ideias e dos factos», *A Voz*, 19 e 21 de Julho de 1935.

A gente portuguesa, mesmo a de cultura mais primitiva, é sensível às manifestações de arte elevada (...). Entendemos que se deve emitir música ligeira, mas que se não confunda folclore com revista, o essencial com o acessório. Aos organismos culturais não é lícito esquecer a alta missão que a arte tem nos movimentos de renovação nacional[19].

Em reacção, Henrique Galvão enviou ao Ministro das Obras Públicas um longo relatório, onde contestava ponto por ponto as acusações do SNM, respondendo nomeadamente às críticas dirigidas às suas escolhas de programação musical:

Não contesto que a gente portuguesa, mesmo a de cultura mais primitiva seja sensível às manifestações de arte elevada. O que me parece é que não aceitará nem poderá aceitar programas exclusivamente eruditos cuja matéria esteja fora do alcance da sua sensibilidade e compreensão. E que menos os aceitará radiodifundidos tendo a possibilidade de deslocar o botão do seu aparelho e procurar nos postos emissores particulares a música ligeira de que gosta[20].

Nesta polémica sobre a programação da ENR podemos identificar dois eixos de oposição. Por um lado, a fricção entre uma lógica corporativa, representada pelo SNM, e uma lógica de «boa administração», defendida por Henrique Galvão. Mas podemos também observar a colisão entre uma concepção aristocrática da função educadora da «Arte Musical», com maiúsculas, e o reconhecimento pragmático daquilo que poderíamos chamar, retomando um conceito desenvolvido por Alain Masson, uma forma de «gosto plebeu»[21], associado a novos consumos culturais das populações urbanas, e nomeadamente à expansão da «música ligeira» e do cinema americanos. A questão não estava, portanto, na constatação da «cultura primitiva» da maioria da população portuguesa, diagnóstico comum às duas partes, mas na forma de a gerir e enquadrar. E o que o SNM condenava como «acessório»

---

[19] Arquivo Nacional da Torre do Tombo, Arquivo Oliveira Salazar, cota AOS/CO/OP-7 (7), fl. 119.
[20] Arquivo Nacional da Torre do Tombo, Arquivo Oliveira Salazar, cota AOS/CO/OP-7 (7), fl. 135.
[21] Veja-se Alain Masson, *L'image et la Parole, L'avènement du Cinéma Parlant* (Paris: La Différence, 1989).

(a música de entretenimento das camadas populares), era precisamente o que poderia garantir o «essencial» do projecto de Galvão: a transformação da Emissora num instrumento eficaz de propaganda do Estado Novo, nomeadamente na sua dimensão colonial. As escolhas pragmáticas de Galvão e a sua programação abrangente, nomeadamente o lugar concedido ao fado e à música ligeira americana, estiveram na origem de uma persistente oposição de certos meios intelectuais salazaristas às actividades da ENR. Sem surpresa, um dos críticos mais constantes e severos foi Mário de Sampaio Ribeiro, que passou a acusar repetidamente a actividade musical da Emissora de ser «dispersiva, desarticulada, inútil e até nociva»([22]).

«Aportuguesamento» e «imaginação internacional»: O caso da música ligeira (1941-1949)

A mudança de administração na ENR com a entrada de Ferro em 1941, numa aproximação clara ao SPN/SNI, representava não apenas uma alteração de estratégia no modo como a propaganda, e a música, na sua função, deviam ser entendidas no âmbito da emissora do Estado. A preocupação dominante do «gosto» e da articulação entre diferentes géneros e estilos musicais conduziram António Ferro a delinear outro tipo de estratégia que não previa, como no caso de Galvão, apenas uma noção extra-musical da propaganda, mas que via na música um objecto passível de enquadramento no âmbito desta. Mas tal mudança teria de ser bem negociada entre os compositores, músicos e instituições que colaborariam com a ENR. Impunha-se a institucionalização de um Gabinete de Estudos Musicais (GEM) na ENR com o objectivo de encabeçar, nas suas quatro secções dedicadas à música erudita e ligeira, a missão de «nacionalizar» a música, com uma terceira secção encarregue especificamente da produção efectiva do repertório associado à categoria genérica de «música ligeira».

A acção do GEM na área da música ligeira veio afirmar uma nova relação da ENR com as indústrias culturais emergentes e um novo modelo de enquadramento do «gosto» musical popular. Nos

---

([22]) M. de Sampaio Ribeiro, «De Música», *Ocidente*, vol. 12, n.º 33, Janeiro de 1941, p. 139.

seus discursos, Ferro denota uma consciência clara de que o Estado não controlava, por não estar ao seu alcance, as esferas de produção e consumo da «música ligeira», onde era irrefutável a força das indústrias transnacionais da música bem como a fraca imposição de géneros musicais presumivelmente nacionais por inexistência de uma indústria fonográfica portuguesa suficientemente forte.

A estratégia delineada por Ferro sublinhava a urgência da criação de um repertório associado à «música ligeira» que ilustrasse paisagens sonoras de um Portugal rural e autêntico que seria recolhido para o efeito e que permitisse aos compositores a realização de arranjos para grupos *a capella* e orquestras. Era essencial que a rádio do Estado desse a conhecer a música «autêntica» do país aos seus habitantes através da rádio([23]). Para o novo administrador da ENR, mais do que a preocupação com os conteúdos musicais dos programas radiofónicos, a rádio oficial tinha a missão de intervir junto dos compositores e arranjadores no sentido de «nacionalizar» a «música ligeira» e estimular a produção que, caso não fosse a intervenção subvencionada pelo Estado, poderia não ter expressão significativa quando comparada com a música estrangeira ou com a música popular urbana onde se inscrevia a canção do teatro de revista e o fado.

> Que fazer então? Só existem dois caminhos: gravar, com urgência, todas as boas canções portuguesas e estimular a aparição, a criação daqueles que possuam o mínimo de tempero exigível às produções que pretendam entreter a imaginação internacional dos radiouvintes nacionais. Ora é, precisamente, o que estamos fazendo. Vários dos nossos compositores foram já convidados a harmonizar os nossos ritmos populares e, por outro lado, a mobilar os novos programas de variedades, com o intuito de encontrar

---

([23]) A caracterização do repertório e enquadramento institucional da linha desenvolvida por António Ferro foi alvo de análise recente, problematizando a recolha e tratamento de melodias presumivelmente autênticas e a utilização de modelos performativos das denominadas indústrias transnacionais da música. Veja-se Pedro Russo Moreira, «Política dos Media, Poder e Ideologia: O Gabinete de Estudos Musicais nos anos quarenta», *Comunicação apresentada no congresso Música, Cidade e Redes* (Salamanca: SIBE/IASPM/ II Congresso de músicas populares do mundo Lusófono e Hispânico, 8 de Março de 2007).

a fórmula desejada, essa mistura de Portugal com o Mundo e com a nossa época([24]).

A criação de um campo discursivo era um dos pontos essenciais para levar a cabo o processo de «aportuguesamento da música ligeira» e, assim, a emergência de uma «música ligeira portuguesa», procurando enquadrar esse domínio, no qual confluíam diversos géneros e estilos musicais, na orgânica da produção de uma cultura nacional estado-novista. Com a casa a ser arrumada e a «mobília» em feitura, a preocupação do decisor, pelo menos na intenção do seu discurso, identificava um problema fundamental que visava a falta de fonogramas comerciais e gravações da ENR com «música portuguesa» como reacção ao crescente número de discos estrangeiros nas emissões radiofónicas.

> Tal substituição impõe-se, sem dúvida, não só no que respeita à música americana como à de outros países. Mas onde está, por enquanto, essa música? Não chega para encher os programas de dança ligeiros da Emissora Nacional (...). No capítulo da própria música típica não há muitos discos em condições de serem transmitidos. Da música das nossas revistas (...) pouco se pode aproveitar porque são raras as suas melodias verdadeiramente originais([25]).

A ideia central do discurso de António Ferro apontava para um problema que visava a organização da produção de repertório orientada para padrões presumivelmente «autênticos», baseados na cultura expressiva do «povo» e da nação, enquanto fonte inesgotável da identidade, da «essência nacional». A «poesia rústica» e os elementos estilísticos que caracterizavam tipologias rítmicas ou géneros coreográficos considerados «típicos», como os viras, fandangos, chulas, corridinhos e.o., deveriam desempenhar um papel fundamental no modo como a diferença podia ser criada relativamente ao repertório estrangeiro e às composições «ligeiras» de que alguns compositores portugueses se ocupavam.

A primeira etapa consistia na recolha do material considerado «autêntico» e que servia de base ao arranjo, tarefa confiada a

---

([24]) António Ferro, *Problemas da Rádio 1941-1950* (Lisboa: Edições SNI, 1950), p. 40.

([25]) António Ferro, *Problemas* ...

compositores do próprio GEM, nomeadamente Artur Santos, que entre 1942 e 1948 entregou cerca de quarenta e três canções populares naquele organismo[26]. A segunda etapa era o arranjo das melodias de matriz rural, confiado nomeadamente aos compositores Belo Marques, Tavares Belo e António Melo, maioritariamente para agrupamentos vocais ou instrumentais/vocais, e em menor número para agrupamentos instrumentais, destinados aos diferentes grupos de intérpretes residentes da própria rádio. O elevado número de arranjos vocais explica-se, em parte, pela visibilidade que os duetos, trios e quartetos vocais alcançaram nessa época na indústria fonográfica e radiofónica europeia e norte-americana, como os exemplos do quarteto vocal CETRA fundado nos anos quarenta na rádio italiana, ou as Andrew Sisters, no contexto norte-americano dos anos trinta e quarenta[27].

Na Emissora Nacional, desde a inauguração oficial que se organizaram quartetos vocais masculinos, ensaiados e dirigidos pelo compositor e maestro Belo Marques, figura central no GEM. Um dos primeiros quartetos vocais por si dirigido era composto pelos tenores Guilherme Kjölner e Fernando Pereira; barítono Paulo Amorim e baixo Mota Pereira. Nos anos quarenta surgiram outros quartetos, como o Quarteto Vocal Feminino da ENR em 1944, constituído por Cidália Meireles, elemento do trio vocal Irmãs Meireles, cuja estreia na rádio oficial foi em 1943, Fernanda e Nini Remartinez, que se apresentavam também como dueto vocal – Irmãs Remartinez –, e Gina Esteves. Em 1946, Belo Marques fundou e assumiu a direcção de dois novos Quartetos vocais[28] da ENR, nomeadamente um Quarteto feminino e outro masculino que interpretavam uma parte considerável dos arranjos do compositor entregues no GEM. Em 1947, Mota Pereira fundou o Centro de Preparação de Artistas, uma escola que preparava os cantores para actuarem com orquestra nos principais eventos da rádio, e onde viriam a

---

[26] Veja-se *Livro de Registo do GEM* (s.d.)/ Arquivo Histórico da RDP.

[27] Veja-se Pedro Russo Moreira et al., «Música Ligeira».

[28] Estes grupos vocais eram constituídos respectivamente por Maria Beatriz, Olga Maria, Maria Fernanda e Maria de Lourdes, e o masculino por Orlando Settimeli, Casimiro Silva, Rino Santos e António Cunha, tinham o objectivo de «actuar em conjunto com a orquestra típica portuguesa» (*Rádio Nacional* N.º 473, 18 de Agosto de 1946), dirigida também por Belo Marques.

ser formados os cançonetistas que dominariam o panorama da «música ligeira portuguesa» nas décadas seguintes, como Júlia Barroso, Madalena Iglésias, Maria de Fátima Bravo, Simone de Oliveira, Francisco José ou Artur Garcia.

A «imaginação internacional» evocada por Ferro no seu discurso constituiu um elemento central para evidenciar o processo de construção de uma «música ligeira portuguesa» no âmbito da ENR. Ainda que o processo de arranjo das melodias de matriz rural recolhidas tenha constituído um aspecto fundamental na criação de uma «aura» de autenticidade do repertório, os modelos performativos utilizados eram sobretudo a orquestra e grupos vocais que procuravam assemelhar-se às vedetas da indústria fonográfica internacional, em particular norte-americana, e os arranjos eram fortemente influenciados pelo *Swing*. Neste sentido, o recurso à formação de grupos de Irmãs e quartetos que interpretassem este reportório era essencial, sobretudo pela visibilidade que alcançavam junto da população operária urbana nos eventos «Serões para Trabalhadores» e «Serões para Soldados».

Na estratégia da administração de Ferro, o esforço logístico que implicou o reforço de orquestras, grupos vocais, estruturas de produção como o GEM e todo um campo discursivo bem delineado que apontava as principais motivações para o projecto em análise, não deve, todavia, ser apenas lido no âmbito interno da ENR, nem na relação directa com uma política cultural. O projecto do «aportuguesamento da música ligeira» do GEM é melhor entendido quando articulado com os eventos da ENR organizados em parceria com outras instituições do Estado Novo, como, por exemplo, os «Serões para Trabalhadores». Neste âmbito, a relação institucional com a FNAT, que vinha já dos anos trinta, afirmou-se como decisiva para toda a estrutura musical da ENR, bem como para o sucesso do evento nos anos quarenta e seguintes.

Inscrito num plano de fomentar a cultura popular, e a educação do trabalhador, promovendo a «alegria no trabalho» os «Serões para trabalhadores» dinamizaram através das transmissões da Emissora Nacional, com início em 1941, uma noção de cultura popular «recreativa»([29]) assente não só, mas também, num siste-

---

([29]) Veja-se Pedro Russo Moreira e Nuno Domingos, «Serões para Trabalhadores», in *Enciclopédia da Música* …

ma de vedetas radiofónicas que, com maior ou menor grau, reproduziam ao nível do repertório o ideário folclorizante no quadro emergente de um amplo programa cultural corporativo:

> Os trechos interpretados têm, sempre, um recorte original, para que dá esplêndido contingente a letra, em geral caracterizada por um gosto de alegre pitoresco. E Óscar de Lemos e Arménio Silva dão-lhes curiosa intenção. Maria da Graça distinguiu-se em páginas internacionais, a que imprimiu óptimo sabor regional. Cidália Meireles em canções populares, e Joaquim Pereira, em números de opereta e ópera, puseram em relevo o simpático timbre da sua voz. [...] [30].

O «gosto de alegre pitoresco» do repertório, presente em muitas das actividades organizadas pelo Estado Novo e veiculado através dos seus organismos de acção, remetia o entretenimento, enquadrado quer na acção da FNAT quer da ENR, para uma ideia de nação rica em expressões «autênticas» que resultassem de manifestações de uma cultura popular vincada pela «tipicidade». Também neste caso, a política do SPN/SNI, através da formulação ideológica de várias intenções e desenvolvimento progressivo de eventos e experiências culturais, no caso da cultura popular, procurou uma tentativa de aproximação do regime ao «povo», enquadrando politicamente essas experiências ao nível institucional.

O reforço da ideia de «tipicidade» e «autenticidade» com os números de «música regional», do «Minho ao Algarve», através dos corridinhos, viras, fandangos, etc. sintetizava de algum modo o discurso de um Estado que procurava uma constante acção nacionalizante através das suas instituições, promovendo as expressões rurais e «autênticas» das várias regiões, mas integrando-as e enquadrando-as através de modelos performativos distantes dessa mesma «autenticidade», como os que remetiam para os modelos das indústrias transnacionais de entretenimento [31].

---

[30] *Rádio Nacional*, n.º 247, 12 de Abril de 1942.
[31] Uma discussão mais aprofundada acerca deste assunto revelou, noutro sítio, a transversalidade do projecto do SPN/SNI na tentativa de fabricar uma portugalidade através das políticas delineadas em instituições sob a alçada de António Ferro, como a ENR, ou que com estas se relacionavam, como a FNAT. É nesta tentativa de encontrar o que é «autêntico»

Conclusão

Ao longo das três primeiras administrações que dirigiram a ENR, foi central a definição de linhas programáticas e de discursos que enquadrassem as diferentes práticas musicais geridas pela estação pública de radiodifusão. O tratamento do caso específico da denominada «música ligeira» revela um lento processo de elaboração das políticas oficiais, onde se cruzaram concepções diferentes dos conceitos do papel da intervenção pública no domínio das indústrias culturais. A aplicação da divisão operativa entre «Alta Cultura» e «Cultura Popular», que estruturou a concepção dirigista da política cultural institucional do Estado Novo, tornou-se num problema estratégico de difícil resolução no quadro de uma estação oficial que apenas podia emitir num único canal e pretendia ser ouvida por todos os segmentos da sociedade portuguesa. Se a administração de António Joyce respondeu à pressão corporativa da classe musical e tentou estabelecer uma programação de cariz cultural, as duas administrações seguintes, dirigidas por Henrique Galvão e António Ferro, reconheceram a necessidade de conciliar a função educativa da programação musical da ENR com os gostos musicais efectivos dos ouvintes, aceitando e reconhecendo a emergência dos géneros com maior circulação nos media internacionais da época.

A solução encontrada pelas administrações de Galvão e de Ferro não foi idêntica na estratégia delineada. Se Galvão evidencia uma concepção dos meios de comunicação de massa que privilegia a eficácia da mensagem e a conquista de audiências, e em que a música serviria apenas de pretexto, a acção de Ferro apontou para a criação de uma «estética radiofónica», em que o aparentemente «acessório», a «música ligeira», através do seu tratamento segundo as regras do «bom gosto», pretendia ter um efeito transformador na forma como se ouvia, imaginava e vivia a «portugalidade». Esta abordagem evidencia uma divergência que permite problematizar de uma forma não linear o conceito

---

e «típico» numa época de expansão das indústrias da música e do entretenimento que observamos constantes negociações entre discurso e prática. A este propósito, ver Pedro Russo Moreira, «Radio and Music for workers: Broadcasting Policy in Portugal's National Radio during the 40s», comunicação apresentada no Congresso Sociology of Music: Tendencies, Issues, Perspectives (Lisboa: 23-25 de Julho, 2009).

de propaganda no salazarismo, indo de encontro a estudos mais recentes([32]).

As dificuldades enfrentadas pelas administrações da ENR em definir as suas políticas de programação remetem para as profundas mudanças nos consumos musicais das sociedades industriais ocidentais entre os anos trinta e o pós-guerra, que porque se realizaram em Portugal cronologicamente no tempo do Estado Novo, não foram iniciadas pelas estruturas do regime nem se resumiram às suas iniciativas. Se a escassez de produção fonográfica nacional permitiu a António Ferro dominar o panorama musical português através da ENR, se a «música ligeira» aí fabricada tentou espelhar o ideário nacionalista e nacionalizante do regime, se a rede institucional de enquadramento dos lazeres procurou modelizar os seus contextos de recepção, todas as tentativas de fazer ouvir através da estação oficial as expressões «autênticas» da Nação estiveram sempre, necessariamente, em confronto com a incontrolável «imaginação internacional» que a rádio, enquanto médium, proporcionava a todos os ouvintes, que podiam individualmente exercer o seu gosto próprio, bastando para tal «deslocar o botão do seu aparelho».

Arquivos e Bibliotecas

Arquivo Nacional da Torre do Tombo – Arquivo Oliveira Salazar (Correspondência Oficial: Presidência do Conselho, Obras Públicas e Educação)
Arquivo Histórico da RDP (documental e sonoro)
Museu das Comunicações- Espólio Couto dos Santos

([32]) Acerca da diferença entre as concepções de propaganda desenvolvidas por Henrique Galvão e António Ferro nos anos 30 veja-se Vera Alves, «*Camponeses Estetas*» *no Estado Novo: Arte Popular e Nação na Política folclorista no Secretariado da Propaganda Nacional*, Tese de doutoramento (Lisboa: ISCTE, 2007), pp. 131-132. A autora identifica duas linhas de acção claramente distintas: «Os usos da música e da dança populares por parte de Ferro e de Galvão acabam, pois, por representar dois tipos diferentes de encenação do povo. Ao integrar os grupos folclóricos em imponentes cortejos para grandes multidões, Henrique Galvão utilizava idiomas estéticos próximos de um certo gosto popular de massas que, devendo muito a desfiles e paradas de outra natureza, cultivavam a apetência por tudo o que era grandioso e exuberante – como o uso recorrente de grandes carros alegóricos evidencia. (...) Ferro apostava (...) numa representação elitista da cultura popular marcada pelos traços distintivos do bom gosto.»

Hemeroteca Municipal de Lisboa
Biblioteca Nacional

Periódicos

Arte Musical (A)
Boletim Da Emissora Nacional
Rádio Nacional
Rádio Mundial
Rádio Semanal
Ridículos (Os)
Voz (A)

Bibliografia

ALVES, Vera, «*Camponeses Estetas*» *no Estado Novo: Arte Popular e Nação na Política folclorista no Secretariado da Propaganda Nacional*, Tese de Doutoramento (Lisboa: ISCTE, 2007).

BAGULHO, F., «A Crise», *A Arte Musical*, 20 de Fevereiro de 1930.

BRANCO, Luís de Freitas, «Da radiotelefonia depende que renasça a agonizante música portuguesa», *O Século*, 26 de Novembro de 1931.

CASTELO-BRANCO, Salwa, e Jorge Freitas BRANCO, dir., *Vozes Do Povo: A Folclorização Em Portugal* (Oeiras: Celta Editora, 2003).

FERRO, António, *Problemas da Rádio 1941-1950* (Lisboa: Edições SNI, 1950).

ISOLA, Gianni, *Abassa La Tua Radio Per Favore..., Storia Dell'ascolto Radiofonico Nell'italia Fascista* (Florença: La Nuova Italia, 1990).

MASSON, Alain, *L'image et la Parole, L'avènement du Cinéma Parlant* (Paris: La Différence, 1989).

RIBEIRO, Nelson, *A Emissora Nacional nos Primeiros Anos do Estado Novo (1933-1945)* (Lisboa: Quimera, 2005).

RUSSO MOREIRA, Pedro, «Política dos Media, Poder e Ideologia: O Gabinete de Estudos Musicais nos anos quarenta», Comunicação apresentada no congresso Música, Cidade e Redes (Salamanca: SIBE/IASPM/ II Congresso de músicas populares do mundo Lusófono e Hispânico, 8 de Março de 2007).

Russo Moreira, Pedro, «Radio and Music for workers: Broadcasting Policy in Portugal's National Radio during the 40s», Comunicação apresentada no Congresso Sociology of Music: Tendencies, Issues, Perspectives (Lisboa, 23-25 de Julho, 2009).

Russo Moreira, Pedro e Nuno Domingos, «Serões para Trabalhadores», in *Enciclopédia da Música em Portugal no Séc. XX*, dir. Salwa Castelo-Branco (Lisboa: Círculo de Leitores, 2010).

Russo Moreira, Pedro, Salwa Castelo-Branco e Rui Cidra, «Música Ligeira», in *Enciclopédia da Música em Portugal no Séc. XX*, dir. Salwa Castelo-Branco (Lisboa: Círculo de Leitores, 2010).

Saguer, Teophilo, *A Radiotelefonia, sua organização artística em Portugal* (Lisboa: Imprensa Lucas, s.d).

Sampaio Ribeiro, Mário de, «A Música e os Organismos Musicais da Emissora Nacional, Palestra realizada ao microfónio da E.N. na noite de Julho de 1934», *A Voz*, 21 de Julho de 1934.

Sampaio Ribeiro, Mário de, «De Música», *Ocidente*, vol. XII, n.º 33, Janeiro de 1941.

Santos, Rogério, «A Emissora Nacional nos Anos 30. Estética Radiofónica e 'Parte Falada'», *JJ- Jornalismo e jornalistas* n.º 15 (2003), pp. 52-65.

Santos, Rogério, *As Vozes da Rádio (1924-1939)* (Lisboa: Caminho, 2005).

Silva, Manuel Deniz, «'Não Aborrecer, Nunca Aborrecer': Propaganda e divertimento na programação da Emissora Nacional nos primeiros anos do Estado Novo (1933-1945)», in *Transformações Estruturais no Campo Cultural Português*, dir. António Pedro Pita e Luís Trindade (Coimbra: A paleta e o mundo, 2008), pp. 365-98.

Silva, Manuel Deniz, «Rádio», in *Enciclopédia da Música em Portugal no Séc. XX*, dir. Salwa Castelo-Branco (Lisboa: Círculo de Leitores, 2010).

NUNO MEDEIROS

4

Edição de livros e Estado Novo: apostolado cultural, autonomia e autoritarismo([1]).

Os agentes de prescrição, produção e disseminação do livro surgem como eixos fundamentais no entendimento dos processos de relação com a palavra escrita e publicada em contextos com características históricas particulares. Neste domínio específico, a edição e os editores constituem-se como actores com acção relevante nesses processos de relação com a cultura escrita, cuja dinâmica de articulação com outros actores, espaços e práticas (do poder administrativo ao mercado do livro, das formas de lazer aos hábitos de leitura) permite uma perspectiva sobre o campo cultural mais alargado. Extravasando a esfera cultural e nela radicando como universo reticular de colaborações, conflitos e posições – que assentam em ligações familiares, em lugares de sociabilidade, em redes de relação comercial, em pontos de contacto comuns ou

---

([1]) Este capítulo é amplamente tributário das sugestões e críticas resultantes, num primeiro momento, da discussão da sua forma original, uma conferência, e, em momento posterior, da intervenção de vários revisores, anónimos ou identificados, a quem agradeço. Entre os segundos particularizo o reconhecimento nos organizadores do presente volume, Nuno Domingos e Victor Pereira.

semelhantes com outros actores provenientes de esferas como a literária, a política, a académica –, o campo editorial emerge como domínio social próprio, edificando através da intervenção dos seus agentes uma das mediações mais significativas entre as várias instâncias de produção e apropriação das ideias e dos saberes. Neste âmbito, este texto pretende explorar algumas das múltiplas formas com que a edição e o editor em Portugal se foram construindo no período do Estado Novo, assumindo o estudo como objectivo essencial a interpretação da vitalidade e complexidade demonstradas pela *persona* do editor português e pelo sector de actividade em que este se posiciona, caracterizados pela existência de aspectos tensionais e contraditórios.

Estado Novo e sentido moral de classe na edição

Há uma unidade relativa no contexto abordado, que, embora se paute pela mudança, manifesta traços de permanência. A emergência de novas propostas gráficas, algumas de apurado arrojo estético, e de novos projectos editoriais, como as edições ligadas à intervenção cultural, que se vislumbram já nos anos trinta do século XX e que simbolizam o início de um percurso de recomposição editorial – que há-de conhecer assinalável incremento na passagem para a década seguinte e ao longo da primeira parte desta –, são coincidentes com um tempo político também ele novo, materializado na constitucionalização e estabilização institucional do Estado Novo. As interferências desta mutação do campo de poder no universo do livro e, com particular incidência, no da edição não deixaram de acontecer. O trajecto programático de formalização de um regime em busca de afirmação produziu efeitos de manifesto impacto no mundo do livro editado. De um conjunto mais vasto, sobrevêm duas áreas em que as consequências na esfera social da edição foram fortemente sentidas, quer porque desencadearam movimentações colectivas de timbre organizacional, como as medidas conducentes à organização corporativa dos sectores produtivos – através da definição jurídica e material dos grémios profissionais –, quer porque reconfiguraram a relação dos agentes governativos com todo um sector por via da institucionalização administrativa e legislativa de dispositivos de controlo e perseguição, reconfiguração visível no recrudescimento da repressão sobre a palavra publicada([2]). Só no termo do regime, já no começo dos anos setenta, se esboça o desenho de uma nova fase da vida editorial portuguesa, ocorrendo o aparecimento de novas formas de estruturação social e comercial da edição, destacando-se o surgimento de projectos editoriais de ruptura estética e ideológica, bem como a entrada de capitais e editoras estrangeiras no panorama nacional, dando origem a novos modos de relação com o leitor (como os clubes do livro, já antes tentados mas nunca consumados). Esta nova fase não se precipita, contudo, por si própria, patenteando o universo da edição uma série de transformações que, em diálogo tenso, não raro paradoxal, com os lastros conservadores da organização do ofício, foram preparando os atributos do momento novo que se antevê nos começos da década de setenta.

Ressalve-se, sem surpresa, que o campo editorial não prefigura um objecto único e isomorficamente definido. Como esfera social autónoma, comporta evidentemente uma pluralidade de agentes e de posicionamentos no mercado que o tornam irredutível a uma massa homogénea. Não existe um mundo editorial, mas mundos diversos e com particularidades entre si([3]), por vezes bem patentes. O livro técnico não produz um sector na edição sobreponível ao livro enciclopédico e de referência, tal como o livro escolar

---

([2]) A título ilustrativo e somente no que concerne ao dispositivo legal de controlo, vigilância e redução do espaço plural e livre da produção e circulação de livros a partir do nascimento formal do Estado Novo até à fase terminal da II Guerra Mundial, num momento em que é dobrada a primeira década da sua constitucionalização, é aprovada a seguinte legislação: Decreto-Lei n.º 22.469, de 11 de Abril de 1933 (o próprio dia em que a nova Constituição entra em vigor); Decreto-Lei n.º 22.756, de 29 de Junho de 1933; Decreto-Lei n.º 26.589, de 14 de Maio de 1936; Decreto-Lei n.º 30.660, de 20 de Agosto de 1940; Decreto-Lei n.º 33.015, de 30 de Agosto de 1943; e Decreto n.º 34.134, de 24 de Novembro de 1944.

([3]) Vejam-se, a propósito da diversidade no campo cultural mais vasto, Howard Becker, *Art Worlds* (Berkeley, Los Angeles e Londres: University of California Press, 1984); e, no que concerne à própria diferenciação interna do universo da edição, Lewis Coser, Charles Kadushin e Walter Powell, *Books: the Culture and Commerce of Publishing* (Nova Iorque: Basic Books, 1982); e Pierre Bourdieu, «Une révolution conservatrice dans l'édition», *Actes de la Recherche en Sciences Sociales*, n.ºs 126-127, Março de 1999, pp. 3-28.

como sub-campo não corresponde ao livro de literatura para a infância. Por outro lado, as editoras não restringem necessariamente a sua actividade a um sector de mercado. Um determinado número delas mantém mesmo a actividade livreira ou de distribuição paralelamente à da publicação de livros. Do mesmo modo, também não se pressupõe que a edição de livros em Portugal se desloque como objecto inevitável e imediatamente constitutivo de dissemelhança e identidade assacável a cada momento histórico, como se esse objecto tivesse que equivaler a morfologia diversa conforme o momento e as circunstâncias em que se inscreve, seguindo uma cronologia assimilada ao facto político, a despeito justamente da sua autonomia e das continuidades que vai mantendo numa escala de análise mais longa. Isto é, a exploração do panorama editorial no Estado Novo não corresponde à definição de um intervalo fechado em que a matriz de funcionamento desse panorama surgisse como configuração social delimitada de tal modo que fosse sobreponível aos momentos de formação e desagregação de um regime político, coerente dentro desse intervalo e desenhando uma configuração diferenciada fora dele.

Caracterizado, então, pela simultaneidade de traços contínuos e descontínuos, o sector português do livro durante as mais de quatro décadas observadas (princípio dos anos trinta a começos dos setenta) sofre uma transformação mitigada. Se, por um lado, se verifica a progressiva adopção de alguns traços de contemporaneidade na edição, por outro, persistem atributos que a ancoram a um mercado acanhado, estruturalmente frágil e habitado por personagens cujo sentimento de identidade tende a mitificar o editor como personalidade abnegada, heróica e amante do mundo das letras e das ideias. Ser editor em Portugal durante o período autoritário foi, a julgar pelas práticas discursivas de muitos dos seus agentes, em grande medida, aderir à noção de apostolado, sobrelevando a cultura ao negócio, assumindo mais a posição intelectual do que a função gestora. Discrepante apenas à superfície, a articulação entre as lógicas de manutenção de um *ethos* editorial suportado num espírito de devoção cultural – espírito que conhece, aliás, alguma diluição à medida que os anos finais da ditadura se aproximam – e as de assunção de uma certa vanguarda dos métodos, géneros e materiais de produção, disseminação e comercialização do livro, ganha coerência quando observada em várias durações e escalas. Nesse sentido, a análise que aqui se empreende não deixa de explorar a variabilidade permitida essencialmente por estas últimas[4], utilizadas como focos descritivos e interpretativos, percorrendo o espectro e seleccionando justamente o foco mediante a sua adequação aos propósitos explicativos, das interacções e sociabilidades quotidianas e centradas na acção de personagens individuais até à alusão à macro-escala fundada nas permanências e descontinuidades de carácter mais estrutural nas suas inter-relações e nas suas incidências sociais no universo cultural, particularmente no que concerne à edição de livros.

O discurso não é, retomando ideia já exposta, uniforme. Se não se pode tomar o todo pela parte, associando a narrativa adoptada por uns àqueles que a não perfilham, ou não a demonstram, também não se pode ignorar que para um número razoável de editores o ofício de editar os remete para uma representação de si como membros de um clube de cavalheiros e desinteressados produtores culturais. Esta retórica traduz sobretudo um posicionamento social, a que não é estranho um certo sentido moral de classe[5], perceptível sobretudo nos sectores que lidam com o género literário[6], cujas regras de legitimidade e de hierarquia simbólica são elas próprias constitutivas de um reduto simbólico e comercial perante sucessivas comunidades: dos pares aos consumidores do objecto impresso, passando frequentemente pelos fóruns académicos. Neste sentido, pelos atributos de um objecto cultural conotado comummente como o bem por excelência entre aqueles que apresentam uma natureza estritamente simbólica, a actividade dos que o produzem instaura frequentemente uma ordem de recalcamento do lado comercial, conduzindo largos sectores da edição à obediência ao que Pierre Bourdieu designa de mundo económico invertido, «no qual as sanções positivas do

---

[4] A questão das durações foi utilizada e aprofundada metodologicamente como recurso explicativo noutro lugar. Confira-se Nuno Medeiros, *Edição e Editores Portugueses: Prescrições, Percursos e Dinâmicas (Décadas de 1940 a 1960)*, dissertação de Mestrado em Sociologia Histórica (Lisboa: Universidade Nova de Lisboa, 2007).

[5] Vejam-se Coser, Kadushin e Powell, *Books...*; e Ray Walters, *Paperback Talk* (Chicago: Academy Chicago Publishers, 1985).

[6] Vejam-se Pierre Bourdieu, *Les Règles de l'Art: Genèse et Structure du Champ Littéraire* (Paris: Seuil, 1992); Bourdieu «Une révolution...».

mercado são indiferentes ou mesmo negativas. O *best-seller* não é automaticamente reconhecido como obra legítima e o sucesso comercial pode ter até o valor de uma condenação»([7]).

Para vários sectores da edição, portanto, do que se trata é da constituição de um mercado do avesso, pré-capitalista e simétrico do espaço mercantil, no qual a medida de sucesso parece assentar mais no reconhecimento obtido em favor da pureza e dos ideais ligados ao conhecimento ou à estética como frutos sublimes do espírito. A exclusão ou a atenuação do léxico venal gera efeitos ao nível da identidade de muitos dos editores, manifestando traços de agentes culturais professando valores não tolhidos pela redução capitalista, inscrevendo a acção dos editores na tensão antiga entre comércio e cultura, termos entre os quais, não raro, se observam relações com maior regularidade do que as proclamações retóricas podem fazer crer. Se o Estado Novo, naquilo que foram as suas características autoritárias, não é fabricante nem causa *per se* deste sentido posicional das práticas de identidade de uma parte dos editores, são precisamente essas características, aliadas às carências estruturais na constituição de um mercado de leitores suficiente, que constituem combustível representacional para o vigor que tais práticas conheceram no interior do campo editorial. O contexto, não sendo causa suficiente da adopção da negação do económico como suporte de identidade de grupos associados primordialmente à literatura, que aparece como factor de jaez mais ou menos estrutural na edição, fornece o pretexto para a sua manifestação com maior intensidade: a resistência ao autoritarismo e a intervenção providencial sobre mercados incipientes.

O mundo do livro na vertente editorial encontra-se em Portugal e durante todo o lapso temporal em análise disperso por um conjunto de empresas de pequena dimensão, frequentemente de muito reduzida dimensão, sendo as casas de médio porte menos abundantes. O atributo descrito produz uma paisagem editorial pautada por um ritmo – não constante – de extinções e nascimentos, muitas vezes mais renascimentos, dados os entraves impostos legalmente à criação de entidades destinadas à edição de livros([8]),

---

([7]) Piere Bourdieu, *Razões Práticas: Sobre a Teoria da Acção* (Oeiras: Celta, 1997), p. 137. Veja-se também, do mesmo autor, «La production de la croyance: contribution à une économie des biens symboliques», *Actes de la Recherche en Sciences Sociales*, n.º 13 (1977), pp. 3-43.

([8]) O preâmbulo do Decreto-Lei n.º 33.015, publicado a 30 de Agosto de 1943, é claro na afirmação de que o reconhecimento prévio da ido-

evidenciando o campo, apesar de tudo, ao longo do tempo um crescimento da cifra total de editoriais. No plano da organização interna das casas editoras em termos do seu funcionamento, prevalece uma estruturação de teor artesanal em detrimento de um modelo moderno de funcionamento, emergindo como aspectos centrais a baixa segmentação dos agentes produtivos, a diminuta especialização interna dos seus funcionários e a prevalência de uma gestão personalizada na figura individual do editor, que tende a confundir-se com a casa que gere ou de que é proprietário. A interligação das características referidas contribui fortemente para a existência de um carácter simbólico específico, próximo de um estatuto de aura, de que o labor e a actividade editoriais se encontram imbuídos, imagem que no contexto português sobreviveu ao período ditatorial demonstrando possuir um cunho estrutural[9]. O acto de publicar livros e o sentido de pertença ao reduzido grupo que se entrega a essa prática num contexto cujas condições de produção e fruição sofrem limitações profundas engendra e reforça numa parcela significativa dos editores um sentimento que, pelo menos a partir da narrativa que de si constroem, se ancora num sistema de mundividências de abnegação corporizado por uma corte de cavalheiros entregues à missão cultural, encarada frequentemente de modo distintivo como insigne. Como se mencionou, esta forma de identidade perdura na paisagem da edição portuguesa, ainda que com infidelidades e impurezas, para além do ocaso do regime, o que no modo tão alargado e prevalecente com que ocorreu sugere uma divergência com outras realidades editoriais, que mais cedo evidenciaram uma ascensão do paradigma económico e intrinsecamente empresarial[10]. Eviden-

---

neidade dos seus constituintes ou sócios é um dos elementos essenciais à autorização a conceder à fundação de entidades que editem livros ou outras publicações.

[9] Veja-se Nuno Medeiros, «Cavalheiros, mercadores ou centauros? Traços de actividade e sentido de si dos editores», in *Comunidades de Leitura: Cinco Estudos de Sociologia da Cultura*, AAVV (Lisboa: Colibri, 2009), pp. 23-61.

[10] Vejam-se, sem quaisquer pretensões de exaustividade ou representatividade, impraticáveis neste contexto, Michael Lane, *Books and Publishers: Commerce Against Culture in Postwar Britain* (Lexington e Toronto: Lexington Books, 1980); Roger Chartier e Henri-Jean Martin, dir., *Histoire de l'Édition Française*, vol. 4, *Le Livre Concurrencé: 1900-1950* (Paris: Promo-

temente que a metáfora do clube de cavalheiros, cruzada no cenário adverso ao exercício do ofício editorial com o desenvolvimento num número significativo de editores de uma vocação matricialmente fundada numa *praxis* discursiva de resistência, não produz um único tipo de afirmação identitária nem um modelo exclusivo de comunicação dessa afirmação ou de relação discursiva com o mercado e, portanto, com os aspectos comerciais e financeiros.

Transformações no campo editorial

O período coincidente com a vigência do Estado Novo vai conhecer um sector editorial que se tenta acomodar entre o conservadorismo artesanal de modelos organizativos e produtivos, assentes em condições objectivas de deficiente potencialidade de mercado (e, como se viu, projectadas retoricamente em vários sectores do campo), e a dinâmica trazida por um conjunto de factores, internos e externos à edição e ao próprio país. Quanto ao primeiro termo desta relação tensa, o sector vive com os atributos que demarcam linhas de continuidade, algumas delas muito fortes, com algumas marcas estruturais da realidade tipográfica e social portuguesa. O mercado do livro é pequeno e suportado por elementos estruturais indutores de inércia, persistindo práticas tipográficas e comerciais antigas nos processos seguidos por editores e livreiros[11]. Por um lado, não se pode escamotear o peso determinante da consabida ausência de uma população letrada e com hábitos de leitura sedimentados. Além disso, o sector de produção e comercialização livreira concentra a actividade numa geografia pouco diversificada, com incidência macrocéfala da capital, acres-

---

dis e Fayard, 1991); Pascal Fouché, dir., *L'Édition Française Depuis 1945* (Paris: Éditions du Cercle de la Librairie, 1998); Carl Kaestle e Janice Radway, dir., *A History of the Book in America*, vol. 4, *Print in Motion: the Expansion of Publishing and Reading in the United States, 1880-1940* (Chapel Hill: The University of North Carolina Press, 2008); Jean-Yves Mollier, *Édition, Presse et Pouvoir en France au XXe Siècle* (Paris: Fayard, 2008); e David Nord, Joan Rubin e Michael Schudson, dir., *A History of the Book in America*, vol. 5, *The Enduring Book: Print Culture in Postwar America* (Chapel Hill: The University of North Carolina Press, 2009).

[11] Veja-se Medeiros, *Edição*....

centando à discriminação social a inexistência de uma rede difusora com efectiva capacidade de cobertura territorial. Por outro lado, as limitações referidas, de natureza quantitativa e qualitativa, promovem a perenidade de um mercado editorial fortemente condicionado nas suas possibilidades de crescimento. Privados os editores do recurso a economias de escala, que seriam suportadas por edições com escoamento interno e externo, as tiragens são pouco expressivas, quando comparadas com outros mercados editoriais. Os obstáculos políticos, administrativos e económicos à exportação e as perdas derivadas do controlo censório e da vigilância policial actuam como factores poderosos, tanto no sucessivo adiamento da projecção internacional do livro português como na oneração excessiva do custo por exemplar. No atinente concretamente às possibilidades de penetração no mercado externo mais óbvio, o brasileiro, com o qual, aliás, se havia mantido até aos anos trinta uma relação comercial e produtiva de dominação tipográfica[12], são de recordar os enormes obstáculos com que o livro português se passou a debater a partir dos anos cinquenta para entrar no espaço mercantil do Brasil[13], um espaço que só tardiamente deixa de ser considerado pelos editores portugueses como domínio colonial de exportação segura.

As condições não são, pois, favoráveis à constituição de uma indústria editorial excêntrica a um vincado paroquialismo, reforçando o carácter de *petit monde* que Henri-Jean Martin e Lucien Febvre evocam como marca histórica do mundo do livro[14]. Contudo, sendo verdade que se tem de reconhecer um carácter de menor fluidez nas transformações verificadas no universo edito-

---

[12] Veja-se Claudia Neves Lopes, «Édition et colonisation: le marché éditorial entre le Brésil et le Portugal», in *Les Mutations du Livre et de l'Édition dans le Monde du XVIIIe Siècle à l'An 2000*, dir. Jacques Michon e Jean-Yves Mollier (Saint-Nicolas e Paris: Presses de l'Université Laval e L'Harmattan, 2001), pp. 360-371.

[13] Não será alheia às dificuldades sentidas pelos editores portugueses a promulgação pelas autoridades brasileiras do Decreto n.º 25.442, de 3 de Setembro de 1948, posteriormente alterado pela Lei n.º 842, de 4 de Outubro de 1949. Com este diploma, o Brasil embargou na prática durante oito anos a importação de obras de autores estrangeiros, traduzidos ou editados em Portugal.

[14] Confira-se Henri-Jean Martin e Lucen Febvre, *L'Apparition du Livre* (Paris: Albin Michel, 1958).

rial em Portugal durante o período do Estado Novo, as características que o mesmo vai patenteando ao longo deste período demonstram que a modificação ocorre e que se produz, como se afirmou noutro lugar, «uma dinâmica própria cujo recorte se foi desenhando com intensidades e sentidos diversos, e de modo mais visível, a partir de finais da década de trinta, princípios da de quarenta»[15]. Chegamos ao segundo termo da relação. Vai tomando forma, com coerência crescente (e não apenas visível no quadro da edição literária, embora nesta se registando com impacto mais evidente), um desenvolvimento nos modos de produção e comercialização do livro, bem como um aprofundamento da atenção às dinâmicas internacionais no que tange às correntes, autores, temáticas e géneros editoriais. O artesanato vai cedendo passo em muitas casas editoras à modernização de meios técnicos e à maior preocupação com o aprumo do livro no que respeita à sua apresentação. Os elementos gráficos, dos quais se destacam as capas, por exemplo, constituirão mesmo um observatório de transformação muito interessante, com um conjunto razoável de editores a apostar decididamente no factor estético como via de comunicação com o leitor e de afirmação de uma determinada imagem perante aquele e perante os colegas de ofício. Apesar de uma prolongada ausência de participação em certames internacionais de referência, como a Feira do Livro de Frankfurt, exceptuando até muito tarde casos individuais e claramente singulares face à generalidade do sector, o mundo editorial vai testemunhando assinalável capacidade de interpretação das movimentações internacionais, sobretudo no respeitante às correntes literárias e de pensamento que, com maior vivacidade a partir de finais dos anos cinquenta e pela mão de alguns editores, vão sendo introduzidas no mercado interno em perfeito alinhamento com a actualidade mais recente. Figuras como a do tradutor e do director de colecção ou director literário conhecem uma inequívoca expansão, mesmo se a tendência deva ser relativizada face ao conjunto das editoras. Tudo isto convivendo com um distanciamento das vagas de transnacionalização, concentração e fusão já verificáveis em sistemas-livro centrais, na expressão de Frédéric Barbier[16], como o britânico, o francês, o norte-americano ou o alemão.

---

[15] Nuno Medeiros, «Os mundos da edição em Portugal durante o Estado Novo», *Estudos do Século XX*, vol. IX (2009), p. 234.

[16] Confira-se Frédéric Barbier, «La librairie allemande comme modèle?», in *Les Mutations..*, dir. Michon e Mollier, pp.31-45.

Por outro lado, o recurso a novos meios de publicidade passa a ser opção de algumas editoras, mesmo se o seu reduzido contingente não autoriza a dedução de um movimento inevitável de adesão a este tipo de relação com o mercado. Chegam a surgir diversas tentativas de inaugurar um clube do livro em Portugal (à semelhança do que já, havia várias décadas, existia noutros contextos nacionais do mercado editorial), todas goradas até ao aparecimento do Círculo de Leitores em 1971. Exploram-se novas estratégias de aumento de vendas, que não deixam de fora sequer a articulação, também ela de raiz promocional, com outros suportes de entretenimento, de que é exemplo paradigmático a colecção gizada pela Editorial Verbo (editora fundada em 1958 por Fernando Guedes) e pela companhia pública – e única – de televisão: os 'Livros RTP'. Mas os anos dos mundos da edição no decurso do Estado Novo correspondem essencialmente tanto à emergência e multiplicação de géneros editoriais, do policial à banda desenhada e à ficção científica, como à recomposição de outros, do livro técnico ao de divulgação científica e cultural, passando pelo de recepção infantil e juvenil. As mudanças não sucederam a ritmos comparáveis, evidentemente, mas o início dos anos setenta já não é, por exemplo, o tempo das bibliotecas populares como o fora trinta anos antes. Também os formatos se modificam, assistindo-se à entrada – não propriamente a uma inovação – do livro de bolso. Este passa a estar disponível para mais géneros e géneros novos, provocando ou procurando provocar no putativo leitor um consumo mais portátil, mais barato, eventualmente mais fácil.

Estas alterações sofridas pela organização do campo editorial e pelas formas de relação com o universo de consumidores são reveladoras de uma dupla inscrição dos processos de mudança na edição durante o transcurso das décadas correspondentes ao período do Estado Novo. Em primeiro lugar denunciam uma permeabilidade a dinâmicas externas, isto é, internacionais, no plano macro da esfera cultural. A oferta editorial portuguesa não demonstrou autarcia nem imunidade face ao que se ia passando noutras paragens em termos de inovações e mudanças na fileira de produção e no sistema de comercialização. É verdade que não há uma imbricação pronunciada em processos que se desenhavam noutros contextos editoriais e livreiros. O peso dos factores de imobilismo e a estreiteza do mercado não o permitem. Há, porém, um acompanhamento da novidade externa, traduzido tanto na transfiguração de mecanismos de funcionamento do circuito do livro como no surgimento de novas formas de venda e essencialmente de novos géneros. O que transporta a análise para a segunda inscrição apontada, relativa ao facto de ter havido nas décadas de trinta a setenta efectivas mudanças nos públicos e nos seus gostos e padrões de consumo, nomeadamente nas práticas culturais e mais genericamente de lazer, concomitantes com um espaço social de oferta e procura bens culturais em expansão e diversificação, nomeadamente quanto a cinema, televisão e música. Isto é, as transfigurações que foram ocorrendo no campo do livro editado são susceptíveis de ecoar possíveis modificações na própria estrutura e espectro das inclinações e predisposições de leitura, com públicos mais diversificados na apetência e disponibilidade de contacto com novos conteúdos, géneros e autores, apresentados sob novas formas. Apetência e disponibilidade para as quais os aspectos gráficos e de distribuição representariam decerto um peso não desprezível. Assumir a opção explicativa que exagere esta expansão dos mercados culturais e exorbite a sua capacidade e rapidez de disseminação social a franjas cada vez mais ampliadas pode, todavia, fragilizar a compreensão do que se passou na esfera autónoma da edição tanto quanto escamotear a sua ocorrências e os seus efeitos no campo editorial.

Estado, regime e edição: dialéctica de interlocução e política do livro

As décadas em que vigorou o regime do Estado Novo em Portugal prefiguram, então, um tempo social particular no qual um mercado específico como o da edição exibiu, num quadro de repressão cujos efeitos não podem ser elidos, uma autonomia de desenvolvimento, percorrendo um trajecto ao qual não é estranha uma série de processos endógenos e exógenos de inovações tecnológicas, produtivas, criativas, estético-ideológicas, bem como uma diversificação de práticas e consumos, que atravessam o campo e com ele dialogam. A tónica na autonomia do funcionamento do campo não autoriza, obviamente, uma dissociação do facto político, cuja importância no entendimento dos universos editoriais se deve sublinhar. No entanto, é possível estabelecer uma distinção analítica entre relação da edição com o Estado, enquanto entidade administrativa e institucional à qual corresponderia um papel de interlocução não confundível com o regime, e com o próprio sistema de governo, sujeito de apreciação do real a partir de balizas ideológicas autoritárias e repressivas. O quadro descrito no que à edição diz respeito, conjugando continuidade e ruptura, suscitou modos de subsistência que adquirem sentido quando perspectivados a partir da indagação das articulações do campo editorial com o(s) poder(es). Longe de optarem por uma lógica assumida de confronto generalizado, método que os conduziria inevitavelmente ao reduto da clandestinidade, os editores portugueses recorreram a estratégias de relação não concordante com a matriz política e ideológica do regime, esperando uma resposta não aniquiladora por parte deste. Simultaneamente, vários sectores da edição não deixaram de presumir no Estado um actor com responsabilidades correctivas dos desajustamentos, disfuncionalidades e falhas que os editores iam detectando no funcionamento do mercado. Fizeram-no, pelo menos, em determinadas circunstâncias. Participante no universo da edição segundo uma lógica dual, o Estado foi, a um tempo, actor e espectador na arena onde se jogou o destino do livro[17].

Neste sentido, a interacção entre estruturas administrativas e agentes do campo editorial passa, inclusivamente, pela colaboração activa de um número significativo de editores em iniciativas estatais. O caso mais impressivo é o dos livros escolares, cerne da actividade e dos proventos de um número não desprezível de empresas produtoras de livros, implicando a participação de editores e livreiros nos concursos de adjudicação governamental – participação não estranha a disputas fortes que frequentemente sucediam entre editores na compita por um lugar no restrito lote de seleccionados para a edição e fornecimento dos livros escolares de cada ano lectivo. A colaboração, com elevados níveis de implicação, da esfera editorial neste ritual anual de iniciativa pública acarretaria, involuntariamente ou não, uma concordância com o esquema público de fornecimento de manuais, assente no livro único[18].

---

[17] Yves Surel utiliza esta dicotomia terminológica, embora num contexto, historicamente pronunciado, da tradição francesa de intervenção estatal no sentido do suporte ao livro como produto de características muito particulares. Veja-se «L'État, acteur ou spectateur?», in *Où Va le livre?*, dir. Jean-Yves Mollier (Paris: La Dispute, 2000), pp. 211-228.

[18] Veja-se Medeiros, *Edição*....

As escolhas de coexistência com o sistema administrativo num quadro autoritário possibilitaram aos editores lograr o que se designaria sem ambiguidade de relativa – mas eficaz para estes – pacificação nas relações com um poder repressivo e censório que, se nunca terá conseguido ou querido edificar e aprofundar uma política consistente do livro, como à frente se verá, também não singrou pela prática totalitária do aniquilamento dos agentes que o trabalhavam. Mesmo sem ratificação dos pressupostos ditatoriais, um número razoável de editoras seguiu uma linha da neutralidade, conformando a sua actuação à prudência de estilo ou de conteúdo. A opção é claramente estratégica, não necessariamente consciente. O exemplo acabado será o da tranquilidade relativa do percurso do Grémio Nacional dos Editores e Livreiros, o formato associativo de representação colectiva dos agentes do livro durante praticamente toda a vigência do Estado Novo. No decurso de uma génese em que sob a aparência de uma adesão ao sistema corporativo do salazarismo os editores e livreiros solicitaram voluntariamente a constituição de um grémio profissional, foi a actuação deste que se investiu de instrumento catalisador na interacção institucional entre os órgãos de poder e o sector da edição, dissipando o conflito e outorgando um carácter relativamente pacificado ao relacionamento que tanto o poder administrativo como o regime enquanto aparato ideológico e programático foram estabelecendo com a esfera editorial([19]). À excepção do sufrágio de 1964 para os corpos sociais do Grémio, com a eleição da lista liderada por António Alçada Baptista (editor da Livraria Morais Editora), conotada com sectores mais declaradamente oposicionistas, cujo resultado nunca foi reconhecido (impossibilitando, dessa forma, a homologação da Direcção eleita pelo Ministério das Corporações e criando um limbo jurídico na condução dos destinos colectivos dos editores, que se prolongou até 1969), o conflito institucional dos editores enquanto colectivo com a ditadura vê-se reduzido a níveis de intensidade assinalavelmente baixos. Não é surpreendente, então, o facto de o Estado Novo não ter pautado o seu relacionamento com o órgão federativo dos interesses dos editores por comportamentos de ingerência ou interdição. Não que o regime

---

[19] Confira-se Nuno Medeiros, «Editores e Estado Novo: o lugar do Grémio Nacional dos Editores e Livreiros», *Análise Social*, vol. XLIII, n.º 189 (2008), pp. 795-815.

convivesse em sã partilha com o meio editorial; terá antes optado por concentrar os actos repressivos em alvos individuais. Evitando posições de crítica aberta ou de hostilização relativamente à matriz autoritária do regime, o Grémio Nacional dos Editores e Livreiros acabou por não representar puramente nenhuma das funções atribuídas às associações enquanto instrumento de acção do colectivo ou para o colectivo. Não foi certamente um veículo ideológico de socialização dos seus agremiados, que sempre souberam distinguir a sua filiação formal no Grémio do seu posicionamento particular enquanto editores individuais. Também não foi uma ferramenta posta ao serviço de um poder de arregimentação coerciva, mantendo os sucessivos órgãos directivos um rumo não confundível com as agendas do regime. Não foi sequer um braço formal no qual o colectivo dos editores visse uma faculdade de intervenção associativa perante o Estado nas suas dimensões públicas de administração. Não constituiu, por isso, uma plataforma de negociação formal ou um repositório de interesses e objectivos definidos a partir de um programa reconhecido. Parece antes ter desempenhado um papel que, de certa maneira, se revelou crucial para a edição que se foi fazendo em Portugal nos anos do Estado Novo: o de filtro relacional. É justamente este reduto posicional de mediação que determina o tipo de relacionamento que a associação profissional dos editores e livreiros foi mantendo com os poderes ao longo da duração do Estado Novo, aqui incluído o período do Estado Social ou marcelismo. Este dado de uma existência colectiva discernível como autónoma pode explicar em grande medida a aparente contradição entre as tomadas de posição de múltiplos agentes individuais da edição, de recusa ou indiferença face às instâncias públicas, e o acolhimento do Grémio às mesmas instâncias, pelo menos no período inicial da sua integração formal no sistema corporativo. O tempo foi produzindo uma relação morna e quase sempre pacífica, sem posicionamentos por parte do Grémio que afrontassem o poder nem intromissão porfiada deste na vida colectiva e institucional dos editores. Ao funcionar como uma espécie de almofada institucional de dissipação de um conflito entre os agentes do campo e as pulsões autoritárias do Estado Novo, diminuindo fortemente o potencial de antagonismo entre as partes, o Grémio Nacional dos Editores e Livreiros esteve longe de ter significado uma filiação orgânica no sistema corporativo, acabando antes por representar um meio colectivo de autonomia face às possibilidades de actuação mais radicalizada e mais repressiva do regime.

O regime não estabeleceu, contudo, sublinhe-se, um sistema de relação com os editores baseado na não-agressão ou na atenuação das vertentes repressivas. Acabou, aliás, por eleger esta via como modo praticamente exclusivo de ligação ao universo do livro. Activas no combate à dissidência ideológica, moral ou de costumes, as estruturas políticas, mas também administrativas, do Estado Novo remeteram-se – insatisfeitas([20]), primeiro, desinteressadas, depois – ao mutismo e à ausência no que concerne à intervenção pública na promoção do livro e da leitura e na adequação correctiva entre os princípios culturais e os mecanismos de mercado. De facto, se chegou a haver da parte do regime alguma crença na especificidade do livro como produto diferente dos outros, a direcção da actuação governativa seguida foi a da repressão e da conformação coerciva, não a do fomento e da redistribuição. Neste domínio específico, não se estranha que a desconfiança entre Estado e edição tenha sido uma das permanências ao longo do período analisado. Malogradas as tentativas iniciais de promoção de uma literatura oficial sob a égide do regime e seguindo a batuta das suas preferências([21]), a atenção do Estado Novo às perturbações e

---

([20]) Confira-se Nuno Medeiros, «O universo editorial nos anos trinta e quarenta: a dinâmica do livro, entre persistência e mudança», in *Transformações Estruturais do Campo Cultural Português, 1900-1950*, dir. António Pedro Pita e Luís Trindade (Coimbra: Centro de Estudos Interdisciplinares do Século XX da Universidade de Coimbra, 2009), pp. 107-133.

([21]) Vejam-se Daniel Melo, *Salazarismo e Cultura Popular (1933-1958)* (Lisboa: Imprensa de Ciências Sociais, 2001); e Jorge Ramos do Ó, *Os Anos de Ferro: o Dispositivo Cultural Durante a «Política do Espírito», 1933-1949* (Lisboa: Estampa, 1999). Luís Reis Torgal, em «'Literatura oficial' no Estado Novo», *Revista de História das Ideias*, vol. XX (1999), pp. 401-402, refere uma literatura que só impropriamente se pode categorizar como oficial, preferindo a expressão de «literatura integrada no regime», mais matizada na tradução não automática, total e formal de obras e projectos editoriais como sucedâneos das propostas ideológicas do poder. Segundo este autor, o facto de não se verificar uma produção literária continuada efectivamente elaborada no âmbito das instituições ligadas à actividade governativa impede a utilização rigorosa do epíteto «oficial». A não oposição ou confrontação com o poder estabelecido, o alinhamento explícito com as suas posições e até a apropriação de certas obras – de que são exemplo alguns residentes do panteão, como Camões, ou autores mais

dinâmicas que se poderiam abater sobre o campo editorial reduziu-se em termos formais ao controlo policial das possibilidades de sedição. Com efeito, a relação da acção governativa, enquanto acção pública, com o livro sinaliza-se em boa medida pela sua ausência. O elemento indiciador de uma vontade política de intervenção na esfera do livro é, por excelência, o da incorporação no figurino administrativo de um organismo para onde convergem competências passíveis de actividade autónoma e de sensibilidade vocacional para a área em questão. Em todo o percurso do regime autoritário nunca se criou semelhante entidade. O Secretariado da Propaganda Nacional e o seu sucessor, o Secretariado Nacional da Informação, Cultura Popular e Turismo, correspondiam aos órgãos da orgânica institucional do poder que funcionavam segundo uma lógica ministerial, laborando em torno de todo o universo cultural, do qual o livro e a edição eram componentes parcelares, não o dorso central da sua actuação. Os projectos iniciados nunca se terão enquadrado numa visão de conjunto radicada em competências e apetências incidentes no livro, na leitura e até na edição como objectos. O mais próximo que houve de uma intervenção não dispersa a nível público partiu do Ministério da Educação Nacional, no contexto da efémera (1952 a 1956) Campanha Nacional de Educação de Adultos e do Plano de Educação Popular. Efectivamente, no decurso do período analisado, a falta de um instituto do livro em Portugal, que veio a ser criado apenas em 1979, foi-se fazendo sentir.

Apesar das hesitações e dificuldades, o burburinho social nos círculos especializados de apelo à sua criação foi crescendo na sua intensidade e encontrando algum espaço público de manifestação. As movimentações insurgiam-se, com subtilezas diversas, contra a abulia política de apoio ao livro português. Apatia, em primeira instância, no que se reporta à saída do livro para o estrangeiro e ao alargamento do mercado externo. Os incentivos à exportação e à tradução de obras de autor português no estrangeiro eram

---

contemporâneos, como o Pessoa da *Mensagem* – conduzem efectivamente a análise às cautelas necessárias quanto às pretensões de classificação de um conjunto de livros, escritores e editoriais como oficiais do Estado Novo. A extrapolação do raciocínio suscita o reconhecimento da complexidade própria da génese da criação e edição literárias, exigindo cuidado em termos da sua inclusão apriorística pelos sistemas de poder no areópago das ideias que supostamente alimentam essa criação e edição.

uma miragem, desfeita em múltiplas ocasiões pela opção contrária. Sucederam-se os episódios, desde a sequência de entraves aduaneiros, cambiais ou políticos colocados à exportação para as colónias até à passividade e ausência de verdadeira pressão diplomática para com o Brasil a propósito da proibição de traduções portuguesas, passando ainda, no contexto do relacionamento com o mercado brasileiro, pela incapacidade de apoio substantivo no caso dos pagamentos «atrasados» em relação ao fornecimento de livros pelos editores portugueses a entidades e postos de venda em território brasileiro, com os créditos acumulados em virtude do congelamento ordenado pelo banco central do Brasil. Acrescentem-se à relação os sucessivos adiamentos na restituição de dinheiro devido aos editores resultante da sua participação nas feiras do livro na Guiné de 1966 e 1968 e no Festival do Livro em Angola de 1966, retidos em organismos oficiais locais. Neste domínio, a indigência dos actos governativos foi acentuada. Na maior parte dos casos constava do pagamento de algumas despesas de deslocação, do ocasional patrocínio de representação em certames bilaterais e internacionais e no apoio – traduzido essencialmente na autorização e na concessão de espaço – conferido à realização anual das feiras do livro.

No centro do coro de interpelação colocaram-se os agentes ligados profissionalmente ao livro. No órgão oficial do Grémio Nacional dos Editores e Livreiros, abordam-se em editorial de Abril de 1964, intitulado «Quem pensa em português, lê em português», aspectos relativos à dificuldade de expansão da edição portuguesa no mundo e de penetração do livro português no seio das comunidades emigradas. Associando o diagnóstico da situação ao vocábulo «crise», procede-se à enumeração de um cortejo de factores explicativos[22].

> Deficiente actividade dos organismos oficiais, no que toca à criação de condições para vasta expansão do livro, quer no país quer

---

[22] A recorrência da crise nos discursos sobre o livro está presente como âncora com que os agentes a ele ligados, nomeadamente os editores, se vão fundeando na representação da realidade, manifestando narrativas em que crise tanto decorre de atributos objectivos do sistema económico em que o objecto impresso é produzido e comercializado, tidos como disfuncionais, como resulta de um dispositivo retórico de clara eficácia na edificação da identidade e especificidade dos grupos ligados ao livro, inscrevendo-se igualmente nos pressupostos reivindicativos desses grupos. Confira-se Medeiros, «Cavalheiros…».

no estrangeiro, tendo em vista a ausência de: a) Facilidades especiais no trânsito de livros e catálogos, bem como nas transferências bancárias; b) Propaganda e divulgação quer no país, quer no estrangeiro; c) Subsídios para participações em Exposições e Congressos; d) Subsídios de edição; e) Estudo de países e meios sociológicos por forma a concluir-se da sua sensibilidade a este ou àquele tipo de cultura[23].

A falência do modelo político para o campo do livro e da edição imputava a não criação de um instituto público, crescentemente tomado como pedra angular da expansão do livro português, do fomento da leitura e da dinamização do mercado editorial. A aspiração não era nova. A relação que vinha sendo estabelecida com o objecto, com as práticas que fundava e com os agentes que lhes davam corpo era considerada insusceptível de transformação sem uma entidade que se preocupasse menos com a determinação do espírito do que com um enquadramento real de suporte. Os apelos à criação de um instituto público, normalmente apodado Instituto do Livro, Instituto Português do Livro ou Instituto Nacional do Livro, foram-se sucedendo, permeando essencialmente a imprensa, com maior incidência a partir de finais da década de cinquenta. A relação do campo editorial com o Estado fazia bem a distinção deste do regime, não se coibindo de ver o primeiro como destino reivindicativo.

O efeito surtido pela multiplicada exortação foi nulo. Impotente nos esforços de materialização de um *corpus* literário oficial através da edição própria e da retenção cultural normativa no plano do compromisso com o campo autoral durante os anos de poder autoritário, o Estado nunca terá procedido a um re-equacionamento do papel que desde cedo se reservou, rigidificando uma posição que limitou as modalidades de intervenção à rotinização de dispositivos de vigilância repressiva e censória, abandonando progressivamente ao definhamento absoluto as tentativas de produção,

---

[23] *Livros de Portugal*, n.º 64, Abril, 1964, pp. 2-3. Luís Borges de Castro, em entrevistas publicadas nos periódicos *A Tribuna*, de Lourenço Marques (transcrita em *Livros de Portugal*, n.º 76, Abril de 1965, pp. 3-6), e *Diário Popular/Suplemento*, de 12 de Agosto de 1965, pp. 1 e 5, reitera genericamente as sugestões apresentadas no editorial citado, a que acrescenta a proposta de criação de um subsídio de exportação do livro pelas entidades oficiais.

promoção, parceria ou assistência à edição, excluído o monopólio da publicação de determinado tipo de manuais formativos, opúsculos propagandísticos e periódicos institucionais. Convertendo a heteróclita constelação de valores que o sustentavam num quadro normativo a manter escrupulosamente, o poder central organiza um feixe de «instrumentos desautorizadores das racionalidades alternativas»([24]) às suas. Esgotada a ofensiva, pouco vultuosa, da influência, o regime interferia na esfera cultural, nomeadamente no mundo editorial, recorrendo à injunção. Ao dinamismo socialmente discernível no sector, a orgânica do Estado respondia com a sanção punitiva, ou com a ameaça dela, permanentemente actua-lizada e recuperada, subjugando desafios e encruzilhadas pela opção repressiva, supressiva e correctiva([25]). Acossado pela conflitualidade de pensamento e pela proliferação de verdades, o Estado Novo localizava a sua acção num modelo coactivo da produção de sentido, desejada unívoca e imposta vinculativamente.

Ordem repressiva do livro: quotidiano, imbricação e resistência

A máquina repressiva que apostou na censura como uma das pedras angulares da afirmação governativa no panorama da circulação das ideias sujeitava subsidiariamente editores, escritores, tipógrafos e livreiros a decisões de ampla latitude discricionária. De proibições e desaconselhamentos também se encarregavam outros órgãos de Estado, e com sentido igualmente vinculativo, como as decisões dos gabinetes ministeriais ou dos próprios titulares das pastas. Estribado na Direcção dos Serviços de Censura e no Secretariado Nacional da Informação, Cultura Popular e Turismo, o registo procura a lógica tentacular, passando por uma variedade institucional que tocava o Ministério do Exército, a Legião Portuguesa, a Obra das Mães pela Educação Nacional, a Fundação Nacional para a Alegria no Trabalho, os sindicatos nacionais. Mas os braços da censura estendiam-se muito para lá da capacidade ope-

---

 [24] Jorge Ramos do Ó, *Os Anos...*, p. 33.
 [25] Sobre o poder de influência e poder de injunção da acção pública do Estado Novo, vejam-se *Ibidem*, esp. pp. 39-40; e Carlos Reis, «A produção cultural entre a norma e a ruptura», in *Portugal Contemporâneo*, vol. II, dir. António Reis (Alfa: Lisboa, 1996), esp. p. 595.

rativa no terreno, vivendo desse mesmo terreno enquanto suporte social da vigilância repressiva. Meio século é tempo bastante para a sedimentação de uma trama de instâncias colaborativas, colectivas e individuais, mobilizadas em torno da utilização da delação e da queixa como utensílios de recurso regular. Infiltrados na malha social, o espectro da sua existência acabou por fazer parte do quotidiano, realidade que tanto serviu os propósitos da manutenção do *statu quo*. À imprevisibilidade, arbitrariedade e ambiguidade do sistema censório[26] acrescentava-se esta feição difusa, cuja eficácia era reiteradamente posta à prova pelos artifícios de contra--dominação e tenacidade que as instâncias autorais e editoriais iam gerando.

A realidade compressiva aí estava, bem concreta e capilar para que possa ser diminuída. Se este quadro não traduziu uma subordinação dos editores enquanto agentes individuais ao Estado Novo, que não existiu quando se olha para a generalidade do sector, significou que não puderam voltar completamente as costas às circunstâncias e aos interlocutores coevos. A análise não deve esquecer que os actores da edição se achavam amplamente limitados nas suas possibilidades de expansão mercantil, nomeadamente através da exploração de mercados estrangeiros e coloniais, e se encontravam forçados à assunção de um papel a partir de um guião ritualístico desenvolvido socialmente na micro--escala. A falta de participação activa dos editores nos desígnios mais propagandísticos do regime, bem como a ética de resistência que pautou a prática de muitos, não podem ser pensadas fora da natureza contingente das estruturas económicas, políticas, culturais e intrinsecamente sociais que governaram o ofício da edição. Assumir um discurso eminentemente cultural não foi apenas uma

---

[26] Sistema, saliente-se, altamente propenso a inconsistências. A ambivalência regulamentar, a latitude na sua interpretação, a dispersão organizativa e geográfica do controlo, a assintonia entre a natureza do trabalho e o perfil dos funcionários, imprimiram um cunho com múltiplas faces ao produto da censura. Atravessada por contradições e paradoxos que nunca logrou extinguir, a censura edificou um dédalo de procedimentos e decisões pautado abundantemente por incoerências e dualidades. Vejam-se, a título de exemplo, os casos relatados por Cândido de Azevedo em *Mutiladas e Proibidas: Para a História da Censura Literária em Portugal nos Tempos do Estado Novo* (Lisboa: Caminho, 1997).

forma de elaborar um sentido de si para um conjunto não desprezível de editores num contexto de supressão da liberdade e de baixíssimos índices de alfabetização, constituindo também uma dimensão identitária fundamental na gestão dos processos contraditórios na edição portuguesa, ambas essenciais à sua sobrevivência e transfiguração. Em todo o caso, o nascimento de novos projectos no campo da edição, a adesão massiva dos escritores a princípios contraditórios com os do Estado Novo([27]), a actividade livreira clandestina ou semi-clandestina, as sucessivas razias e apreensões ou a existência de um *index* moderno com centenas de títulos interditos que nunca deixou de engrossar([28]), constituem exemplos de uma actividade de resistência que se acantonou nos domínios da escrita e da sua publicação, alimentando polarizações simbólicas, tornando árduo, em muitos casos impossível, o estabelecimento de plataformas doutrinárias de entendimento ou cooperação com os desígnios oficiais.

Omnímodos no distanciamento operado, desde o recato mais circunspecto até à confrontação aberta, houve uma série de editores que se dispôs ao provimento de alternativas conceptuais às do salazarismo, normalmente apresentadas como tributárias de ideias novas, embora também se tenha sentido o aparecimento de projectos convictos na sua audácia (estética ou doutrinária) e pertinazes na sua acção de resistência e publicação do que se poderia designar de escritos de ruptura. Com áreas de sobreposição e dissemelhantes nas suas variantes de actuação, um leque signi-

---

([27]) Tendência que, embora objecto frequente de simplificação, não deixa de retratar um movimento que foi aumentando. Se a armada de escritores nacionalistas que frequentava o Chiado (veja-se Luís Trindade, *O Estranho Caso do Nacionalismo Português: o Salazarismo Entre a Literatura e a Política* (Lisboa: Imprensa de Ciências Sociais, 2008) não corresponde certamente ao último momento de alguma pujança e projecção públicas por parte de escritores ideologicamente mais próximos ou conotados com as forças e sensibilidades que sustentavam o Estado Novo, os mecanismos de legitimidade no universo literário parecem a partir do fim da II Guerra Mundial oscilar irremediavelmente para o lado das correntes de oposição ou de ruptura.

([28]) Para uma perspectiva aproximada dos títulos proibidos durante o período ditatorial, vejam-se Presidência do Conselho de Ministros – Comissão do Livro Negro Sobre o Fascismo, *Livros Proibidos no Regime Fascista* (Mem Martins: Comissão do Livro Negro Sobre o Fascismo, 1981); e Cândido de Azevedo, *A Censura de Salazar e Marcelo Caetano: Imprensa, Teatro, Cinema, Televisão, Radiodifusão, Livro* (Lisboa: Caminho, 1999).

ficativo de editoras constituiu ao longo de todo o lapso temporal abordado uma agência não despicienda de vitalidade cultural, consumando-se como lugar de recusa das tentativas de asfixia e redução do pensamento e de imposição de uma matriz de criação e difusão ideológica. A relação com os instrumentos repressivos do poder instituído acabava por constituir uma inevitabilidade, inscrita numa rotina que afectou transversal e profundamente a edição. A fuga à imposição fazia-se na prática de algumas editoras por uma espécie de desdém da ignorância. Compelidos legalmente à apresentação de obras de temática política, social e económica para escrutínio sancionatório prévio da censura, muitos editores refugiavam-se numa insanável dificuldade classificativa, argumentando desconhecimento sobre quando é que um volume chancelado editorialmente por si recaía sem equívocos nas categorias legisladas. Francisco Lyon de Castro, fundador em 1945 das Publicações Europa-América, refere uma reunião de editores no Grémio Literário da qual saiu um pacto de recusa de colaboração com os objectivos compressivos, não enviando livros à censura com carácter prévio[29]. A conjunção de factores prestava-se, como se prestou, a um confronto de imposição e oposição. Fustigados pelo aparelho compressivo, os editores forjaram utensílios de contra--dominação que foram sendo afinados nas constantes encenações a que estavam obrigados no relacionamento directo e indirecto com a censura e a polícia política.

As idas habituais aos Serviços de Censura, a instâncias oficiais ou de moto próprio, sedimentavam-se no quotidiano mensal, por vezes semanal, de larga proporção de editores, convivas forçados de encontros relacionados com pareceres e sentenças cuja sanha não poupava sequer os textos de contracapa e badana nem os catálogos de livros, obrigados à estampa do visto de «Autorizado». Pediam-se explicações e ouviam-se justificações, de parte a parte. Inconformados com decisões vistas como injustas ou incompreensíveis, embora, obviamente, muitas vezes as antecipassem, os responsáveis editoriais iam aprendendo registos discursivos e relacionais. Os esquemas socializadores correspondiam a experiências reiteradas de relação com as práticas institucionais da censu-

---

[29] Confira-se Francisco Lyon de Castro, «Percurso de um editor», in Azevedo, *A Censura...*, p. 543.

ra e de interacção directa com os tiques dos seus representantes. Estabelecia-se um jogo, de eficácia relativa, entre os intentos repressivos e a fundamentação editorial. Ao editor, tanto como ao escritor, interpelado pelos censores, acometia-se o desempenho de um papel, mecanizado à custa da sua repetição, que congregava paciência, capacidade argumentativa e dotes retóricos e teatrais. Por vezes, a argúcia do simulacro de alguma bonomia, desinteresse até, com que se abordava o oficial do regime tinha já de levar o selo da estratégia.

O carácter frequentemente rugoso da realidade condensa vasta gama de exemplos de práticas clandestinas e em clara contramão relativamente aos ditames superiores. Alguns destes casos transgressivos são verdadeiramente surpreendentes, provindo dos agentes mais insuspeitos. Terá de ser o que ocorria no espaço da livraria da Coimbra Editora. Fundada em 1920 por vários sócios, de entre lentes universitários (como António Oliveira Salazar, José Alberto dos Reis, mais tarde Presidente da Assembleia Nacional, Paulo Mereia ou Beleza dos Santos) e homens ligados ao livro (sobressaindo Arménio Amado, editor que abandonou a editora em 1929([30])), a Coimbra Editora visava oferecer vigoroso contributo à dinamização do panorama editorial dos livros didácticos e jurídicos. Fortemente enquadrado no contexto do seu surgimento, o projecto pretendia promover a correspondência entre a actividade teórica de um grupo que se afirmava num conjunto de áreas do saber, com incidência maioritária no Direito, e a materialização tipográfica dessa actividade([31]). Numa editora com quotas distribuídas, entre outros, pelo chefe de governo, publicam-se e distribuem-se os emblemas da denúncia social e da contestação ideológica. O neo-realismo é um particular beneficiário dos préstimos da Coimbra Editora, que dá à estampa a 'Novos Prosadores' ([32]), além de ser a

---

([30]) A criação da Coimbra Editora operou-se através da incorporação da empresa França & Arménio, empresa conimbricence de edição com um historial encetado no início do século.

([31]) Veja-se, a este respeito, Eduardo Dâmaso, «Coimbra Editora: a casa dos mestres», *Público*, 5 de Dezembro de 1991, p. 37.

([32]) Colecção em que surgem como autores destacados membros da literatura de visão social, nos antípodas do projecto cultural salazarista: Carlos Oliveira, Fernando Namora, Joaquim Ferrer, Tomás Ribas, João Falcato, entre outros.

distribuidora de sempre de Miguel Torga([33]), emprestando assim, divulgação e espaço público a uma estética visceralmente adversária da ditadura. É precisamente no espaço de venda do livro da casa de edição fundada pelos mais elevados oligarcas do Estado Novo que se comercia o livro interdito. Segundo Fernando Vieira de Sá, nos anos quarenta, a livraria era «o ponto do país onde se vendiam mais obras proibidas, negócio que o gerente da casa não deixava por mãos alheias, declarando mesmo com todo o à-vontade: 'A minha profissão é vender papel, não é vender ideias'»([34]). O gerente, de apelido Saraiva, personifica na postura discursiva o funcionário extremoso, cujo zelo ecoa desabrido na justificação de uma situação fundamental e insanavelmente contraditória. Vendendo discretamente títulos e autores banidos pela censura, com empréstimo da chave de um primeiro andar de depósito para onde não era incomum que o cliente se dirigisse sozinho, servindo-se do que entendia e pagando ao balcão, onde depositava a dita chave, o gerente afiançava com desassombro: «A minha obrigação é dar lucro aos patrões e é o que eu faço. Por isso, não vou prescindir da literatura de esquerda, pois enquanto vendo um livro ao gosto dos patrões, vendo dez ao gosto dos outros»([35]). A interrupção do negócio pelos patrões não impediu que se tivessem vendido até então volumes de Marx ou de António Sérgio, cuja proibida *Introdução Geográfica* foi profusamente vendida([36]).

As relações urdidas entre agentes do livro e censores compreendiam um jogo tensional que, todavia, não se fabricava inscrito numa matriz antagónica de partes irredutíveis. Emergia esse jogo na tessitura do confronto entre as lógicas que, passando pela dialéctica que oponha imposição a contra-imposição, a ela não se circunscrevia,

---

([33]) Opção de sempre de Torga, os livros em edição de autor eram impressos nas oficinas gráficas da Coimbra Editora, com a colaboração de tipógrafos amigos, aí funcionários. Recorde-se que o escritor esteve detido sob acusação de comunismo, vindo a dispor de autorização para se ausentar do país apenas em 1950 e achando-se na sua actividade literária alvo de censura e de proibição.

([34]) *Cartas na Mesa: Recordando Bento de Jesus Caraça e a 'Biblioteca Cosmos'* (Almada: Moinho de Papel, 2004), p. 69.

([35]) *Apud Ibidem*, p. 69.

([36]) Fernando Vieira de Sá, uma vez mais, afirma que, só ele, terá comprado desta obra «mais de quarenta exemplares a pedido de amigos que, só por esta via, conseguiam obtê-la». *Ibidem*, p. 69.

desenhando um mundo social miúdo e multímodo forjado por pessoas, não arredado de cumplicidades, alianças e acordos, variáveis nas normas voláteis que os enquadravam. Ilustrando a ideia, por vezes fabricava-se nas interacções sociais regulares entre actores que se iam conhecendo uma espécie de pacto tácito com alguma prevalência circunstancial, subsumido no desempenho quase encenado por cada uma das partes de um papel protocolar. Não foi incomum no quotidiano de trabalho de algumas casas de edição os inspectores aparecerem nas instalações tipográficas ou editoriais com o auto de apreensão, contentando-se em levar um ou dois pacotes de livros e tomando por boa a afirmação dos responsáveis pela casa de que levavam a totalidade das existências do título visado. Noutras ocasiões, era um espírito de cumplicidade ou de indulgência que imperava, dando origem a avisos discretos feitos por um ou outro inspector da polícia política aos responsáveis de certas livrarias acerca da rápida necessidade de retirar determinados exemplares das montras, evitando apreensões. Numa escala menos institucional, mais próxima das articulações próprias dos quadros de interacção quotidiana, criavam-se formas de sociabilidade forçada entre agentes do livro e membros do aparelho repressivo, obrigados à partilha de um jogo de simulacro e perseguição, com tanto de paradoxal quanto de radicado nos nós individuais em que se concretizaram essas formas de sociabilidade, por vezes de quase familiarização e inter-conhecimento.

A cultura constituída tipograficamente emerge, então, como universo fugidio às imposições de cartilha do Estado Novo. A estratégia contestatária enunciava-se frequentemente nas revistas culturais, de pendor estético ou ideológico, onde se albergavam autores e escritos aos quais de outra forma não seria facultado foro de circulação. Mais esquivas à censura, embora não libertas do seu poder mutilador, representavam um espaço de proclamação e revelação de fácil acesso que se mostrou decisivo na própria organização do campo literário e editorial. Daí, talvez, a sua profusão[37] num país que não sabia ou não podia ler. Foi-se instaurando uma

---

[37] Para uma panorâmica do fenómeno da imprensa cultural durante a vigência do Estado Novo, vejam-se Clara Rocha, *Revistas Literárias do Século XX em Portugal* (Lisboa: Imprensa Nacional-Casa da Moeda, 1985); Daniel Pires, *Dicionário da Imprensa Periódica Literária Portuguesa do Século XX (1900-1940)* (Lisboa: Grifo, 1996); e Daniel Pires, *Dicionário da Imprensa Periódica Literária Portuguesa do Século XX (1941-1974)*, vol. II, 2 tomos (Lisboa: Grifo, 2000).

ordem alternativa, guindada essencialmente à produção literária, ou mais visível nesta, de arregimentação simbólica concorrencial à oficial[38]. A configuração das regras de organização e de entrada no confronto estabelecido receberam marcado e decisivo contributo dos editores na edificação canónica dos agentes e géneros consagrados nessa reversibilidade das relações de poder[39].

Nota conclusiva

O editor português com actividade no decurso do Estado Novo não deixou de fazer reverter as características políticas e policiais do regime em favor da conquista e da manutenção de uma posição simbólica particular no âmbito dos grupos votados à produção, circulação e consagração cultural, mesmo que eventualmente pouco comparável com o prestígio social e o destaque económico que conheceu noutros contextos nacionais do livro, como o francês ou o inglês. Com efeito, durante o período autoritário o conjunto dos editores defronta-se com uma realidade inegavelmente adversa, do ponto de vista da compressão das ideias, da inserção policial no comércio de bens culturais, da exiguidade do mercado, da progressão de meios alternativos de comunicação e entretenimento, como a rádio, o cinema ou a televisão, capazes de concorrer com o livro na disputa de atenção e prioridade de consumo. A actividade editorial durante este período foi conduzida a uma tensão inerente ao confronto entre a histórica função que assimila o labor editorial à propiciação de novidade – literária, de entretenimento, de saber – e a necessidade de conservação; conservação dos textos, conservação do próprio livro enquanto artefacto ou espécie que se reifica e conservação de uma posição no mercado em que o editor actua. Será nesta tensão que parece repousar uma parcela não despicienda da explicação de um relacionamento particular, embora diversificado, do sector da edição com o contexto social, cultural e político em que viu forçado a actuar. A estrita necessidade de

---

[38] Veja-se Reis, «A produção cultural...».
[39] A designação é de Jorge Ramos do Ó, que conclui: «Inacessível aos braços institucionais do Estado, de costas a este virado, o facto literário desenvolveu-se pois em circuito adverso». Ramos do Ó, *Os Anos...*, p. 223.

sobrevivência e de constituição de mercados para o livro ajuda a perceber porque é que, com um pano de fundo de práticas e discursos de pouca aproximação editorial aos pressupostos não democráticos e ideológicos da acção governativa, a edição portuguesa não enjeitou o estabelecimento plural de laços com o poder.

Na equação em que se forja a conexão entre editores e contexto e onde se geram os equilíbrios e oscilações entre autonomia e heteronomia da edição, as variáveis ligadas às dinâmicas sociais e económicas mais vastas acabam por se sobrepor heuristicamente à monotonia da relação com o regime. Se o percurso aqui abreviadamente apresentado imputa ao universo do livro uma natureza paradoxal dos nexos que governam o seu relacionamento com o poder, dele se devem retirar consequências. A primeira é a de que a coexistência, muitas vezes justaposição, entre resistência ao regime e aos seus modos de actuação e interesse por uma intervenção do Estado no apoio à edição nos recorda que quer em termos de estudo do problema, quer em termos da forma como as coisas se apresentavam aos olhos dos intervenientes, o Estado Novo como entidade remível ao condicionamento autoritário e programático não se confundia com a missão outorgada ao poder público, investido de faculdades contra-disfuncionais e correctivas. Com efeito, a própria atribuição ao Estado Novo de uma roupagem homogénea e pensada como bloco dirigido de cima e personalizado numa cabeça, identificada como o seu factor e razão de existir, colide com o facto verificado e verificável que na edição de livros o contacto com o Estado Novo se traduziu numa pluralidade e numa ambiguidade intersticial de interacções constitutivas de redes que criaram e cunharam um mundo social muito mais denso e dependente da multiplicação de vontades e interesses próprios, diversos e frequentemente extirpados de superstrutura ideológica do que visões que o coloquem sobre a alçada omnipotente de um só chefe, capaz de tudo perscrutar e de em tudo interferir, possam fazer crer. Outra das consequências a retirar do esforço explicativo aqui conduzido refere-se à necessidade de reiterar o fundamento autónomo dos processos sócio-económicos da arena cultural mais vasta – nela se incluindo o mundo do livro e da edição – face à tentação de os subordinar a uma história cronológica governada predominantemente pelo elemento político e institucional. A dialéctica do domínio cultural com as mudanças dos lazeres e dos gostos de parte da população, com as transformações internacionais do comércio editorial, com as movimentações do mundo literário (intra e extra-muros) ou com a recomposição de mercados é reveladora da permeabilidade social desse mesmo domínio e do modo como se vai estruturando num plano não confundível com o político. A título ilustrativo desta ideia, recorde-se que a Fundação Calouste Gulbenkian desempenhou um papel inigualável como participante independente do campo administrativo com poder de interferência no mercado editorial por via da dinamização da procura, impulsionando as vendas do sector com as encomendas para rechear e manter as bibliotecas fixas e sobretudo móveis, conferindo uma relativa independência comercial a um conjunto não negligenciável de editoras e garantindo-lhes um fluxo regular de entradas de caixa que significou certamente em não poucos casos a permanência em actividade.

É, portanto, ao eixo cultural, assimilado ao papel representado pelos editores, que cabe a parte de leão da gestão, equilíbrio e justificação das contradições. Não surpreende, então, a permanência sem modificações significativas de uma carga social auto--concedida de valorização simbólica do editor, presumindo-se da prática de muitas casas a demanda do êxito livreiro sem que isso se tivesse tornado, como noutros países, no motor da indústria do livro, designação equívoca que oculta as ambivalências de um campo onde são indisfarçáveis as ressonâncias artesanais. Daqui resulta, por um lado, que a variável cultural não produziu necessariamente hierarquias simbólicas entre as editoriais que subordinassem o literário mais massificado ou – não evitando o recurso a um termo traiçoeiro – popular ao alto literário, e, por outro, que o posicionamento estético, comercial e mesmo político dos editores não é passível de uma redução de tipo maniqueísta que contraponha situação e oposição. Quanto a esta dimensão, à qual alguma tradição historiográfica tende a conceder mais importância do que a que ela realmente parece possuir no que respeita ao ponto de partida onde se vão localizar as premissas interpretativas, saliente-se que não eram raras as editoras que contemplavam nos seus catálogos autores provindos de azimutes ideológicos bem afastados. Veja-se o emblemático caso da Sociedade de Expansão Cultural, editora fundada em 1948 por Domingos Monteiro, que, enquanto advogado, assumiu a defesa de diversos opositores ao regime durante a década de trinta, fundando e dirigindo o *Diário Liberal* e estando ligado à criação do Partido da Renovação Democrática. Sentindo na pele a acção repressiva do Estado Novo, vê as suas obras *Bases da Organização Política dos Regimes Democráticos*, dado à estampa em 1931, e *Paisagem Social Portuguesa*, de 1944, retiradas do mercado pela proibição da censura. Não é por isso que não se constitui como estrado editorial de autores conotados com a situação e com o seu ideário. Amândio César e Adriano Moreira são dois dos nomes presentes num catálogo que se foi construindo numa mescla pontificada pela heterogeneidade. No fundo editorial da Sociedade de Expansão Cultural é possível encontrar ainda títulos de oposicionistas associados a estéticas como o neo-realismo (Manuel Mendes, Júlio Graça, Manuel do Nascimento, Armindo Rodrigues) ou obras da mais diversa filiação e extracção (de Guedes de Amorim a Ruy Cinatti, de Ana Hatherly a Vergílio Ferreira, de Joel Serrão a António Quadros). O estabelecimento de linhas divisórias com clara demarcação de campos estéticos e ideológicos entre editoras e, sobretudo, entre estas, consideradas em conjunto, e as instituições públicas é um exercício condenado à partida. Sendo descortináveis cambiantes e até diferenças marcadas entre editoriais quanto aos domínios temáticos e autorais privilegiados, não escasseiam as penetrações, infidelidades e aparentes contradições, complexificando uma disposição factorial mais linear.

Terá sido, em grande parcela, o duplamente diminuto universo da edição portuguesa (no sentido do reduzido número dos seus agentes, muitos deles cultivando entre si relações de amizade e até familiares, e da acanhada expressão do mercado, confinado quase exclusivamente ao consumo interno e com uma rede de distribuição de cobertura livreira insuficiente) que, fazendo da constelação editorial portuguesa uma ordem do livro sem condições para uma subordinação prematura à lógica do *best-seller*, permitiu a sobrevivência mais generalizada e prolongada de um ambiente editorial de matriz vocacional cuja durabilidade galgou o período pós-ditadura, manifestando uma assinalável capacidade de actualização.

Referências

Fontes

Periódicos
Diário Popular, anos de 1945 a 1971.

Livros de Portugal: anos de 1940 a 1947, 1952 a 1957, 1959 a 1971, 1981 a 1998.

Legislação

Decreto-Lei n.º 22.469, *Diário do Governo*, I série, n.º 83, Lisboa, Imprensa Nacional, 11-04-1933.

Decreto-Lei n.º 22.756, *Diário do Governo*, I série, n.º 144, Lisboa, Imprensa Nacional, 29-06-1933.

Decreto-Lei n.º 26.589, *Diário do Governo*, I série, n.º 112, Lisboa, Imprensa Nacional, 14-05-1936.

Decreto-Lei n.º 30.660, *Diário do Governo*, I série, n.º 193, Lisboa, Imprensa Nacional, 20-08-1940.

Decreto-Lei n.º 33.015, *Diário do Governo*, I série, n.º 185, Lisboa, Imprensa Nacional, 30-08-1943.

Decreto n.º 34.134, *Diário do Governo*, I série, n.º 260, Lisboa, Imprensa Nacional, 24-11-1944.

Bibliografia

AZEVEDO, Cândido de, *Mutiladas e Proibidas: Para a História da Censura Literária em Portugal nos Tempos do Estado Novo* (Lisboa: Caminho, 1997).

AZEVEDO, Cândido de, *A Censura de Salazar e Marcelo Caetano: Imprensa, Teatro, Cinema, Televisão, Radiodifusão, Livro* (Lisboa: Caminho, 1999).

BARBIER, Frédéric, «La librairie allemande comme modèle?, in *Les Mutations du Livre et de l'Édition dans le Monde du XVIIIe Siècle à l'An 2000,* dir. Jacques Michon e Jean-Yves Mollier (Saint-Nicolas e Paris: Presses de l'Université Laval e L'Harmattan, 2001), pp. 31-45.

BECKER, Howard, *Art Worlds* (Berkeley, Los Angeles e Londres: University of California Press, 1984).

BOURDIEU, Pierre, «La production de la croyance: contribution à une économie des biens symboliques», *Actes de la Recherche en Sciences Sociales,* n.º 13 (1977), pp. 3-43.

BOURDIEU, Pierre, *Les Règles de l'Art: Genèse et Structure du Champ Littéraire* (Paris: Seuil, 1992).

BOURDIEU, Pierre, *Razões Práticas: Sobre a Teoria da Acção* (Oeiras: Celta, 1997).

BOURDIEU, Pierre, «Une révolution conservatrice dans l'édition», *Actes de la Recherche en Sciences Sociales*, n.ᵒˢ 126-127, (1999), pp. 3-28.

CHARTIER, Roger, e Henri-Jean Martin, dir., *Histoire de l'Édition Française*, vol. IV, *Le Livre Concurrencé: 1900-1950* (Paris: Promodis e Fayard, 1991).

COSER, Lewis, Charles Kadushin, e Walter Powell, *Books: the Culture and Commerce of Publishing* (Nova Iorque: Basic Books, 1982).

DÂMASO, Eduardo, «Coimbra Editora: a casa dos mestres», *Público*, 5 de Dezembro de 1991, p. 37.

FOUCHÉ, Pascal, dir., *L'Édition Française Depuis 1945* (Paris: Éditions du Cercle de la Librairie, 1998).

KAESTLE, Carl, e Janice Radway, dir., *A History of the Book in America*, vol. IX, *Print in Motion: the Expansion of Publishing and Reading in the United States, 1880-1940* (Chapel Hill: The University of North Carolina Press, 2008).

LANE, Michael, *Books and Publishers: Commerce Against Culture in Postwar Britain* (Lexington e Toronto: Lexington Books, 1980).

LOPES, Claudia Neves, «Édition et colonisation: le marché éditorial entre le Brésil et le Portugal», in *Les Mutations du Livre et de l'Édition dans le Monde du XVIIIe Siècle à l'An 2000*, dir. Jacques Michon e Jean-Yves Mollier (Saint-Nicolas e Paris: Presses de l'Université Laval e L'Harmattan, 2001), pp. 360-371.

MARTIN, Henri-Jean, e Lucien Febvre, *L'Apparition du Livre* (Paris: Albin Michel, 1958).

MEDEIROS, Nuno, *Edição e Editores Portugueses: Prescrições, Percursos e Dinâmicas (Décadas de 1940 a 1960)*, dissertação de Mestrado em Sociologia Histórica (Lisboa: Universidade Nova de Lisboa, 2007).

MEDEIROS, Nuno, «Editores e Estado Novo: o lugar do Grémio Nacional dos Editores e Livreiros», *Análise Social*, vol. XLIII, n.º 189 (2008), pp. 795-815.

MEDEIROS, Nuno, «Cavalheiros, mercadores ou centauros? Traços de actividade e sentido de si dos editores», in *Comunidades de Leitura: Cinco Estudos de Sociologia da Cultura*, AAVV (Lisboa: Colibri, 2009), pp. 23-61.

MEDEIROS, Nuno, «O universo editorial nos anos trinta e quarenta: a dinâmica do livro, entre persistência e mudança», in *Transformações Estruturais do Campo Cultural Português, 1900-1950*, dir. António Pedro Pita e Luís Trindade (Coimbra: Centro de Estudos Interdisciplinares do Século XX da Universidade de Coimbra, 2009), pp. 107-133.

MEDEIROS, Nuno, «Os mundos da edição em Portugal durante o Estado Novo», *Estudos do Século XX*, vol. IX, (2009), pp. 229-247.

MELO, Daniel, *Salazarismo e Cultura Popular (1933-1958)* (Lisboa: Imprensa de Ciências Sociais, 2001).

MOLLIER, Jean-Yves, *Édition, Presse et Pouvoir en France au XXe Siècle* (Paris: Fayard, 2008).

NORD, David, Joan Rubin, e Michael Schudson, dir., *A History of the Book in America*, vol. V, *The Enduring Book: Print Culture in Postwar America* (Chapel Hill: The University of North Carolina Press, 2009).

NUNES, Maria Leonor, «O livro da vida», *JL, Jornal de Letras, Artes e Ideias*, 25 de Maio de 1994, pp. 13-14.

Ó, Jorge Ramos do, *Os Anos de Ferro: o Dispositivo Cultural Durante a «Política do Espírito», 1933-1949* (Lisboa: Estampa, 1999).

PIRES, Daniel, *Dicionário da Imprensa Periódica Literária Portuguesa do Século XX (1900-1940)* (Lisboa: Grifo, 1996).

PIRES, Daniel, *Dicionário da Imprensa Periódica Literária Portuguesa do Século XX (1941-1974)*, vol. II, 2 tomos (Lisboa: Grifo, 2000).

PRESIDÊNCIA DO CONSELHO DE MINISTROS – Comissão do Livro Negro sobre o Fascismo, *Livros Proibidos no Regime Fascista* (Mem Martins: Comissão do Livro Negro Sobre o Fascismo, 1981).

REIS, Carlos, «A produção cultural entre a norma e a ruptura», in *Portugal Contemporâneo*, vol. 2, dir. António Reis (Lisboa: Alfa, 1996), pp. 585-654.

ROCHA, Clara, *Revistas Literárias do Século XX em Portugal* (Lisboa: Imprensa Nacional-Casa da Moeda, 1985).

Sá, Fernando Vieira de, *Cartas na Mesa: Recordando Bento de Jesus Caraça e a 'Biblioteca Cosmos'* (Almada: Moinho de Papel, 2004).

Surel, Yves, «L'État, acteur ou spectateur?», in *Où Va le Livre?*, dir. Jean-Yves Mollier (Paris: La Dispute, 2000), pp. 211-228.

Torgal, Luís Reis, «'Literatura oficial' no Estado Novo», *Revista de História das Ideias*, vol. 20 (1999), pp. 401-420.

Trindade, Luís, *O Estranho Caso do Nacionalismo Português: o Salazarismo entre a Literatura e a Política* (Lisboa: Imprensa de Ciências Sociais, 2008).

Walters, Ray, *Paperback Talk* (Chicago: Academy Chicago Publishers, 1985).

NUNO DOMINGOS

5

Desproletarizar: A FNAT como instrumento de mediação ideológica no Estado Novo

Introdução

Este artigo procura discutir o quadro da actividade política e ideológica da Fundação Nacional para a Alegria no Trabalho (FNAT), organização de tempos livres para trabalhadores criada pelo Estado Novo em 1935. A remissão da FNAT para o contexto da formação por parte do regime de um sistema de inculcação ideológica, típico de outros regimes fascistas, encerra a instituição numa cronologia estrita, definida pela tipologia do regime. Argumenta-se neste artigo que tanto a génese como o âmbito da actividade concreta da instituição respondem a um conjunto de problemas cujas condições históricas e sociais de produção se encontram dentro de outra cronologia, que precede e ultrapassa o Estado Novo, e cujo eixo de causalidade elementar, embora não o único, se encontra na história da regulação das relações de produção. No âmbito do sistema corporativo, a FNAT estabeleceu-se como um dos instrumentos modernos de regulação das relações de produção de tipo capitalista, partilhados em fóruns internacionais e institucionalizados no aparelho de Estado por intermédio de uma burocracia técnica do conhecimento. A progressiva autonomização de um campo específico de resolução de problemas repercutiu-se no contexto da formulação de políticas de enquadramento estrutural, como a construção de sistemas de segurança social, mas também na acção situada à escala da empresa, espaço de socialização no qual a FNAT interveio. Uma das consequências da autonomização deste campo de resolução de problemas é o modo como, por intermédio de um processo de eufemização, tende a ocultar as suas condições históricas de produção.

A FNAT

A FNAT foi criada pelo Estado Novo em 13 de Junho de 1935, constituindo-se como um dos elementos do edifício corporativo português, alicerçado na Constituição de 1933 e no Estatuto do Trabalho Nacional, publicado no mesmo ano. O quadro corporativo, no respeito pelos princípios elementares de uma economia capitalista, tinha como células básicas de regulação da actividade económica um conjunto de instituições: os chamados organismos primários, sindicatos, casas do povo e dos pescadores e grémios, idealmente integrados em federações e uniões e em organismos de coordenação económica e, enfim, nas corporações, entidades que, perante as dificuldades em instaurar este sistema, apenas surgiram na década de cinquenta. A FNAT possuía um estatuto particular, já que a sua actividade incidia genericamente sobre o tempo que se encontrava para lá do período de trabalho efectivo. No ano da sua instituição foi promulgada a lei que organizava a previdência social([1]). A introdução de medidas de protecção social, como a pioneira legislação que introduziu em 1919, num quadro liberal assente na oferta do mercado segurador, a obrigatoriedade da realização de seguros de trabalho([2]) (depois de uma lei mais restrita em 1913), vinha procurando impor-se, através de processos de

---

([1]) Sobre o contexto de criação desta lei ver Pierre Guibentif, «Génese da Previdência Social. Elementos sobre as origens da segurança social portuguesa e as suas ligações com o corporativismo», *Ler História*, n.º 5 (1995), pp. 27-58.

([2]) A eficácia dos seguros obrigatórios foi escassa. Veja-se José Luís Cardoso e Manuela Rocha, «O seguro social obrigatório em Portugal (1919-1928): acção e limites de um estado providente», *Análise Social*, vol. XLIV, n.º 192 (2009), pp. 439-470.

negociação conflituais, aos esquemas alternativos garantidos pelas mútuas e sociedades de beneficência, mas também pelo exercício do paternalismo empresarial([3]).

Diversas áreas caracterizavam a acção da FNAT. A educativa, compreendia a formação de dirigentes sindicais, a realização de conferências radiofónicas e a instalação de bibliotecas; a cultural, promovia cinema, teatro, horas de arte e visitas de estudo; a desportiva, preparava campeonatos de diversas modalidades; existiam ainda áreas reservadas à organização de colónias de férias, à instalação de refeitórios económicos e à promoção de excursões e viagens. Entre 1935 e 1975, quando deu origem ao actual INATEL (no dia 6 de Abril), estas foram, com ritmos de crescimento diferenciados, as actividades fundamentais da acção da FNAT. A instituição assumia que o designado «tempo livre», concepção moderna de natureza urbana dependente de uma organização da produção assente numa força laboral assalariada, tinha uma influência no tempo de trabalho: ao Estado, em desejável articulação com o patronato, cabia promover iniciativas para trabalhadores que revertessem positivamente na esfera laboral, processo resumido na alardeada palavra «alegria». Contra imagens recorrentes da vida do proletário moderno, concebia-se o trabalho como uma actividade potencialmente aprazível. A adopção da expressão «alegria» pela instituição portuguesa de organização dos tempos livres dos trabalhadores foi inspirada no exemplo da «Força pela Alegria» alemã (*Kraft Durch Freude*, KDF), fundada em 1933 pouco depois do nacional-socialismo nazi ter chegado ao poder([4]). A italiana *Opera Nazionale Doppolavoro*, formada em 1925 pelo governo de Mussolini, estabeleceu-se como o outro modelo a emular. A relação institucional destas organizações de ocupação de tempos livres resultou na criação, em 1936, do Movimento Internacional Alegria no Trabalho.

([3]) Miriam Halpern Pereira, «Origens do Estado Providência em Portugal: as novas fronteiras entre o público e o privado», *Ler História*, n.º 37 (1999), pp. 45-63.

([4]) José Carlos Valente, *Estado Novo e Alegria no Trabalho, Uma história Política da FNAT* (Lisboa: Colibri, 1999), pp. 19-23.

A natureza ideológica de uma instituição

A FNAT foi fundada no período em que se ergueu um conjunto de instituições que caracterizariam o fascismo desenvolvido pelo Estado Novo. Fernando Rosas situou a instituição no contexto do «aparelho de inculcação ideológica autoritária, estatista, mergulhado no quotidiano das pessoas (ao nível das famílias, da escola, do trabalho, dos lazeres), com o propósito de criar esse particular «homem novo» do salazarismo.»[5] Neste contexto, a FNAT fazia parte de um dos quatros pilares de um dispositivo cultural de controlo. Este era constituído por dois centros de enunciação ideológica, o Secretariado de Propaganda Nacional e a Agência Geral das Colónias, e pelos aparelhos que perfaziam um «sistema de inculcação ideológica», formado pela «educação nacional» (e suas várias instituições) e pelo aparelho corporativo «todo ele, por definição, eivado de um acentuado 'espírito de missão', de carácter ideológico-formativo.»[6] O pioneiro estudo de José Carlos Valente sobre a FNAT, que resgatou a instituição do esquecimento historiográfico[7], prossegue esta linha de raciocínio:

> a criação da FNAT por iniciativa governamental faz parte de um plano sistemático de inculcação de valores nos principais sectores da vida social ... através de instrumentos organizativos que consagram a pretendida unicidade político-ideológica: além da PVDE e da Censura, a União Nacional e o Secretariado da Propaganda Nacional, as regras de admissão de funcionários públicos, a organização corporativa, a Educação Nacional de Carneiro Pacheco, a Mocidade Portuguesa, a Legião Portuguesa, a Organização Defesa da Família, a Obra das Mães pela Educação Nacional/ MP Feminina[8].

---

[5] Fernando Rosas, «O salazarismo e o homem novo: ensaio sobre o Estado Novo e a questão do totalitarismo», *Análise Social*, vol. XXXV, n.º 157 (2001), p. 1031

[6] Valente, *Estado Novo* ...p. 1042.

[7] Os estudos sobre o sistema corporativo português têm atribuído uma importância marginal à questão dos lazeres. Ver Manuel Lucena, *A Evolução do Sistema Corporativo Português*, vol. I, O Salazarismo (Lisboa: Perspectivas e Realidades, 1976); Howard G. Wiarda, *Corporatism and Development: the Portuguese Experience* (Amherst: The University of Massachusets Press, 1977); Fátima Patriarca, *A Questão Social no Salazarismo, 1930-1947*, vol. I (Lisboa: INCM, 1995); Philippe C. Schmitter, *Portugal: do Autoritarismo à Democracia* (Lisboa: Imprensa de Ciências Sociais, 1999).

[8] Valente, *Estado Novo* ..., pp. 41-42

Para apoiar esta tese, o autor destaca o papel da FNAT na formação de quadros corporativos, na criação de cursos, na relação com a Legião Portuguesa, na apropriação das comemorações do 1.º de Maio, na organização de exibições e festivais de ginástica, na criação de bibliotecas, na sua intervenção em programas de rádios e nos conhecidos serões para trabalhadores e no seu combate pela cultura popular, realizado em confronto com a rede de associações agrupadas na Federação de Colectividades de Cultura e Recreio[9].

O alinhamento da FNAT com este dispositivo de controlo cultural promovia-a como objecto de investigação historiográfica. O trabalho de José Carlos Valente provara que uma instituição de estatuto por vezes ambíguo[10], o que explica aliás que ao contrário de outras instituições do regime tivesse resistido mais de um ano à revolução do 25 de Abril de 1974[11], se enquadrava com perfeição no modelo de inculcação ideológica do regime de Salazar, condição legitimada pela descoberta das suas relações próximas com as congéneres alemã e italiana. O autor considera ainda que depois da Segunda Guerra Mundial, e de forma evidente a partir do final da década de cinquenta, a instituição perdeu, em consonância com a política de «desfascização» promovida pelo regime, as características que definiram o seu período inicial. O limite cronológico do seu trabalho, o ano de 1958, é considerado o período que encerra «as etapas dominadas por uma componente ideológica»[12], passando a FNAT então a afirmar-se como uma «grande infraestrutura de prestação de serviços, realçada como instrumento de concretização da política social do Estado Novo.»[13] Esta transformação sugeria uma recolocação histórica da instituição, passando a sua acção a integrar-se no processo de constituição de modelos de segurança social modernos, o que as-

---

[9] Veja-se Daniel Melo, *Salazarismo e Cultura Popular (1933-1958)* (Lisboa: Imprensa de Ciências Sociais, 2001).

[10] José Carlos Valente atribui a tardia intervenção das forças de Abril na organização estatal dos tempos livres ao facto de a FNAT, para os opositores ao Estado Novo, ser uma instituição «politicamente periférica», Valente, *Estado Novo ...*, p. 10.

[11] Os estatutos do INATEL foram apenas aprovados em 1979.

[12] Valente, *Estado Novo ...*, p. 9

[13] Idem, *idem ...*, p. 208.

sinalava o predomínio das teses de desenvolvimento industrialistas no seio do regime.

A estratégia que terá caracterizado a primeira fase da vida da instituição revelou-se ineficiente, o que se repercutiu no seu sistema de financiamento, idealmente ancorado nas contribuições dos vários organismos corporativos e seus associados, sindicatos, grémios, casas do povo, federações e uniões. A FNAT dependia em grande medida dos subsídios estatais, o que provava a dificuldade do regime em demonstrar, em especial às entidades patronais, a utilidade social de uma organização de tempos livres[14]. Reflectia-se desta forma na FNAT a falência mais genérica do corporativismo de associação. A fraca penetração da instituição no quotidiano das empresas contribuiu para acentuar a sua faceta propagandística. É fundamental averiguar, no entanto, se grande parte das actividades da FNAT nestes anos iniciais se enquadrava nos parâmetros de um sistema de inculcação ideológica. Algumas iniciativas, como os campeonatos desportivos, as férias para trabalhadores, a construção de refeitórios, dificilmente correspondiam, no que à sua prática respeitava, a um modelo de prédica nacionalista, fundamento de determinada mediação ideológica. A análise dos conteúdos de alguns programas culturais, como eram os casos dos serões para trabalhadores, mais susceptíveis de servirem uma dinâmica doutrinadora, não revelavam necessariamente uma homogeneidade cultural nacionalista, notando-se em inúmeros programas uma cedência a gostos musicais que poderíamos apelidar de comerciais, ou mesmo a um nacionalismo diverso e por vezes contraditório, que reflecte a diversidade de estratégias de mediação[15]. Mesmo quando alguns projectos da FNAT revelavam explicitamente a existência de um programa de inculcação ideológica, a avaliação da sua eficácia sujeita-se a um confronto com as práticas, decorrente de inquirições que contemplem a recepção desses projectos e as inúmeras formas de mediação contextuais[16].

---

[14] Em Itália, a OND viveu semelhantes contrariedades. Veja-se Victoria Grazia, *The Culture of Consent – Mass Organization of Leisure in Fascist Italy* (Cambridge: Cambridge University Press, 1981).

[15] Veja-se a propósito das formas de mediação cultural o artigo de Manuel Deniz Silva e Pedro Russo Moreira e o artigo de Nuno Medeiros neste volume.

[16] Mesmo num contexto em que a lógica endoutrinadora era notória, como é o caso do projecto das bibliotecas da Casa do Povo, cujo conteúdo foi analisado por Luís Reis Torgal, a análise das formas de recep-

A FNAT: regulação social, regulação do trabalho

Incrustada nos ritmos da evolução institucional do regime, a história da FNAT encontra-se refém da sua relação com determinado padrão de dominação ideológica, traduzido pelas circunstâncias de uma história nacional, politicamente contada, que adquire uma predominância na explicação das suas actividades e acção política. De modo sumário, segundo esta perspectiva, a FNAT é ideológica enquanto fascista e deixa de o ser quando se torna uma infra-estrutura de prestação de serviços inserida na política social do regime. Submetida a este enquadramento, a história da instituição é apartada das condições históricas e sociais que se encontram na génese deste tipo de organização, e que, queremos argumentar, são cruciais para interpretar a sua acção ideológica. Tal interpretação implica um retorno à sua génese corporativa, isto é, ao papel por si desempenhado na regulação das relações de trabalho. Numa perspectiva mais larga, pensamos que a história da FNAT deve ser integrada na narrativa das intervenções que visaram em contextos de desenvolvimento de uma economia capitalista a resolução dos problemas sociais suscitados pela transformação das relações económicas, questão moderna que convocou, de formas diversas e em regimes políticos distintos, a intervenção de inúmeras forças, dos interesses patronais e corporativos organizados nas empresas, dos movimentos de reforma humanistas, da igreja([17]) e em especial das instituições do Estado, onde a FNAT se inclui, situadas em várias escalas de acção institucional e por intermédio da sua capacidade de criar conhecimento e organizá-lo em políticas sociais. George Steinmetz, no seu trabalho sobre a origem do modelo social alemão, define esta política social como o resultado de

---

ção e mediação locais, sujeitas ao estudo de caso, sugeriam que o modelo de dominação era passível de ser ignorado ou mesmo subvertido. Veja-se a este propósito Luís Reis Torgal e Amadeu de Carvalho Homem, «Ideologia salazarista e 'cultura popular' - análise da biblioteca de uma Casa do Povo», *Análise Social*, vol. XVIII, n.ᵒˢ 72-73-74 (1982), pp.1437-64 e Nuno Domingos, «As Bibliotecas das Casas do Povo», in *Estudos de Sociologia da Leitura em Portugal no Século XX*, dir. Diogo Ramada Curto (Lisboa: Fundação Calouste Gulbenkian, 2006), pp. 197-238.

([17]) Em particular a encíclica de Leão XIII *Rerum Novarum*, de 1891.

um uso, parcialmente consciente, 'estratégico', de poder político, recursos económicos e de autoridade cultural para enquadrar e enformar práticas colectivas. A regulação social refere-se a todas as tentativas de organização de formas de comportamento colectivo, qualquer que seja o objectivo aparente destes esforços ou o seu grau de sucesso. Envolve a procura de compromissos formais e informais, a utilização de instituições e regras para criar e encorajar a criação de padrões de comportamento ordenados[18].

As técnicas de regulação social, no contexto das quais a organização dos tempos livres se tornou numa especialidade, foram progressivamente partilhadas em fóruns de discussão internacionais, verdadeiras «comunidades epistémicas»[19] que sob diversos modelos se incrementaram ao longo do século XX. A ascensão de movimentos políticos trabalhistas e revolucionários, e as sucessivas crises da economia capitalista, sobretudo a grande crise de 1929, que proporcionavam as condições sociais concretas conducentes à concretização do projecto político enunciado pelas narrativas revolucionárias, cimentaram a preocupação em regular a força socializadora do trabalho. Os movimentos políticos subversivos articulavam a sua acção propriamente política, fundada num conjunto de repertórios de acção, para utilizar uma conhecida expressão de Charles Tilly[20], com um conhecimento acumulado sobre a realidade concreta das relações de produção, um universo de práticas socializadoras que permita, sob a alçada do trabalho político, apelar a uma mobilização fundada numa «consciência de classe».

No contexto desta configuração conflitual, a demanda pela resolução da chamada «questão social» e a necessidade de aumentar a produtividade sustentaram o desenvolvimento de saberes específicos ocupados com o social, organizados em disciplinas como a economia social e a sociologia, cuja institucionalização dependeu em larga medida da procura de conhecimento sobre

---

[18] George Steinmetz, *Regulating the Social, The welfare and Local Politics in Imperial Germany* (New Jersey: Princeton University Press, 1993), p. 2 (tradução do autor).

[19] Conceito desenvolvido por Peter Haas, «Introduction: Epistemic Communities and International Policy Coordination», in *International Organization*, vol. XLVI (1992), pp. 1-35

[20] Charles Tilly, *From Mobilization to Revolution* (Reading, Mass: Adison-Wesley, 1978).

os mecanismos que regem as sociedades e o comportamento dos colectivos([21]). O protagonismo dos Estados durante este período acompanhou iniciativas de socialização laboral já colocadas em prática pelas grandes empresas industriais privadas, nomeadamente em contextos em que o processo de divisão do trabalho estava mais desenvolvido, tanto nas metrópoles, nomeadamente anglo-saxónicas, como no mundo colonial([22]). A intenção de resolver a «questão social» e a produção de políticas visando esse objectivo traduziram-se historicamente de modo distinto. A multiplicidade de «welfare state regimes»([23]) reflecte a diversidade dos processos históricos, dos equilíbrios entre a acção do Estado as forças económicas, os interesses de classe e profissionais, as dinâmicas locais e regionais e o tipo de sistema de enquadramento político dominante. No contexto português, o corporativismo procurou assumir esse enquadramento.

A remissão das políticas sociais para um espaço de intervenção autónomo tendeu a ocultar o facto de estas responderem, na sua génese, a problemas colocados pelas relações de produção e, portanto, intrinsecamente ligados à gestão do trabalho. A autonomia deste espaço de acção política era legitimada por um crescente sentido de justiça social. Grande parte dos agentes integrados nas instituições que produziam e aplicavam as políticas sociais partilhava a «crença» ou o «interesse» no advento destas políticas. Esta

---

([21]) Ao estudar a relação entre a prática sociológica e a construção social de problemas Rémi Lenoir refere-se a um caso específico, a construção de categorias etárias, nomeadamente a categoria da «velhice», como um exemplo da relação entre as necessidades da lógica produtiva moderna em contar com uma força de trabalho eficiente e o papel do Estado em acomodar socialmente os trabalhadores «velhos de mais» para serem produtivos. As ciências sociais, ao albergarem no seu seio especializações como a gerontologia ou a sociologia da velhice acabaram por reificar a construção da categoria etária como problema social. Remi Lenoir, *«Objet sociologique et problème social»*, in *Initation à la Pratique Sociologique*, dir. Patrick Champagne (Paris: Bordas, 1989), pp 53-100.

([22]) Peter Wagner e Björn Wittrock, «Statist and Non-Statist Societies», in *States, Social Knowledge, and the Origins of Modern Social Policies*, dir. Theda Skocpol e Dietrich Rueschemeyer (New Jersey: Princeton University Press, 1996), pp. 90-113.

([23]) Gøsta Esping-Andersen, *The Three Worlds of Welfare Capitalism* (New Jersey: Princeton University Press, 1990), p. 2.

crença, que não era abstracta, dado que as políticas sociais contribuíam efectivamente, de acordo com determinada aritmética, para uma maior justiça social, dependia, no entanto, do efeito de autonomização de um campo de saberes e problemas gerador de crenças e interesses próprios; isto é, estas políticas, decorrentes do interesse humanista na justiça social, surgiam desligadas da sua função reguladora (medida em paz social e em ganhos de produtividade). O efeito de autonomização ocultava simultaneamente o efeito real das lutas, manifestas e latentes, do factor «trabalho», elemento crucial na construção das políticas sociais e na produção do sentimento de justiça social. Como notou Bourdieu,

> ter presente que as ideologias são sempre duplamente determinadas, – que elas devem as suas características mais específicas não só aos interesses das classes ou das fracções de classe que elas exprimem (função de sociodiceia), mas também aos interesses específicos daqueles que as produzem e à lógica específica do campo de produção – é possuir o meio de evitar a redução brutal dos produtos ideológicos aos interesses das classes que eles servem (efeito de 'curto-circuito' frequente na crítica 'marxista') sem cair na ilusão idealista a qual consiste em tratar as produções ideológicas como totalidades auto-suficientes e autogeradas, passíveis de uma análise pura e puramente interna (semiologia)[24].

A FNAT e a natureza do corporativismo

A «regionalização do corporativismo», remetendo-o ao sul da Europa, e a sua evocação no contexto de um comparativismo tipológico acerca das afinidades políticas dos regimes que muitas vezes o reduz a um formalismo, contribuiu para ocultar a ideia, defendida por Manuel Lucena[25], de que o corporativismo é um produto previsível no âmbito da ascensão da indústria e do sistema económico capitalista[26] e que as «soluções corporativas correspondem

---

[24] Pierre Bourdieu, «Sobre o Poder Simbólico», in *O Poder Simbólico* (Linda-a-Velha: Difel, 1994 [1989]), p. 12.

[25] Na esteira do clássico de Manoïlesco, *Le Siècle du Corporatisme* (Paris: Alcan, 1934).

[26] Manuel Lucena, *A evolução do sistema corporativo português, I. O Salazarismo* (Lisboa: Perspectivas e Realidades, 1976), p.104.

assaz exactamente à grande empresa, com as suas necessidades de organização minuciosa, de planificação ao longo prazo, de estabilidade; e também à complexidade e vulnerabilidade das economias nacionais...»([27]). Nesse sentido, Lucena refere que o corporativismo é, no fundamental, uma forma de «reprimir o afrontamento das classes» pelo que se deveria «evitar a tentação de o identificar por força a regimes autoritários e tipicamente conservadores.»([28]) Indicava assim que o sistema resultava menos das circunstâncias de uma história política do que das solicitações do grande processo moderno de transformação das relações económicas, o que o levou a considerar que o modelo iria resistir, sob outra forma, ao fascismo, tese que continuaria a defender depois da revolução de Abril de 1974([29]). O corporativismo português perante as fracas condições para prosperar por iniciativa do patronato, soçobrando assim a ideia inicial de um modelo de «associação», foi fabricado pelo Estado, caracterizando-se, como notou Schmitter pelo efeito antecipativo e preventivo de uma transformação económica vindoura, e, noutro sentido, pela necessidade de proteger interesses instalados, sendo por isso defensivo e compartimentado([30]). A regulação das relações de trabalho tinha implicações não apenas na legitimação de um sistema económico mas também na própria legitimação social e política do regime. Esta interdependência relacionava-se ainda com a correlação de forças no universo laboral, fosse do lado dos trabalhadores, poder manifesto e latente, mais ou menos organizado, como dos patrões e das suas possibilidades materiais, tecnológicas mas também culturais, traduzidas em práticas e mundividências particulares.

A realização do inquérito à organização corporativa (1945--1947) e a criação, em 1950, do Ministério das Corporações e da Previdência Social (anexando a Subsecretaria de Estado das Corporações e Previdência Social, criada em 1933) onde foi pro-

---

([27]) Lucena, *A evolução ...*, p. 106.
([28]) Idem, *idem ...*, pp. 101-102.
([29]) Manuel Lucena, «A revolução portuguesa: do desmantelamento da organização corporativa ao duvidoso fim do corporativismo», *Análise Social*, vol. XIII, n.º 51 (1977), pp 541-592; e Manuel Lucena, «Neocorporativismo? Conceito, interesses e aplicação ao caso português», *Análise Social*, vol. XXI, n.º 87, 88, 89 (1985), pp. 819-865
([30]) Schmitter, *Portugal ...*, p.167.

movida uma nova rede de técnicos, burocrática e especializada, estabeleceram-se como sinais de mudança, que anteviam a necessidade de conciliar a aproximação a um moderno *welfare*([31]) com o padrão de organização política dominante e, directamente mais decisivo, com o modelo de planificação económica, alicerçado num conjunto de Planos de Fomento iniciados em 1953 e caracterizado também pelo reforço da internacionalização da economia portuguesa([32]). A natureza do contexto acentuava a urgência de uma intervenção estatal. A empresa era a célula de um processo de socialização laboral no âmbito do qual a FNAT desempenhava um papel decisivo na forma como poderia incorporar no tecido económico novas técnicas de regulação. Noutro sentido, esta intervenção específica devia ser complementada pelo reforço de grandes estruturas de enquadramento.

O corporativismo ou a regulação da «sociedade» da empresa

Manuel Lucena encontra em obras como *A Corporação*, de João Manuel Cortez Pinto, publicada em 1954, uma ligação genética entre o corporativismo e a *corporation* americana, fundada no exemplo de Henry Ford que «tinha dado o primeiro passo para a grande ascensão material dos trabalhadores, ao ver neles também consumidores» e também «produtores, e não como meros elementos da produção»([33]). Na sua argumentação, Cortez Pinto citava o estado da arte da investigação industrial, o trabalho dos «sociólogos e dos economistas», os «inquéritos cuidadosos», a «montagem de serviços do pessoal», as «inúmeras publicações dos centros de

---

([31]) Por esta altura apenas 37,3% dos trabalhadores activos do comércio, indústria e serviços estavam abrangidos. Veja-se José Luís Cardoso e Maria Manuel Rocha, «Corporativismo e Estado-Providência (1933-
-1962)», *Ler História*, n.º 45 (2003), p. 117.

([32]) Depois de participar no Plano Marshall, Portugal aderiu em 1948 à OECE, em 1950 à União Europeia de Pagamentos, em 1955 assinou o Acordo Monetário Europeu, em 1959 foi um dos membros fundadores da Associação Europeia de Comércio Livre, em 1960 passou a fazer parte do FMI e do Banco Mundial e, dois anos mais tarde, juntou-se ao GATT.

([33]) João Manuel Cortez Pinto, *A Corporação* (Coimbra: Coimbra Editora, 1956 [1954]), p. 280.

produtividade»([34]). O enquadramento conferido pelo Estado corporativo inspirava-se em experiências diferentes, desde o *New Deal* rooseveltiano, ao *Joint Industrial Council* inglês e à proliferação, em inúmeros países, de Conselhos Económicos e Sociais e outras formas de concertação. A defesa de uma intervenção sobre o espaço da empresa, como o lugar concreto onde se resolvia a «questão social», implicava atender a um conjunto de preocupações com o bem-estar dos trabalhadores (evitar acidentes de trabalho, doenças profissionais, humanizar o espaço de trabalho, revelando a importância do ambiente, da luz, do nível de ruído, da temperatura e da humidade([35]).

No mesmo ano em que saiu *A Corporação*, o sociólogo Adérito Sedas Nunes publicou *Situação e Problemas do Corporativismo*([36]), obra em que a centralidade da intervenção corporativa na empresa é a consequência lógica da adaptação do corporativismo ao rumo da história. O corporativismo, sustenta o autor, «é co-natural à sociedade e, por isso, deve enformar as suas superestruturas de organização. Durkheim teve razão quando o observou.»([37]) A transformação da sociedade, nomeadamente a transformação das relações de produção, obrigara a que a manutenção da estabilidade social implicasse uma acção política e que o corporativismo se tornasse numa técnica gerida pelo Estado e amparada no conhecimento sobre o social. O seu papel apaziguador devia legitimar a nação, como comunidade superior de interesses, ameaçada pela desigualdade económica, fomentadora de movimentos interna-

---

([34]) João Manuel Cortez Pinto, *A Corporação...*, p. 279.

([35]) Idem, *idem*, pp.281-289. A congénere alemã da FNAT, a «Força pela Alegria», reservou um departamento especial, designado «Beleza no Trabalho», para tratar das questões do controlo sobre o ambiente laboral.

([36]) Adérito Sedas Nunes, *Situação e Problemas do Corporativismo* (Lisboa: Gabinete de Estudos Corporativos do Centro Universitário da Mocidade Portuguesa, 1954). O livro abre a Colecção de Estudos Corporativos editada pelo Gabinete de Estudos Corporativos.

([37]) Sedas Nunes, *Situação ...*, p.38. Segundo o autor, o sistema corporativo foi inicialmemte definido em 1884 pela União Católica de Friburgo: «o regime corporativo é o modo de organização social que tem por base o agrupamento dos homens segundo a comunidade dos seus interesses naturais e das suas funções sociais, e por coroamento necessário a representação pública e distinta desses diversos organismos», Idem, *idem.* p 67.

cionalistas de ruptura. A transformação do sistema de produção ameaçava esta unidade já que tendia a produzir um grupo, formado por «operários-massa», cuja psicologia é antagónica e revoltosa. Em alternativa a esta consciência de classe, as corporações deviam criar uma «consciência corporativa», sustentada pela colaboração e não pelo antagonismo de classe. Para a formação desta consciência, faltava ao corporativismo português «sobretudo economistas ... e um pouco também verdadeiros sociólogos. Uns e outros são tão necessários como os juristas e os especialistas de filosofia social.»[38]

Na segunda parte desta obra, Sedas Nunes tratou do «problema da autoridade na empresa». A sua origem estava identificada: «O vírus da destruição interna da Sociedade é o fenómeno de divisão social que se exprime pela formação do proletariado. [...] O proletariado identifica-se, por uma psicologia criada por uma situação»[39]. Os factores básicos da «situação proletária», agentes da «proletarização», isto é, da construção de uma comunidade de interesses, eram a dependência económica; a subordinação pura (só lhe dão ordens, não lhe pedem opiniões); a posição social inferior e a impossibilidade prática de se elevar (ninguém o considera ou lhe dá atenção. Mesmo que tenha expectativas, tudo lhe é barrado); a instabilidade de vida (vive na incerteza, muda de habitação e de fábrica, é um desadaptado); e, por último, o trabalho desprovido de atractivos (o trabalho não lhe interessa, o ambiente da fábrica é péssimo).

As consequências do processo de proletarização deviam ser pensadas no contexto de modernização português. O desenvolvimento do país deveria passar por uma industrialização, numa primeira fase necessariamente sustentada em salários baixos. O cenário sugeria o perigo da proletarização, reforçado pela quebra da pertença religiosa, elemento crucial da unidade nacional. A criação de uma «consciência corporativa» exigia o recurso ao saber produzido pela florescente sociologia do trabalho, na obra de investigadores como Elton Mayo ou o marxista Georges Friedmann, bem como nas resoluções de instâncias internacionais como a OIT. O problema da proletarização combatia-se pela alteração da condição proletária, isto é, desproletarizando. Tal programa passava por integrar o operário numa comunidade de trabalho, ouvindo as suas propostas e opiniões, institucionalizando a sua participação em conselhos de

---

[38] Idem, *idem*, p. 115.
[39] Idem, *idem*, p. 151.

empresas e outros órgãos afins, dar-lhe autonomia, melhorar o ambiente de trabalho, torná-lo um colaborador, oferecendo-lhe cantinas, infantários, centros recreativos, desportivos, culturais, colónias de férias, bairros operários, serviços de transporte, etc. A FNAT era, no seu campo específico, um instrumento desta luta.

O desaparecimento «da situação proletária», decorrente do «desaparecimento das bases sociológicas fundamentais dessa situação», exigia, no entanto, mais do que uma intervenção a uma escala micro, situada no quotidiano da empresa. Para coadjuvar esta acção era indispensável, acrescentava Sedas Nunes, criar «um sistema de segurança social eficiente, só assim a reforma interna da empresa ... produzirá plenamente os seus efeitos 'desproletarizantes'»[40] Foi na década de sessenta que o sistema de enquadramento social, sobretudo depois da aprovação da lei n.º 2115 de Junho de 1962, se começa a aproximar de forma mais evidente de um moderno *welfare state*[41]. Em 1960 apenas 1 182 000 portugueses — 35,6% da população activa — estavam cobertos pela previdência social.

Progressivamente a narrativa da história da política social tenderá a separar-se da narrativa da história do corporativismo. No manual da cadeira de Política Social Portuguesa ministrada no Instituto de Estudos Sociais, António da Silva Leal situa a génese da disciplina na vocação prática da economia social, introduzida em 1911 na Universidade de Coimbra. Armindo Monteiro[42], um dos professores deste curso, resumia em 1923 da seguinte forma o exercício da economia social:

> isolamos os assalariados – a classe mais desamparada e mais numerosa – e, pelo aproveitamento de todas as possibilidades, procuramos conquistar para eles a maior soma de vantagens materiais. Esse aproveitamento exige uma análise preliminar. Dela se encarregou a Economia Social – que é assim, segundo o nosso modo de ver, o estudo das condições de vida dos assalariados e dos melhoramentos de que eles são susceptíveis[43].

---

[40] Sedas Nunes, *Situação* ..., p.196.

[41] Pereira, Victor, «Emigração e desenvolvimento da previdência social em Portugal», *Análise Social,* vol. XLIV, n.º 192 (2009), pp. 471-510.

[42] Ministro das Colónias entre 1931 e 1935 e ministro dos Negócios Estrangeiros entre 1935 e 1936.

[43] Armindo Monteiro, *Ensaio de um Curso de Economia Política,* vol. I (Coimbra: Coimbra Editora, 1923), p. 85, in António da Silva Leal, *Apontamentos das Lições proferidas pelo Dr. António da Silva Leal aos alunos do*

Nas palavras de Armindo Monteiro já se vislumbram os traços de um discurso eufemizado em que o «melhoramento das condições dos assalariados» tende a ser separado do exercício de regulação social. Silva Leal, bastantes anos mais tarde, prossegue na mesma linha, afirmando que o conceito de «política social» se caracterizava pela «acção do Estado que consiste na definição e na prossecução das condições gerais do bem-estar social» dirigindo-se às «camadas economicamente mais débeis»([44]). A política social resultava das «opções primárias ou fundamentais, através das quais o Estado define os ideais colectivos.» A política social, porque animada «de uma preocupação de eficiência deve assentar sobre um conhecimento tanto quanto possível rigoroso das condições de facto que configuram a vida colectiva»([45]).

A revolução terminológica([46]), que parecia assinalar o fim do corporativismo e a sua dissolução numa forma moderna de *welfare*, reifica os ritmos de uma história política e oculta a primazia da regulação das relações de produção na constituição de políticas sociais. Se a designação «questão social» surgira como uma alternativa à «luta de classes», aquele modo de enunciar um problema acabou também por desaparecer. As políticas sociais surgiam desta forma separadas dos problemas da ordem social e dos problemas da produtividade, e ligadas à resolução da injustiça e da desigualdade, objectivos que, dentro dos parâmetros produzidos pelo próprio campo, acabavam efectivamente por perseguir. O fenómeno fazia parte do processo de eufemização que envolveu as relações de trabalho, tanto na grande escala da designação dos problemas, como nos nomes das funções e daqueles que as preenchem, de que a sucessiva substituição de operário por trabalhador e depois por colaborador é apenas um dos exemplos mais notórios.

A análise académica recente não escapou a este processo de eufemização. Ao tentarem provar, contra a historiografia centrada na obra de Fernando Rosas, que o Estado Novo também fazia «po-

---

3.º ano (Lisboa: Instituto de Estudos Sociais, 1969/70), pp. 8-9.
   ([44]) Silva Leal, *Apontamentos...*, pp. 8-9
   ([45]) Idem, *idem*, p.13
   ([46]) Howard Wiarda refere que o Ministério das Corporações podia facilmente chamar-se Ministério do Trabalho e da Assistência Social. Wiarda, *Corporatism...*, p. 330.

lítica social», e que tais iniciativas não eram «mera acção de propaganda ideológica e política», José Luís Cardoso e Manuela Rocha acabam por apartar a formação de sistemas de segurança social centralizados no Estado dos seus contextos históricos e sociais de produção[47]. Os sistemas de protecção social são assim reduzidos ao resultado de uma procura de justiça social, «motivada por ideais de apaziguamento de conflitos e por vontade de atendimento das reclamações mais prementes...»[48]. A verdade de uma história internalista, legitima a economia como uma técnica pura. Esta narrativa autónoma sustenta-se, apontam os autores, num conjunto de obras, entre as quais se encontra o artigo de 1933 de Francisco Gomes e Cunha no primeiro número da revista *Economia e Finanças*, que antecipa a necessidade do Estado tomar em mãos a protecção social, ideia que vai sendo estimulada por aquilo que José Luís Cardoso e Manuela Rocha designam «espaço de reflexão sobre assuntos de natureza técnica»[49], âmbito em que se estuda «o problema de exequibilidade do sistema». Deste espaço de reflexão surgiram diversas propostas, como as de Júlio da Silva Gonçalves em 1945, sobre o cálculo de probabilidades da sustentação de um sistema público, depois os trabalho de Caetano Beirão da Veiga sobre repartição e capitalização (1949) e mais tarde as obras cruciais de Eurico Colares Vieira e J. Moura e Sá, na *Revista de Economia*, onde foi assumida em 1953 a expressão «segurança social» de acordo com uma recomendação do *Bureau International du Travail* de 1952[50]. Cardoso e Rocha consideram estes textos «de maior relevância para uma discussão que se pretendia científica, afastados das determinantes doutrinais da vulgata corporativa.»[51] O pensamento técnico, neste caso no contexto da institucionalização da economia, surge assim separado do campo do poder, tanto do poder político[52], como sobretudo do emergente poder eco-

---

[47] José Luís Cardoso e Maria Manuel Rocha, «Corporativismo»..., p. 113.
[48] Idem, *idem*, p. 113.
[49] Idem, *idem*, p. 125.
[50] Idem, *idem*, p. 127.
[51] Idem, *idem*, p. 126.
[52] Victor Pereira evita precisamente esta história internalista ao enquadrar a lei da previdência social de 1962 no contexto político e social criado pelo fenómeno da emigração. Pereira «Emigração...».

nómico e de uma lógica fundamentalmente produtivista. O trabalho do Gabinete de Estudos Corporativos, nomeadamente da sua revista, liderada por Pires Cardoso e por um conjunto de técnicos influenciados pela doutrina social da igreja, cujo nome mais destacado era o do sociólogo Adérito Sedas Nunes, é também integrado no movimento que procurou «reabilitar a ideia corporativa no seu conteúdo mais generoso, designadamente em matérias relacionadas com o alcance dos objectivos de justiça sociais»[53].

A autonomização de campos de saber especializados, como eram os casos da economia e da sociologia[54], produziu formas próprias de conceber problemas sociais e económicos que possuíam uma independência evidente e uma tecnicidade particular, que inclusive poderia redundar num afrontamento aos poderes. Noutro sentido, e como foi referido, autonomizaram-se dentro do aparelho de Estado instrumentos de prossecução de «justiça social». No entanto, a institucionalização de determinados saberes e técnicas de intervenção social junto do Estado implicava que os seus especialistas fossem colocados perante «problemas» cuja formulação primeira não lhes coubera, e que tendia aliás a ser esquecida ou ocultada, num processo que Bourdieu, em relação ao funcionamento típicos dos campos sociais, designou por «amnésia da génese»[55]. O argumento que situa o momento em que a FNAT se integra numa burocracia da prestação de serviços como o sinal do abandono da sua vertente ideológica reifica esta autonomização simbólica das políticas sociais, retiradas das suas condições de produção. A criação de uma organização estatal de ocupação de tempos livres respondia, no entanto, aos objectivos de uma políti-

---

[53] José Luís Cardoso e Maria Manuel Rocha, «Corporativismo»..., p. 131. Ao realizar uma história da sociologia em Portugal, Nuno Estêvão Fereira, acaba por reproduzir esta mesma narrativa. Nuno Estêvão Ferreira, *A Sociologia em Portugal: da Igreja à Universidade* (Lisboa: Imprensa de Ciências Sociais, 2006).

[54] Ver a propósito da história das ciências sociais em Portugal, nomeadamente da sociologia, o artigo de Frederico Ágoas neste volume.

[55] Cabia à historização, segundo o autor, combater a amnésia da génese: «Só a crítica histórica, arma maior da reflexividade, pode libertar o pensamento das imposições que se exercem sobre ele quando, abandonando-se às rotinas do autómato, trata como coisas construções históricas reificadas». Pierre Bourdieu, *Meditações Pascalianas* (Oeiras: Celta, 1998), p.162.

ca de acomodação social existente noutros contextos[56], enfrentando e antecipando a radical metamorfose imposta pela transformação económica.

Uma outra genealogia

Concebida a FNAT como uma instituição que, numa esfera de actividade particular, foi constituída para actuar como instrumento de regulação das relações de trabalho, e não essencialmente como parte de um sistema de inculcação ideológica partilhado com as suas congéneres fascistas (embora também o tenha sido), é fundamental reconsiderar a sua história à luz de uma outra genealogia. Em Agosto de 1945, no *Boletim Alegria no Trabalho*, órgão da FNAT, informava-se que Jorge Felner da Costa, director do periódico da FNAT *Alegria no Trabalho* e também Chefe dos Serviços Centrais da Fundação, realizara uma conferência na Sociedade de Ciências Económicas. Nos números seguintes o *Boletim* iria transcrever esta comunicação, intitulada «Alguns aspectos da valorização económica dos trabalhadores»[57]. Perante uma plateia de economistas e empresários, Felner da Costa tratou da questão da produtividade. O problema fundamental da era industrial moderna residia nas repercussões da utilização da força de trabalho. A produtividade do trabalhador nos sistemas laborais modernos sugeria a articulação de uma abordagem económica, que mensurasse os ganhos do trabalho, com uma análise das repercussões sociais da socialização laboral. Da estabilidade social do trabalhador dependia o proveito económico do seu trabalho, mas também a organização política: «A valorização dos trabalhadores, nos aspectos que vamos tratar, ocupa lugar destacado na sociologia, como sistema de dignificação do trabalho, mas está intimamente ligado à economia, pelo simples facto de, com a sua aplicação, resultar um acréscimo de rendimento da mão-de-obra, isto

---

[56] Theda Skocpol e Dietrich Rueschemeyer, *States, Social Knowledge and the Origins of Modern Social Policies* (New Jersey: Princeton University Press, 1996), p. 305.

[57] Jorge Felner da Costa, «Alguns aspectos da valorização económica dos trabalhadores portugueses – *Alegria no Trabalho – Boletim da FNAT*, n.º 9 Setembro de 1945, pp. 137-138.

é, um aumento da produtividade.»([58]) Uma cuidada análise das relações laborais sustentava esta «dignificação» do factor trabalho: «O trabalhador, considerado economicamente como factor de produção, não vai ser apreciado como instrumento de trabalho, mas, dignamente, como colaborador e associado da produtividade»([59]).

O contexto social da empresa carecia, desta forma, de uma organização cuidada. O autor destaca, por exemplo, as vantagens económicas que resultam do melhoramento da alimentação dos trabalhadores([60]). A questão estava na ordem do dia, dado que o governo acabara de aprovar um decreto-lei sobre a distribuição de refeições em refeitórios organizados (decreto-lei n.º 34.446, de Março de 1945). Segundo o espírito da lei era fundamental proporcionar aos trabalhadores industriais, que se encontravam longe das suas residências, a possibilidade de usufruírem de uma refeição. A oferta de refeição não deixava de estar relacionada, no entanto, com a condição precária da remuneração do factor trabalho: «A resolução do problema, enquadra-se, em última análise, na política dos salários [...] O fornecimento de refeições económicas traduzir-se-á assim num aumento efectivo do salário.» O benefício das cantinas para trabalhadores havia sido provado nas grandes empresas alemãs, inglesas e norte-americanas, que criaram grandes refeitórios industriais([61]). Para além da refeição, outros aspectos da vida social do trabalhador contribuíam para o aumento da produtividade. A ginástica e os desportos, por exemplo, tornavam o trabalhador mais saudável e produtivo, melhorando não apenas os seus índices físicos, mas também a sua disposição mental, apaziguada pela organização de lazeres([62]).

Felner da Costa situava o momento de institucionalização de políticas de ocupação de tempos livres na criação da norte-americana *National Recreation Association* (NRA), fundada em

---

([58]) Jorge Felner da Costa, «Alguns aspectos ...» n.º 9, p. 138.

([59]) *Ibidem*.

([60]) Jorge Felner da Costa, «Alguns aspectos da valorização económica dos trabalhadores portugueses», *Alegria no Trabalho – Boletim da FNAT*, n.º 14, Fevereiro de (1946), p.21.

([61]) Jorge Felner da Costa, «Alguns aspectos ...», n.º 14, p. 22.

([62]) Jorge Felner da Costa, «Alguns aspectos da valorização económica dos trabalhadores portugueses», *Alegria no Trabalho – Boletim da FNAT*, n.º 15, Março de 1946, pp. 41-42.

1908. A NRA, que juntava um conjunto de especialistas em «questões sociais» organizou em 1932 o I Congresso Internacional de Recreação realizado em Los Angeles, por altura dos Jogos Olímpicos que tiveram lugar na mesma cidade[63]. O objectivo deste congresso era «criar a troca de informações e experiências entre povos no que se refere aos jogos, à recreação e ao aproveitamento das horas de folga»[64]. Mais tarde estabeleceram-se em vários países diversas instituições particulares e oficiais que, inspirando-se de forma mais ou menos directa na NRA, visavam objectivos semelhantes. Entre elas, o autor coloca, em pé de igualdade, a OND, a KDF, cuja relação com a FNAT é notoriamente matizada pelo contexto do pós guerra, a *Joy and Work* inglesa, a Liga Nacional dos Trabalhadores Cristãos belga, a Sokol checoslovaca, a FNAT e a mais recente Obra Sindical Educación y Descanso espanhola. Este movimento deu origem ao II Congresso Mundial dos Vagares e da Recreação, realizado em Hamburgo em 1936, e ao III Congresso Mundial Trabalho e Alegria que decorreu em Roma em 1938. Pedro Teotónio Pereira, sub-secretário de Estado das Corporações, estabeleceu contactos com o seu congénere alemão Robert Ley em 1933[65], por ocasião de um congresso da Organização Internacional do Trabalho (OIT), braço institucional da Sociedade das Nações criado em 1919 para discutir e elaborar políticas de enquadramento laboral. Em 1924, uma resolução da OIT incluía um conjunto de recomendações sobre o tempo de descanso. Em 1930,

---

[63] Jorge Felner da Costa, «Alguns aspectos da valorização económica dos trabalhadores portugueses», *Alegria no Trabalho – Boletim da FNAT* n.º 16, Abril de 1946, p. 80.

[64] Jorge Felner da Costa, «Alguns aspectos da valorização económica dos trabalhadores portugueses», *Alegria no Trabalho – Boletim da FNAT* n.17, p.70. O programa deste congresso incluía: os desportos entre o povo, recreação nas zonas rurais, a arte aplicada no programa recreativo, a recreação nas organizações operárias, os jogos familiares a preparação nas escola do aproveitamento das férias, a formação de instrutores de recreação, a recreação e o desemprego, a recreação em grupos religiosos, a recreação e o crime, a recreação como campo de actividade pública voluntária, a recreação e o urbanismo, a recreação administrada pelo Estado, excursões, campismo e alpinismo, a juventude e o excursionismo na Alemanha, a recreação para raparigas e mulheres, o teatro na programação da recreação. Felner da Costa, «Alguns aspectos ...» n.º 17, p. 82.

[65] Valente, *Estado Novo* ...

realizou-se, na cidade de Liège, o Primeiro Congresso de Lazer dos trabalhadores, do qual resultou a criação de uma Comissão Internacional no Âmbito da OIT. Depois do já referido 1.º Congresso Internacional de Recreação, em 1932 em Los Angeles, foi ainda organizado em Bruxelas, em 1935, o Congresso Internacional do Tempos Livres dos Trabalhadores. Era visível a formação de uma «comunidade epistémica» especializada nas questões dos lazeres.

As políticas de tempo livre beneficiaram também da anterior experiência de regulação das relações de trabalho efectuada no contexto empresarial, sobretudo no universo anglo-saxónico. A organização da *Opera Nazionale Doppolavoro* foi inspirada pela prática da filial italiana da *Westinghouse*, corporação americana de electricidade, que em 1919 já possuía um pequeno instituto de regulação da mão-de-obra, inspirado nas ideias do filantropismo de Robert Owen, no paternalismo empresarial e no famoso departamento de sociologia de Henry Ford. Em Portugal, antes da criação da FNAT, já se haviam efectuado algumas experiências de organização dos tempos livres para trabalhadores nos sectores da banca e dos seguros, num contexto nacional de protecção do trabalho e organização dos lazeres dominado pelo associativismo e o mutualismo[66]. Em 1934, o Centro de Estudos Corporativos da União Nacional organizara uma colónia de férias na Costa da Caparica para servir trabalhadores do sector terciário lisboeta. Na origem desta ideia estiveram os homens que fundaram a FNAT, quase todos ligados ao Instituto Nacional do Trabalho e Previdência e especialistas em questões laborais[67].

Desproletarizar: «Quer isto dizer que a FNAT é um organismo apolítico?»

A depuração dos discursos e das palavras utilizadas para caracterizar a acção da FNAT, sobretudo a partir da década de cin-

---

[66] Halpern Pereira, «Origens...»

[67] António Júlio de Castro Fernandes, um dos fundadores do Movimento Nacional-Sindicalista e membro do Instituto Nacional do Trabalho e Previdência, Jaime Ferreira, presidente do Sindicato Nacional dos Bancários do Distrito de Lisboa – que, com Carmona, Salazar e Teotónio Pereira, constituíram a primeira direcção da FNAT – e Higino Queiroz e Mello, fundador do Instituto Nacional do Trabalho e Previdência, e futuro presidente da FNAT.

quenta, num contexto de eufemização da prática ideológica relacionada com as políticas sociais, não foi instantânea. É possível, deste modo, encontrar indícios que revelam a lógica que subjazia a prática da instituição. Em 1949, Higino de Queiroz e Mello, à época presidente da FNAT, referia-se, no programa Alegria no Trabalho da Emissora Nacional, ao espectro de acção política da fundação: «Todos sabem que dentro da FNAT não se faz política. Nos refeitórios como nas Colónias de Férias, as paredes não se encontram forradas de cartazes de propaganda, como também não se fez ali a distribuição de panfletos para conferências e discursos apologéticos.»([68]) Queiroz de Mello coloca então, retoricamente, a questão que com o tempo deixaria de ser enunciada: «quer isto dizer que a FNAT é um organismo apolítico? Por forma alguma. A FNAT é um organismo de vanguarda dentro do Estado corporativo.» O presidente da fundação resumiu então a estratégia de convencimento, dirigindo-se a um trabalhador imaginário:

> Despontou por fim um dia radioso de primavera que olhaste com desconfiança mas que a pouco e pouco te foi convencendo com as coisas que te oferecia, a dignificação do trabalho, o horário de trabalho, as casas económicas, as casas do Povo e dos Pescadores, o abono de família, o auxílio na doença e na invalidez, o seguro de velhice, os contratos colectivos de trabalho, os salários mínimos, as férias pagas, os refeitórios económicos, as colónias de férias para ti e para os teus filhos([69]).

Catorze anos mais tarde, Gonçalves Proença, ministro das Corporações e Previdência Social entre 1961 e 1970, reafirmou o sentido desta acção ideológica:

> A nossa é, por definição, uma luta pela paz e pelo entendimento entre os homens que só por si quase ficará manchada quando, para triunfar, tenha de recorrer à força. Sob tal aspecto, e sem exagero, bem se poderá dizer que a nossa vitória será tanto maior quanto mais despercebida passar aos olhos dos homens e naturalmente for aceite por estes sem constrangimentos ou coacções, mas por simples e natural adesão do seu espírito e da sua vontade livre. É o paradoxo

---

([68]) Higino Queiroz e Mello, *Alegria no Trabalho – Boletim da FNAT,* n.º 49, Janeiro de 1949, p. 2.
([69]) Queiroz e Mello, *Alegria,* ... p. 2.

da vitória que, para ser nossa, tem de o ser também daqueles sobre quem é alcançada, sob a pena de o não ser de nenhum[70].

O convencimento pela prática estabelecia-se como um outro universo de mediação ideológica. Esta relação entre a «dignificação do trabalho», a produtividade laboral e a paz social, afinidade progressivamente ocultada perante a emergência dos seus elementos como realidades autónomas, é apreensível a uma escala reduzida, mas ainda assim reveladora, na discussão que José Serra Formigal, jurista, especialista em questões do trabalho e director da Companhia Portuguesa de Ópera da FNAT criada em 1963, travou com o então presidente da instituição, Quirino Mealha, acerca da relação entre o preço dos espectáculos de ópera e a acção da FNAT. Argumentava José Serra Formigal no seu Plano de Programação para o Teatro da Trindade, onde estava sediada a referida Companhia:

> É que temos de pensar nas famílias em que o chefe tem que arcar com as despesas de todos os bilhetes, muitas vezes quatro ou cinco. Com tal preço máximo, a despesa pode atingir o limite médio de 20$00, o que é compatível com o nível de vida das classes trabalhadoras. Não podemos esquecer que, embora pareça ridículo o preço máximo de 5$00, ele é o que convém ao nosso operário se queremos realmente «desproletarizar» já que os seus salários ainda orçam, muitas vezes, pelos 30$00 a 40$00 diários, em semanas de seis dias[71].

As políticas de organização dos tempos livres dos trabalhadores são incluídas numa equação mais vasta, que juntava o preço incomensurável mas real das políticas sociais às políticas macro-económicas do regime. Desproletarizar significava, como havia notado Sedas Nunes, a alteração das condições sociológicas que sustentam a existência do proletariado, não apenas das condições que sustentavam o seu lugar no sistema de estratificação, relativamente inalterável, mas das percepções desses trabalhadores quanto ao seu lugar, isto é, uma alteração da sua identidade colectiva. Se os movimentos de base marxista

---

[70] José João Gonçalves Proença, *A política social e o desenvolvimento económico* (Lisboa: Junta de Acção Social, 1963), p. 3.
[71] Plano Geral para uma Programação Anual do Teatro da Trindade, Arquivo José Serra Formigal, pp. 5-6.

procuravam dar consciência a grupos humanos unidos pelas mesmas condições de socialização, centradas no vínculo laboral, «proletarizando», desta forma, os proletários, a acção política inerente a instituições como a FNAT procurava realizar o inverso: desproletarizar os proletários. Fazia-o, no entanto, apontando sobretudo baterias para os grupos sociais situados em posições intermédias, proletários dos serviços, operários qualificados, pequenas-burguesias em ascensão, ou em queda, grupos que subsistiam num limbo social e cuja degradação de expectativas, como notou Hermínio Martins, poderia redundar em conflitos sociais[72]. Os profissionais mais qualificados e os intelectuais que vogavam numa incerta classe média eram camadas especialmente sensíveis.[73].

A palavra «desproletarizar» foi, no contexto acima aduzido, utilizada num documento interno, que circulou entre altos funcionários do sistema corporativo. Fazendo parte de uma retórica técnica, que podia inclusivamente, em determinados meios, ter uma conotação humanista, no sentido da melhoria da condição de existência (pela perda da condição operária) a expressão tendeu a desvanecer-se com o tempo na nomenclatura da política social, legitimado pelo discurso científico, aparentemente neutro, das burocracias técnicas e da integração do conhecimento de disciplinas como a economia e a sociologia, que viviam, sob o patrocínio do Estado, um período fundamental da sua institucionalização. Independentemente das formulações, o meta-discurso desta retórica remetia sempre para o domínio da regulação social.

---

[72] Hermínio Martins, *Classe, Status e Poder* (Lisboa: Imprensa de Ciências Sociais, 1998), p. 130.

[73] Em 1956, Armando Marques Guedes, professor do ISCEF, prefaciador da edição portuguesa do Plano Beveridge (grande plano inglês de política social organizado entre 1942 e 1944 e lançado pelo governo trabalhista em 1945) denunciou a urgência do Estado impedir a proletarização de vastas camadas da população, nomeadamente os intelectuais: «o sector intelectual proletarizado pode fornecer, melhor do que nenhum outro, os quadros de comando do exército revolucionário». Armando Marques Guedes, *O Destino das Classes Médias*, separata de *Memórias* – classe de Letras – Tomo VI, (Lisboa: Academia das Ciências de Lisboa, 1956), p.15.

O crescimento da FNAT

A partir de finais da década de cinquenta a FNAT incrementou as suas actividades, aumentou o património, o número de sócios, o número de núcleos situados nas empresas e em espaços residenciais, normalmente em espaço rural, designados respectivamente por Centros Alegria no Trabalho (CAT) e Centros de Recreio Popular (CRP). Esta dinâmica é comprovada pelos dados presentes nos quadros e gráficos seguintes[74].

FNAT: Evolução do Património, Número de Sócios, Centros de Alegria no Trabalho e Centros de Recreio Popular

Ano	Património (Esc.)	Índice	N.º Sócios	Índice	N.º CAT'S	N.º CRP'S
1950	38.651.887	100,0	47.117	100,0	—	—
1951	38.096.941	98,6	51.307	108,9	238	23
1952	38.611.739	99,9	54.258	115,2	258	31
1953	42.067.681	108,8	57.370	121,8	272	46
1954	43.479.428	112,5	60.473	128,3	91	78
1955	47.212.020	122,1	63.910	135,6	301	92
1956	50.847.873	131,6	67.452	143,2	307	106
1957	53.154.958	137,5	70.389	149,4	303	104
1958	—	—	73.655	156,3	322	105
1959	—	—	77310	164,1	329	101
1960	82.942.226	214,6	81.998	174,0	341	106
1961	88.408.119	228,7	86.499	183,6	356	112
1962	103.190.634	267,0	92.460	196,2	372	113
1963	10.884.288	286,9	99.260	210,7	389	116
1964	120.759.599	312,4	104.867	222,6	441	135
1965	132.098.960	341,8	111.195	236,0	481	137
1966	144.981.923	375,1	118.500	251,5	498	123
1967	163.223.866	422,3	127.890	271,4	541	128
1968	178.106.182	460,8	138.177	293,3	582	142
1969	206.811.072	535,1	147.264	312,5	626	148
1970	239.272.069	619,0	158.775	337,0	658	156
1971	274.190.945	09,4	169.729	360,2	694	154
1972	308.316.811	797,7	180.762	383,6	728	159

(cont.)

---

[74] Quadros publicados originalmente em Nuno Domingos, *A Ópera do Trindade* (Lisboa: Lua de Papel/INET, 2007), pp. 67-68 e p. 70.

Ano	Património (Esc.)	Índice	N.º Sócios	Índice	N.º CAT'S	N.º CRP'S
1973	345.179.194	893,0	—	—	913	152
1974	388.392.989	1004,8	—	—	—	—

Fonte: Relatórios de Actividade e Contas da FNAT (1952-1974)

Variação em percentagem do IPC e do Património da FNAT nos anos de 1961 a 1974

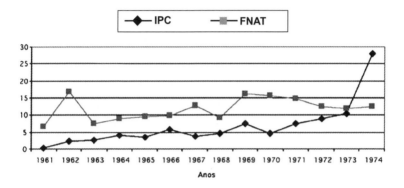

Evolução de CAT e CRP nos anos de 1951 a 1973

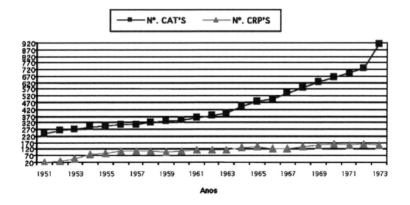

Possibilitado pelo crescimento de infra-estruturas (parques de campismo e outros locais para férias, cantinas, espaços desportivos e culturais), o aumento da actividade da FNAT representava o desenvolvimento da dinâmica corporativa, repercutindo-se nos lazeres quotidianos dos trabalhadores, nos números do turismo, nas refeições preparadas nas cantinas de fábricas e empresas, na realização de provas desportivas e serões culturais, estes muitas vezes retransmitidos pela rádio, etc. Os dados revelam ainda que a FNAT se foi tornando com o tempo uma instituição fundamentalmente urbana, onde predominavam os núcleos de organização do tempo livre situados nas empresas. Perante a dificuldade em medir a eficácia política desta acção resta afirmar que os ritmos de crescimento da FNAT, acompanhando os ritmos da penetração capitalista no país e a consequente complexificação da divisão social do trabalho, revelam a adequação de formas de enquadramento ideológico ao próprio desenvolvimento de um modelo de organização das relações de produção que se iria prolongar, com ritmos diferenciados, após o fim do regime.

Conclusão

No *Relatório e Contas da FNAT* relativo ao ano de 1973, assinado cinco dias antes do 25 de Abril de 1974, assinalava-se a necessidade de uma reestruturação da organização interna da fundação, no contexto da qual se deveria «substituir a actual administração tradicional, de índole predominantemente burocrática, por uma administração moderna, tipo *management*». A criação de uma «consciência corporativa», num contexto de progressiva importação de um vocabulário anglo-saxónico para o universo da gestão das relações de trabalho, preparava-se para ficar diluída no termo mais neutral «cultura da empresa», gerida por departamentos de recursos humanos, o que assinalava a iniciativa das próprias unidades empresariais em assegurarem um tipo e intervenção em alguns aspectos semelhante à da FNAT. A necessidade de regular as relações de trabalho, e de sofisticar os seus métodos e a sua ligação com os objectivos dos interesses da produção, tanto no nível mais micro da empresa, como do seu enquadramento estatal centrado nos sistemas de segurança social, revelava-se uma realidade bem mais persistente do que os regimes políticos que assumiam a produção de políticas sociais. O Estado português ao longo do século XX respondeu ao desafio da «questão social», promulgando leis, criando instituições e produzindo saber específico, demanda que contribui para a institucionalização de diversas disciplinas científicas. O exercício de «desproletarização» procurava anular as possibilidades concretas que conduziriam a situações de conflito social, legitimando um sistema de desigualdade, e perseguindo simultaneamente uma racionalização do trabalho e da produtividade da mão-de-obra. No caso da FNAT, a acção ideológica dissolvendo-se num discurso progressivamente eufemizado, ocultação que afecta o modo como se narra a história da instituição, manifestava-se de forma transmutada em todas as práticas que decorriam da multiplicação das suas actividades.

Bibliografia

BOURDIEU, Pierre, *O Poder Simbólico* (Linda-a-Velha: Difel, 1994 [1989]).

BOURDIEU, Pierre, *Meditações Pascalianas* (Oeiras: Celta, 1998)

CARDOSO, José Luís e Maria Manuel ROCHA, «Corporativismo e Estado-Providência (1933-1962)», *Ler História*, n.º 45 (2003), pp. 111-136.

CARDOSO, José Luís e Maria Manuel Rocha, «O seguro social obrigatório em Portugal (1919-1928): acção e limites de um estado previdente», *Análise Social*, vol. XLIV, n.º 192 (2009), pp. 439-470.

COSTA, Jorger Felner da, «Alguns aspectos da valorização económica dos trabalhadores portugueses», A alegria no trabalho, in *Alegria no Trabalho – Boletim da FNAT,* n.º 9 a n.º 15, 1945-1946.

DOMINGOS, Nuno, *A Ópera do Trindade* (Lisboa: Lua de Papel/ INET, 2007).

DOMINGOS, Nuno, «As Bibliotecas das Casas do Povo», in *Estudos de Sociologia da Leitura em Portugal no Século XX*, dir. Diogo Ramada Curto (Lisboa: Fundação Calouste Gulbenkian, 2006), pp. 197-238.

ESPING-ANDERSEN, Gøsta, *The Three Worlds of Welfare Capitalism* (New Jersey: Princeton University Press, 1990).

FERREIRA, Nuno Estêvão, *A Sociologia em Portugal: da Igreja à Universidade* (Lisboa: Imprensa de Ciências Sociais, 2006).

GRAZIA, Victoria, *The Culture of Consent – Mass Organization of Leisure in Fascist Italy* (Cambridge: Cambridge University Press, 1981).

GUEDES, Armando Marques, *O Destino das Classes Médias*. Separata de *Memórias* – classe de Letras – Tomo VI (Lisboa: Academia das Ciências de Lisboa, 1956).

GUIBENTIF, Pierre, «Génese da Previdência Social. Elementos sobre as origens da segurança social portuguesa e as suas ligações com o corporativismo», *Ler História*, n.º 5 (1995), pp. 27-58.

HAAS, Peter. «Introduction: Epistemic Communities and International Policy Coordination», in *International Organization*, vol. XLVI, n.º 1 (1992), pp. 1-35.

LEAL, António da Silva, *Apontamentos das Lições proferidas pelo Dr. António da Silva Leal aos alunos do 3.º ano* (Lisboa: Instituto de Estudos Sociais, 1969/70).

LENOIR, Rémi, «Objet sociologique et problème social», in *Initation à la Pratique Sociologique*, dir. Patrick Champagne, pp. 53-100 (Paris: Bordas, 1989).

LUCENA, Manuel, *A Evolução do Sistema Corporativo Português*, vol. I, *O Salazarismo* (Lisboa: Perspectivas e Realidades, 1976).

LUCENA, Manuel, «A revolução portuguesa: do desmantelamento da organização corporativa ao duvidoso fim do corporativismo». *Análise Social*, vol. XIII, n.º 51 (1977), pp. 541-592.

LUCENA, Manuel, «Neocorporativismo? Conceito, interesses e aplicação ao caso português», *Análise Social*, vol. XXI, n.º 87, 88, 89 (1985), pp. 819-865.

MANOÏLESCO, Mihaïl, *Le Siècle du Corporatisme* (Paris: Alcan, 1934).

MARTINS, Hermínio, *Classe, Status e Poder* (Lisboa: Imprensa de Ciências Sociais, 1998).

MELLO, Higino Queiroz e, *Alegria no Trabalho – Boletim da FNAT* n.º 49, Janeiro de 1949.

MELO, Daniel, *Salazarismo e Cultura Popular (1933-1958)* (Lisboa: Imprensa de Ciências Sociais, 2001).

NUNES, Adérito Sedas, *Situação e Problemas do Corporativismo* (Lisboa: Gabinete de Estudos Corporativos do Centro Universitário da Mocidade Portuguesa, 1954).

PATRIARCA, Fátima, *A Questão Social no Salazarismo, 1930-1947.* (Lisboa: INCM, 1995).

PEREIRA, Miriam Halpern, «Origens do Estado Providência em Portugal: as novas fronteiras entre o público e o privado», *Ler História*, n.º 37 (1999), pp. 45-63.

PEREIRA, Victor, «Emigração e desenvolvimento da previdência social em Portugal», *Análise Social*, vol. XLIV, n.º 192 (2009), pp. 471-510.

Plano Geral para uma Programação Anual do Teatro da Trindade, Arquivo José Serra Formigal.

PROENÇA, José JoãoGonçalves, *A Política Social e o Desenvolvimento Económico* (Lisboa: Junta de Acção Social, 1963).

ROSAS, Fernando, «O salazarismo e o homem novo: ensaio sobre o Estado Novo e a questão do totalitarismo», *Análise Social*, vol. XXXV, n.º 157 (2001), pp. 1031-1054.

SCHMITTER, Philippe C., *Portugal: do Autoritarismo à Democracia* (Lisboa: Imprensa de Ciências Sociais, 1999).

SKOCPOL, Theda e Dietrich Rueschemeyer, *States, Social Knowledge and the Origins of Modern Social Policies* (New Jersey: Princeton: University Press, 1996).

STEINMETZ, George, *Regulating the Social, The welfare and Local Politics in Imperial Germany* (New Jersey: Princeton University Press, 1993).

TILLY, Charles, *From Mobilization to Revolution* (Reading, Mass: Adison-Wesley, 1978).

TORGAL, Luís Reis e Amadeu de Carvalho HOMEM, «Ideologia salazarista e 'cultura popular' - análise da biblioteca de uma Casa do Povo», *Análise Social*, vol. XVIII, n.ºs 72-73-74 (1982), pp.1437-64.

VALENTE, José Carlos, *Estado Novo e Alegria no Trabalho, Uma História Política da FNAT* (Lisboa: Colibri, 1999).

WAGNER, Peter e Björn Wittrock, «Statist and Non-Statist Societies», in *States, Social Knowledge, and the Origins of Modern Social*

Policies, dir. Theda Skocpol e Dietrich Rueschemeyer (New Jersey: Princeton University Press, 1996), pp. 90-113.

WIARDA, HOWARD G., *Corporatism and Development: the Portuguese Experience* (Amherst: The University of Massachusets Press, 1977).

FREDERICO ÁGOAS

6

Economia rural e investigação social agrária nos primórdios da sociologia em Portugal.

A introdução formal de conteúdos sociológicos e a instituição de uma cadeira de «História da Agricultura e Sociologia Rural» no currículo académico do Instituto Superior de Agronomia (ISA), em 1955, têm sido desconsideradas pela história das ciências sociais ou entendidas como medida mais ou menos avulsa do governo em funções([1]). Neste último caso, as razões aduzidas para explicar a ocorrência limitam-se a evocar a letra da lei que a decretava e que dava conta da necessidade de «melhorar a formação humanística dos futuros diplomados, por

---

([1]) Veja-se, respectivamente, as duas mais recentes sínteses sobre a história da sociologia em Portugal (que não fazem qualquer menção à ocorrência) e a única monografia dedicada ao mesmo tema: Virgílio Borges Pereira, «Le difficile essor de la sociologie portugaise», *Actes de la Recherche en Sciences Sociales*, n.º 176-177 (2009), pp. 157-159; Fernando Luís Machado, «Meio século de investigação sociológica em Portugal - uma interpretação empiricamente ilustrada», *Sociologia*, vol. XIX, (2008), pp. 283-343; e Nuno Estêvão Ferreira, *A Sociologia em Portugal: da Igreja à Universidade* (Lisboa: Instituto de Ciências Sociais, 2006).

forma a poupá-los aos excessos de um tecnicismo absorvente e a favorecer a sua integração nas realidades sociais dos meios em que terão normalmente de trabalhar»([2]).

Ora o facto é no mínimo curioso, atendendo à reputada e unanimemente reconhecida desconfiança política do Estado Novo (1933-1974) face àquelas ciências e à sociologia em particular([3]). Tanto mais se considerarmos que aquela medida se integrava numa iniciativa mais geral, da responsabilidade do Ministério da Educação Nacional, em que se previa a criação de disciplinas de sociologia em diversos cursos do ensino superior, nomeadamente nos cursos de Engenharia das Faculdades de Ciências das Universidades de Coimbra, Lisboa e Porto, no curso de Engenharia do Instituto Superior Técnico (também em 1955), e, um ano mais tarde, na Escola Superior de Medicina Veterinária([4]) – todas elas com objectivos declarados idênticos aos da cadeira de «Sociologia Rural» e igualmente desconsideradas pela sobredita historiografia. E se a influência intelectual e política do designado reformismo católico poderá ajudar a compreender o consenso então reunido em torno da iniciativa([5]), aparentemente inspirada nos princípios conservadores da doutrina social da Igreja, e até mesmo a legitimidade ideológica de alguns dos seus primeiros regentes e especificamente de Eugénio de Castro Caldas, primeiro responsável pela cadeira no ISA e à data destacada figura do apostolado laico, ela está longe de poder explicar por si mesma a instituição de qualquer uma daquelas cátedras – em boa verdade, produtos residuais de dinâmicas epistémicas e sociais paralelas, é certo, mas relativamente autónomas.

No que se refere a este ponto e a respeito do ISA (sobre o qual nos centraremos), bastará evocar como logo em 1949 (e de iniciativa própria) o mesmo Eugénio de Castro Caldas incorporaria no

---

([2]) Decreto n.º 40 364, de 27 de Outubro de 1955.

([3]) Veja-se, por exemplo, Virgílio Borges Pereira, «Le difficile essor de la sociologie portugaise», p. 157.

([4]) Decreto n.º 40 378, de 14 de Novembro de 1955, para os cursos de engenharia; e Decreto n.º 40 844, de 5 de Novembro de 1956, para o curso de medicina veterinária.

([5]) É neste contexto ideológico genérico que Nuno Estevão Ferreira situa a instituição formal da sociologia rural no Instituto Superior de Agronomia (*A Sociologia em Portugal...*, pp. 35-51).

programa da cadeira de «Agricultura Comparada e Geografia Económica» uma forte componente sociológica, cabalmente traduzida aliás no título da sebenta que circulava entre os alunos – «Lições de Geografia Agrária e Sociologia Rural»([6]); ou como ainda no decurso dessa década, o militante oposicionista Henrique de Barros, começaria por invocar a mesma disciplina no âmbito das suas lições de *Economia Agrária*. Nas suas palavras, o estudo da população dos meios rurais, inerente à concepção científico-social que então apontava para aquela economia, a tal o constrangia; e a tendência intrínseca para a diferenciação disciplinar das ciências, assim o justificava([7]). Longe de ser inédita, porém, semelhante orientação teórica tinha já veneráveis pergaminhos no ISA; e mais do que a qualquer disposição espontânea para a fragmentação dos saberes, a imposição da sociologia começaria por corresponder ao advento e delimitação de preocupações económico-políticas com o «bem-estar» da população. Como veremos, a sua consagração universitária, no ISA, não seria senão o culminar de um longo processo científico-institucional (mas não estritamente académico, como dissemos) que conduziria primeiro à implantação de um programa de pesquisa apontado ao saneamento físico e moral do povo rústico e, de forma mais abrangente, à reforma da economia e sociedade rurais, a executar pelo Estado – uma «agronomia de clínica geral», nas palavras de um eminente professor daquela escola, de que se viriam destacar, progressivamente, o problema da reprodução da força de trabalho agrícola e, no limite, a necessidade de apuramento das suas condições de vida.

Digno por si só de anotação e análise (à margem daquele corolário), pelo significado de que se reveste quanto à relação biunívoca entre a acção governativa e a produção de saberes (e pela própria relevância dos resultados que alcançou), o exame de semelhante programa encerra ainda algumas implicações para a história das ciências sociais e, mais genericamente, para a história da investigação social em Portugal – que não serão abordadas aqui

---

([6]) [Eugénio de] Castro Caldas, «Apontamentos da Cadeira de Agricultura Comparada», sebenta das lições (Lisboa: ISA, 1949-1950).

([7]) Henrique de Barros, *Economia Agrária*, vol. I (Lisboa: Livraria Sá da Costa, 1948), pp. 63-65 e 17-20.

por extenso mas que apontaremos no final como hipóteses([8]).
É que assentir na importância substantiva dos trabalhos académicos e administrativos que lhe deram corpo – até hoje só parcialmente reconhecida – e afirmar a sua especificidade relativa face à economia e a outros saberes coevos – como faremos no presente texto – permite discutir a dupla convicção, mais ou menos consensual, de que aos primeiros inquéritos sociais de iniciativa estatal empreendidos ainda em plena Monarquia (a partir da década de 1880) e prosseguidos pela I República, sucederia o vazio, com o advento do Estado Novo([9]); e que é em terreno virgem, a partir da década de cinquenta e sobretudo da década seguinte, que se procederá aos primeiros estudos sociológicos sobre o país, após algumas iniciativas esporádicas nas primeiras décadas do século XX([10]). Desnecessário será afirmar que está também em causa aquilo que se entende por sociologia. A discussão extravasa o âmbito do presente texto mas talvez se deva anotar, por ora, que se as definições não traduzem as modalidades históricas do que designam, as classificações disciplinares não podem substituir-se à reconstituição historiográfica dos saberes que as precederam([11]). Tanto mais que assim se desprezam não só as eventuais relações entre a investigação burocrática e a constituição de disciplinas científicas, como também a ascendência que sobre elas possam ter tido outros saberes académicos.

Seja como for, e de forma mais restrita, o presente artigo submeterá o referido processo a um resumo esquemático onde se evidenciem os regimes de causalidade nele envolvidos – cujos nexos não especificaremos aqui em todo o detalhe para não perder de vista a

---

([8]) Num outro trabalho, actualmente em curso, estes dois pontos são objecto de desenvolvimento alargado.

([9]) Sobre a investigação social de iniciativa estatal nos períodos referidos veja-se Nuno Luís Madureira, *As Ideias e os Números. Ciência, Administração e Estatística em Portugal* (Lisboa: Livros Horizonte, 2006), capítulo 4.

([10]) A este respeito em particular veja-se, por exemplo, o já citado artigo de Virgílio Borges Pereira, «Le difficile essor de la sociologie portugaise».

([11]) Sobre este assunto veja-se, entre outros, Roger Chartier, «Qu'est--ce qu'une discipline? Luigi Einaudi et l'histoire de l'économie politique», *Revue de synthése* (1989), pp. 257-275; e Claude Blankaert, «Fondements disciplinaires de l'anthropologie française au XIXe siècle», *Politix*, n.º 29 (1995), pp. 31-54.

narrativa dos factos, eles próprios largamente desconhecidos([12]). De resto, trata-se sobretudo de explicitar as condições de produção e os contornos mais salientes dos trabalhos que, pelo seu valor paradigmático, melhor representam o referido programa de pesquisa e o processo que lhe deu origem – o *Inquérito Económico-Agrícola* (1934-1936) e o *Inquérito à Habitação Rural* (1943-1947), ambos do ISA, hoje praticamente esquecidos mas verdadeiros marcos da investigação social em Portugal([13]).

*

Comecemos por recuar a meados da década de 1910 e à cadeira de «Economia e Administração Rurais. Princípios de Direito Administrativo. Legislação Agrária. Organização Comercial da Agricultura» regida pelo conde de Nova Goa, D. Luís de Castro, para ver emergir no ISA, das suas lições e de alguns trabalhos de investigação executados sob a sua orientação, o tema da população (e das respectivas condições de vida); ou melhor seria dizer, e com mais propriedade, para ver então despontar o tema da *despopulação* (e das suas causas materiais)([14]), pois é assim que a dita figura começará por ser explícita ou implicitamente discursada em termos correntes para a época a nível internacional e vulgarizados pelo

---

([12]) Registe-se, não obstante, a síntese institucional da autoria de Fernando Estácio, «O caso das ciências sociais aplicadas à agricultura», in *História e Desenvolvimento da Ciências em Portugal no século XX*, AAVV (Lisboa: Academia de Ciências de Lisboa, 1992), pp. 791-806; e destaque-se o artigo de Fernando Oliveira Baptista, «Pequena agricultura: economia agrária e política agrária (anos trinta-1974)», *Revista Crítica de Ciências Sociais*, n.º 7/8 (1981), pp. 59-81.

([13]) Sobre o *Inquérito à Habitação Rural* veja-se João Leal, *Etnografias Portuguesas (1870-1970) Cultura Popular e Identidade Nacional* (Lisboa: Publicações Dom Quixote, 2000), capítulo 5, de que colhemos parte das informações que aqui veiculamos relativamente ao referido inquérito.

([14]) Sobre Luís de Castro e sobre as orientações científicas e pedagógicas por si perfilhadas veja-se, respectivamente, Fernando Estácio, «Dom Luís Filipe de Castro. O professor e primeiro presidente da SCAP», *Revista de Ciências Agrárias*, vol. XXVIII, n.º 1 (2005), pp. 468-473; e Felipe de Figueiredo, «D. Luís de Castro», *Agros*, fasc. 9-12, (Setembro-Dezembro de 1929), pp. 193-206. Veja-se ainda Henrique de Barros, *D. Luís de Castro: recordando uma figura ilustre da agronomia nacional desaparecida há 30 anos*, Separata do «Jornal da F. N. T. P» (Lisboa: s/ed., 1958).

demógrafo francês Arsène Dumont – por oposição a teses naturalistas de índole racial ou hereditária que pretendiam explicar, também elas, o êxodo rural[15]. Em parte, a inovação decorria da própria reorientação imposta à disciplina, até aí predominantemente centrada nos preceitos administrativos e contabilísticos da gestão agrícola, substituídos agora pelo estudo da economia política e pelos princípios da «nova» economia social[16]. Porque, enfim, afirmava o seu regente, à economia rural (enquanto ciência social e, portanto, como economia política rural) cabia não só o «estudo das leis da produção e o exame das condições que asseguram a prosperidade das empresas de exploração do solo» – da *economia agrícola* em sentido estrito; como também da *política agrária*, consignada ao estudo «dos problemas rurais sob o ponto de vista dos interesses sociais da nacionalidade» e muito em particular da população – «motor essencial que põe em movimento a máquina económica e que tanto interesse desperta entre nós pelas suas modalidades, seus aspectos tão variados, suas qualidades e defeitos e por esse fenómeno dominante, entre nós, da *emigração*»[17].

Paralelamente, e a par de outras inovações pedagógicas e metodológicas mais estritamente económicas, seriam então instaurados no âmbito da mesma cadeira dois procedimentos de pesquisa que lhe eram especificamente destinados: o *estudo demográfico*, por recurso ao número das estatísticas populacionais, e aquilo que de forma pontual mas particularmente expressiva seria então designado (por um aluno de Luís de Castro) de *estudo demológico*, recorrendo também a dados colhidos por inquérito[18]. Mas mais do que o reflexo de qualquer redefinição teórica, ela

---

[15] Arsène Dumont, *Dépopulation et Civilisation: Étude Démographique* (Paris: Lecrosnier et Babé, 1890).

[16] Sobre a orientação teórica imposta à referida cadeira registe-se a opinião de Felipe de Figueiredo: «Baseando-se nos princípios fundamentais da Economia Política, ela vem trazer à Agronomia o ponto de vista sociológico, o conhecimento do meio social em que a indústria tem de funcionar e a cujas necessidades tem de satisfazer» (Felipe de Figueiredo, «D. Luís de Castro», p. 197).

[17] [D. Luís de Castro], *Apontamentos para a lição d'Abertura do curso d'Economia Rural (Ano lectivo de 1919-1920)* (Famalicão: Typ. «Minerva» de Cruz, Souza & Barbosa, Lda., 1920), pp. 5 e 10-11.

[18] Benjamim Benoliel, «População. Importância do seu estudo dentro da Economia», *Agros*, II Série – 3.º ano, n.º 6 (Junho de 1927), p. 130.

própria largamente determinada por circunstâncias extrínsecas e implantada apenas depois da reintegração do conde de Nova Goa no ISA, em 1917 (após afastamento forçado); ou, até mesmo, do que o compromisso republicano com a questão social, que em Direito levaria à consagração do tema e à autonomização académica da cadeira de «Economia Social» (de carácter essencialmente jurídico)[19], eram os efeitos de uma crise económica prolongada que a guerra de 1914-1918 viera agravar e, em particular, a emigração, a Norte do país, e o conflito social, a Sul, que motivavam as alterações ao programa e aos métodos preconizados[20].

O facto teria expressão inequívoca em alguns ensaios escolares dedicados ao tema, que davam conta das preocupações dos seus autores – alunos de Castro e, em parte importante, herdeiros de proprietários rurais[21] – quanto à alta de salários e à falta de mão-de-obra (ou, numa palavra, quanto aos efeitos nefastos da despopulação) e que faziam eco das poucas vozes que por então se levan-

---

[19] Veja-se José de Azeredo Perdigão, compil., *Lições de Economia Social Feitas ao Curso do 3.º Ano de 1916 pelo Ex.mo Sr. Dr. Fernando Emídio da Silva* (Lisboa, Tip. do Inst. Prof. dos Pup. Do Exérc., 1916).

[20] Num outro texto, sensivelmente da mesma altura (e a respeito do mesmo tópico), Luís de Castro evocava ainda a necessidade de formar não só agricultores diplomados, como também «dirigentes» sociais. Veja-se (D. Luís de Castro, «A cadeira de Economia Rural, Legislação e Estatística», in *Agros*, número especial dedicado ao ensino da agronomia e da silvicultura [1927], pp. 311-312). Veja-se ainda D. Luís de Castro, *Prelecção inaugural da cadeira de Economia Rural no ano lectivo de 1921-22* (Coimbra: Imprensa da Universidade, 1922).

[21] Embora não disponhamos de dados quantitativos sobre o assunto, é de supor, pelas próprias indicações veiculadas por estes trabalhos, que fosse bastante importante o contingente de herdeiros de proprietários rurais nas fileiras académicas do ISA. O excerto de um texto de Ferreira Lapa (director do Instituto de Agronomia e Veterinária entre 1877 e 1892), parece apontar também nesse sentido: «(...) [o instituto devia esforçar-se por atrair aos seus cursos] o maior número possível de herdeiros ou descendentes de proprietários rurais, afim de não só fazer recair a instrução agronómica a quem melhor a pode usar em proveito público; mas para refrear de algum modo esta deserção cada vez maior que se está produzindo no que há de mais nobre em inteligências e fortunas, dos campos para as cidades». O excerto transcrito é citado por Maria Carlos Radich, «Ciências agrárias, sociedade e tecnologia no Portugal oitocentista», *Revista de Ciências Agrárias*, XXVIII, n.º 1 (2005), p. 413.

tam reclamando a reforma geral da grei rústica, como Anselmo de Andrade, Ezequiel de Campos ou Oliveira Salazar[22]. O mesmo facto teria tradução alargada numa pequena mas consistente série de monografias regionais e locais, ora exercícios curriculares, ora relatórios finais de curso dos mesmos alunos, realizados nos lugares de que eram nativos e que, desde então, passariam a contar de forma sistemática com alíneas ou capítulos inteiros de índole demográfica (entre outros agronómicos e geográficos, como já era comum), para assumirem depois um formato caracteristicamente leplaysiano, de acordo com as indicações directas do professor[23]. Aplicadas por inquérito directo e organizadas nos termos consagrados pela «Ciência Social» protagonizada pelo engenheiro de minas francês Frédéric Le Play, discorriam com assinalável detalhe acerca das circunstâncias genéricas da designada «vida social» das freguesias monografadas, e sobre as subsistências (e eventuais explorações agrícolas) das famílias autóctones, com base em «casos-tipo» previamente definidos e seleccionados em função do ramo de actividade do respectivo chefe e da posição económica (e suposta «normalidade») do agregado. A estes elementos acrescia por vezes o registo mais ou menos pormenorizado dos orçamentos domésticos pelas alíneas convencionadas (alimentação, habitação, vestuário e despesas diversas), diligências então apenas comparáveis ao conhecido trabalho do sociólogo leplaysiano Léon Poinsard, *Portugal Ignorado*, publicado em 1912[24]; a outras iniciativas

---

[22] Veja-se, designadamente, Carlos Artur de Melo Vieira, «Subsídios para o estudo da população agrícola», relatório final do curso de Engenheiro Agrónomo (Lisboa: ISA-UTL, 1921); e Alfredo Alberto da Silveira e Lorena, «Notas sobre a crise actual dos géneros e salários», relatório final do curso de Engenheiro Agrónomo (Lisboa: ISA-UTL, 1921).

[23] Sobre este último ponto, veja-se Eduardo Augusto Mendes Frazão, «Esboço de uma Monografia da freguesia de Alcoentre», exercício curricular da cadeira de Economia Rural (Lisboa: ISA-UTL, 7 de Janeiro de 1923), s. p.

[24] *Portugal Ignorado* (Porto: Magalhães & Moniz Lda., 1912), de Léon Poinsard, seria pontualmente precedido e prosseguido por outros trabalhos mais ou menos avulsos com a mesma orientação científico-social. Sobre estes trabalhos e sobre a influência da sociologia da Escola de Le Play durante o período do Estado Novo veja-se Bernard Kalaora, «Paul Descamps ou la sociologie leplaysienne à l'épreuve du Portugal de Salazar», *Gradhiva*, n.º 6 (1989), pp. 50-64; veja-se ainda Fernando Medeiros, *Groupes domestiques et habitat rural dans le nord du Portugal. La contribution de l'école de Le Play (1908-1934)* (Paris:

avulsas empreendidas pelo publicista Bento Carqueja e nomeadamente ao seu livro *O Povo Portuguez. Aspectos Sociaes e Económicos*([25]); e, sobretudo, a alguns inquéritos de iniciativa estatal, e em particular ao inquérito orçamental de 1916, a que o recém-criado Ministério do Trabalho acabaria por não dar seguimento([26]).

A um olhar global sobre a população natural dos censos, de carácter essencialmente vitalista, sobreviria assim a inventariação mais ou menos sistemática do modo de vida dos seus componentes – uma taxonomia das famílias rurais, se quisermos, da qual se destacava, por seu turno, se não uma sociologia, pelo menos uma impressiva sociografia rural. O seu sinal mais aparente seria a inclusão ocasional, nalgumas daquelas monografias, da fotografia, retratando aspectos anódinos da vida nos campos, na sua vulgaridade quotidiana, e ainda das próprias famílias, no seu habitat social. Mas a sua instituição ficaria marcada sobretudo pela consagração de uma figura *mais abrangente* da população, enquanto categoria «demológica», apartada de outras veiculadas por saberes equiparáveis como a etnografia (por então centrada na arte popular)([27]) ou os designados estudos locais (de larga difusão mas de cariz essencialmente historiográfico e de marcado pendor literário)([28]), muito embora, sublinhe-se, *pouco mais do que circunstancial* – determinada como estava, no ISA, pela procedência avulsa dos seus subscritores e por uma representação algo idealizada do povo rústico, cuja não-conformidade efectivamente apurada (a pobreza, o conflito social ou a emigração, por exemplo, indistintamente imputados à decadência dos costumes) justificaria apelos de reparação estatal mas não chegaria a pôr em causa a propriedade dessa imagem. As qualificações que um outro aluno de Luís de Castro adjudicava às gentes de uma das freguesias

---

Centro Cultural Português, Fundação Calouste Gulbenkian, 1985).

([25]) Bento Carqueja, *O Povo Portuguez. Aspectos Sociaes e Económicos* (Porto: Chardron, 1916).

([26]) Sobre estes trabalhos veja-se Nuno Luís Madureira, *As Ideias e os Números...*, capítulo 4.

([27]) João Leal, *Etnografias Portuguesas...*, capítulo 1; e João Leal, *Antropologia em Portugal. Mestres, Percursos, Transições* (Lisboa: Livros Horizonte, 2006), capítulo 9.

([28]) Augusto Santos Silva, *Palavras para um País*, (Oeiras: Celta, 1997), capítulo 7.

do seu concelho resumem-na convenientemente: «Não é um povo bolchevista e tem poucas aspirações. Apenas deseja ganhar para vestir bem e para comer»([29]).

*

De resto, esta primeira e breve fase de estudos económico-sociais no ISA não sobreviveria à morte do seu principal instigador, D. Luís de Castro, em 1927. Isto num panorama científico-institucional já de si debilitado e a que algumas das primeiras medidas do Estado Novo aplicariam o derradeiro golpe de misericórdia, ao proibirem a acumulação de cargos docentes com cargos de investigação e ao descartarem finalmente o estudo da economia rural da nova Estação Agronómica Nacional (que substituiria a extinta Estação Agrária Central e a sua Divisão de Estudos Económicos) ([30]). O facto não invalida que seja necessário invocar outras diligências do novo regime para compreender a prolífica fase de investigação económico-social que lhe sucederia. Antes de mais, a reestruturação do sistema universitário e a criação da Universidade Técnica de Lisboa, em 1930 (ainda durante o período da Ditadura Militar), onde seria integrado o ISA e que daria expressão a uma concepção renovada do ensino superior, quanto ao seu relacionamento com o Estado e às funções que lhe deviam competir (e nomeadamente no desenvolvimento económico do país)([31]); mas também, e talvez sobretudo, a dignificação política do designado reformismo agrário, consubstanciada na nomeação do reformista Rafael Duque para a

---

([29]) Manuel Martins Baptista, «Estudos sob o ponto de vista económico e social, baseados no estudo das famílias segundo o método monográfico de Le Play (concelho de Cantanhede)» relatório final do curso de Engenheiro Agrónomo (Lisboa: ISA-UTL, 1926), p. 140.

([30]) Veja-se Mário de Azevedo Gomes, *Informação histórica a respeito da evolução do ensino agrícola superior* (Lisboa: Editorial Inquérito, 1958), pp. 55-57; e Fernando Estácio, «O caso das ciências sociais aplicadas à agricultura», p. 796.

([31]) Relativamente a este assunto seguimos a síntese do processo proposta por Carlos Manuel Gonçalves, *Emergência e Consolidação dos Economistas em Portugal* (Porto: Edições Afrontamento, 2006), pp. 131-138. Sobre a mesma medida veja-se também Moisés Bensabat Amzalak, *Para a História da Universidade Técnica de Lisboa – A fundação da Universidade* (Lisboa: Editorial Império, 1956).

pasta da Agricultura (em 1934) e no lançamento de importantes medidas infraestruturais apontadas ao meio rural([32]) – entre as quais, ambiciosos projectos de povoamento florestal, de hidráulica agrícola e de colonização interna, de acordo com a doutrina condensada por Oliveira Martins em 1887 e que contemplavam nomeadamente o emparcelamento das pequenas propriedades a norte do Tejo, o parcelamento das grandes herdades do Sul e a instalação de «colonos» provenientes das primeiras nos terrenos das segundas([33]).

De forma mais geral, e entre certos sectores governativos, é a própria atitude política face ao Estado que, filiada naquela tradição doutrinária, se atribuirá um papel central na direcção da vida económica e social da nação – que terá precisamente por base a intervenção ao nível da questão agrária, procurando (circunstancialmente, é certo) lançar as bases agrícolas da modernização industrial, responder ao impasse de um modelo económico centrado no proteccionismo das grandes produções e absorver um excesso populacional a que agricultura existente não consegue dar resposta e que terá tradução simultânea numa reputada «fome de terra» e numa efectiva escassez de alimentos([34]). Será o próprio Rafael Duque a afirmá-lo numa conferência já de 1940, a este título paradigmática e intitulada precisamente *As Subsistências e a População*,

---

([32]) Sobre esta tradição do pensamento agrário português e respectiva evolução veja-se Fernando Rosas, «O pensamento reformista agrário no século XX em Portugal: elementos para o seu estudo», in *Actas do Encontro Ibérico sobre História do Pensamento Económico*, dir. José Luís Cardoso e António Almodovar (Lisboa: CISEP, 1992), pp. 357-372. Sobre o mesmo assunto veja-se ainda Luciano do Amaral, «Reformismo Agrário», in *Dicionário de História do Estado Novo*, dir. Fernando Rosas e José Maria Brandão de Brito, vol. II (Venda Nova: Bertrand, 1996), pp. 821-823; e Fernando Rosas, *O Estado Novo*, vol. VII de *História de Portugal*, dir. José Mattoso (Lisboa: Editorial Estampa, 1994), pp. 432-433. Sobre Rafael Duque veja-se Luciano do Amaral, «Rafael Duque», in *Dicionário de História do Estado Novo*, dir. Fernando Rosas e José Maria Brandão de Brito, vol. I, (Venda Nova: Bertrand, 1996), pp. 278-279.

([33]) «Projecto de lei de fomento rural», in Oliveira Martins, *Fomento Rural e Emigração* (Lisboa: Guimarães Editora, 1994), pp. 9-156.

([34]) Fernando Rosas, «Rafael Duque e a política agrária do Estado Novo (1934-44)», *Análise Social*, vol. XXVI, n.º 112-113 (1991), pp. 771--790.

onde destacava, como «problema central do nosso tempo», a necessidade de «estabelecer as condições gerais que contribuam para absorver os excedentes da população; fazer de elementos inactivos ou de fraca produtividade instrumentos criadores de riqueza socialmente útil, restituindo-lhes poder de compra para satisfação das necessidades próprias e da família»[35]. E se é verdade que este impulso reformista (em si mesmo com fraquíssimos resultados ao nível da colonização interna) acabaria por sucumbir aos efeitos económicos da II Guerra Mundial e ao contra-ataque ideológico-político do poderoso lóbi dos senhores da terra[36], não é menos verdade que muito contribuiria para o desenvolvimento dos saberes sócio-agrários (entre outros), dentro e fora do ISA.

Desde logo pelo enquadramento político que proporcionará às primeiras iniciativas destinadas a apurar a situação económico-social da agricultura portuguesa (e da população rural em específico) e nomeadamente ao *Inquérito Económico-Agrícola* e ao *Inquérito à Habitação Rural*, a que não deu directamente origem mas a cujos resultados e metodologias começou por conferir suporte ideológico e até mesmo visibilidade, pelo aproveitamento a que os submeterá no quadro das referidas políticas de hidráulica agrícola e de colonização interna. Mas também, directamente (e como teremos oportunidade de ver de passagem), por via de iniciativas das próprias Junta Autónoma de Obras de Hidráulica Agrícola e Junta de Colonização Interna, e do regime de cooperação oficial estabelecido entre ambas e o ISA, que darão seguimento àqueles inquéritos – nomeadamente em dezenas de monografias locais (na sua esmagadora maioria inéditas) produzidas pelos alunos finalistas do ISA em estágio curricular naqueles organismos e realizadas no âmbito das suas atribuições técnicas[37].

---

[35] Rafael Duque, *As Subsistências e a População*, conferência proferida em 17 de Abril de 1940, no Teatro da Trindade, pelo Ministro da Agricultura Dr. Rafael Duque, a convite da União Nacional (Lisboa: Ministério da Agricultura, Direcção Geral dos Serviços Agrícolas, Repartição de Estudos Informação e Propaganda, 1940), pp. 28-29.

[36] Fernando Oliveira Baptista, *A Política agrária do Estado Novo* (Porto: Edições Afrontamento, 1993), pp. 29-30, 36 e 39-40.

[37] Para uma lista completa dos relatórios finais de curso dos alunos do Instituto Superior de Agronomia entre 1858 e 1953 veja-se Mário de Azevedo Gomes, *Informação histórica a respeito da evolução do ensino agrícola superior*, pp. 73-129.

Efectivamente, são estes os factores que precisam de ser apontados – para além, claro está, da própria experiência científica acumulada no ISA e da influência metodológica de práticas internacionais equivalentes – para compreender a execução e a publicação do *Inquérito Económico-Agrícola* e do *Inquérito à Habitação Rural*, promovidos pelo Senado Universitário da recém-criada Universidade Técnica (no âmbito das suas novas atribuições), dirigidos pelo sucessor académico de Luís de Castro, Eduardo Lima Basto (destacado neo-fisiocrata e antigo deputado e ministro republicano), e inexplicavelmente esquecidos, como dissemos – mas que à data da sua edição, sublinhe-se, representariam o mais importante sucesso da investigação social portuguesa e seriam louvados como tal([38]). Em relação ao primeiro, em particular, é necessário referir ainda a crise económica de 1929, cujos efeitos lhe serviriam de mote. Na verdade, as opções metodológicas aí assumidas e a natureza dos resultados alcançados reverteriam directamente de ambições reformistas mais vastas. Eram elas que motivavam os desígnios comparativos do projecto, elaborado ainda na Estação Agrária Central por Mário de Azevedo Gomes (seu director e docente do ISA) e Henrique de Barros (à data, adjunto daquele), e que determinavam a eloquência final do relato. Os fracos recursos disponíveis, por um lado, e a intenção de averiguar as causas das disparidades fundiárias do país, por outro, determinavam que as freguesias monografadas (em moldes apenas formalmente idênticos aos das primeiras monografias do ISA) fossem agora *representativas*, à vez, da estrutura agrária dominante a Norte e a Sul e, nas mesmas condições naturais, dos regimes de propriedade opostos – enfim, da composição do *território*. O objectivo expresso de semelhante procedimento, sublinhe-se, consistia na avaliação da possibilidade de «modificar» as estruturas efectivas([39]). E com o objectivo de dilucidar o formato da pirâmide social dos *lugares* analisados, Lima Basto acrescentaria ainda ao questionário (de sua iniciativa própria) alguns quesitos

---

([38]) Veja-se mais adiante no texto algumas das reacções públicas ao *Inquérito à Habitação Rural*.

([39]) [E. A. Lima Basto], «Bases para o plano de Inquérito Económico--Agrícola a realizar pela Universidade Técnica», in *Inquérito à Freguesia de Cuba*, Henrique de Barros, vol. I de *Inquérito Económico-Agrícola*, dir. E. A. Lima Basto (Lisboa: Universidade Técnica de Lisboa, 1934), VII.

relativos à «situação económica dos trabalhadores rurais e empresários agrícolas»([40]).

A este último respeito, e muito embora organizado ainda por casos-tipo profissionais (indexados à *variedade ocupacional* de cada região e sem dar conta, portanto, de forma sistemática, das suas *proporções relativas* ou do desemprego vigente, por exemplo) e estendido apenas a três freguesias do país – Cuba e Santo Ildefonso, no Alentejo, e Santo Tirso, no Douro Litoral, mas que na sua diversidade composta, como vimos, se pretendiam representativas da estrutura agrária nacional – o *Inquérito Económico-Agrícola* acabaria por veicular assim um relato amplamente expressivo e nessa medida inédito da condição social da população rural portuguesa. Desde logo nos seus três primeiros volumes, publicados em 1934 e referentes a cada uma daquelas freguesias, onde os respectivos autores davam conta da miserável situação de rurais contratados e jornaleiros por via das monografias familiares apensas e dos respectivos orçamentos domésticos([41]); e particularmente no primeiro, da autoria de Henrique de Barros, que tratava separadamente (e ao contrário dos restantes) os dados indistintamente recolhidos para proprietários rurais e trabalhadores agrícolas, apontando aí o desemprego endémico e a fome generalizada entre os trabalhadores eventuais de Cuba([42]). A este título, contudo, impõe-se referência especial ao quarto volume da obra, *Aspectos Económicos da Agricultura em Portugal* (1936), da autoria de Lima Basto, que para além da introdução de inúmeras inovações económicas – seria pioneiro, por exemplo, na abordagem ao problema da produtividade do trabalho – procederia à síntese nacional daquelas três monografias, corroborando-as ampla-

---

([40]) E. A. Lima Basto, «Prefácio», in *Inquérito à Freguesia de Cuba*, Henrique de Barros, vol. I de *Inquérito Económico-Agrícola*, dir. E. A. Lima Basto (Lisboa: Universidade Técnica de Lisboa, 1934), p. V.

([41]) Henrique de Barros, *Inquérito à Freguesia de Cuba*; D. R. Victoria Pires e J. J. Paiva Caldeira, *Inquérito à Freguesia de Santo Ildefonso do Concelho de Elvas*, vol. II de *Inquérito Económico Agrícola*, dir. E. A. Lima Basto, (Lisboa: Universidade Técnica de Lisboa, 1934); e D. Francisco d'Almeida Manuel de Vilhena, *Inquérito à Freguesia de Santo Tirso*, vol. III de *Inquérito Económico-Agrícola*, dir. E. A. Lima Basto (Lisboa: Universidade Técnica de Lisboa, 1934).

([42]) Henrique de Barros, *Inquérito à Freguesia de Cuba*, pp. 116-119.

mente e proclamando a suprema necessidade de estudos que aprofundassem o tema [43].

Antes disso, aliás, o mesmo Lima Basto publicaria a sua conferência de 1935, *Níveis de Vida e Custo de Vida. O Caso do Operário Agrícola Português*, onde antecipava de forma ainda mais áspera o diagnóstico daquele inquérito, desta feita estendido ao operariado urbano (por recurso às parcas fontes oficiais disponíveis) [44]. Tratar-se-ia então do primeiro trabalho académico de fôlego efectuado em Portugal acerca das condições de vida genéricas da população trabalhadora do país. Importa destacá-lo, porém, porque era aí que teorizava os instrumentos metodológicos e conceptuais ensaiados naquele *Inquérito Económico-Agrícola* e nomeadamente o inquérito orçamental às famílias e a noção de «níveis de vida», criticando os procedimentos utilizados para o mesmo efeito pelo Estado central e perfilando-se diante da longa genealogia internacional de cultores daquele método (entre os quais o incontornável Frédéric Le Play e Ernst Engel); mas também, sublinhe-se, diante do supramencionado inquérito orçamental republicano (de 1916) e de práticas idênticas empreendidas noutras paragens, nomeadamente pelos Estados Unidos da América; e ainda das mais recentes indicações do Bureau International du Travail (futura Organização Internacional do Trabalho), em particular das orientações emanadas das II e III Conferências Internacionais de Estatística do Trabalho (de 1925 e 1926). E era também aí que destacava a dimensão sociológica daquele conceito – níveis de vida – por oposição àqueloutro de que fora directamente incumbido de tratar pelo Senado da Técnica – custo de vida – que não podia dar conta, dizia, da satisfação total que um indivíduo ou família retiram dos bens efectivamente consumidos – por não considerar como o primeiro (e ao invés do que recomendavam autoridades internacionais na matéria e as mais recentes economia e sociologia ameri-

---

[43] E. A. Lima Basto, *Alguns aspectos económicos da agricultura em Portugal*, vol. IV de *Inquérito Económico-Agrícola*, dir. E. A. Lima Basto (Lisboa: Universidade Técnica de Lisboa, 1936). Sobre o carácter pioneiro da obra veja-se o texto anónimo, «A-propósito de 'Alguns aspectos económicos da agricultura em Portugal' do Prof. E. A. Lima Basto», *Agros*, XXI, n.º 3 (Maio-Agosto de 1938), pp. 90-100, onde se destaca a sua inovadora componente social; veja-se ainda Eugénio de Castro Caldas, *A agricultura portuguesa através dos tempos* (Lisboa: Instituto Nacional de Investigação Científica, 1991), p. 500.

[44] E. A. Lima Basto, *Níveis de vida e custo de vida. O caso do operário agrícola português* (Lisboa: Universidade Técnica de Lisboa, 1935).

canas) factores como o *progresso social do país, diferenças de idade e de instrução*, a *dimensão do agregado* e, antes de mais, a sua *classe social*; enfim, por não considerar consumos efectivos de famílias concretas e apenas cabazes de compras abstractos[45].

A verdade, insistia o autor, e a despeito dos seus próprios trabalhos, é que era «preciso fazer mais e melhor; é indispensável realizar cuidadoso inquérito a numerosas famílias, em várias regiões e em diversas situações, acompanhando-as passo a passo na sua vida, discriminando tôdas as receitas e despesas (...)»[46]. Assim o exigiam, para além dos mais elementares princípios de justiça, a sobrevivência da indústria, restringida no seu desenvolvimento pela proporções insignificantes do mercado, mas também a capacidade de trabalho e o vigor da própria «raça». Estava em causa o futuro do país – económico, social e moral.

Ora, semelhante programa viria a ser cabalmente consumado no *Inquérito à Habitação Rural*: embora expressamente centrado no problema enunciado no título, tratava-se de determinar, precisamente com base no estudo da casa – enquanto «lar de família», tal como a designará Lima Basto – os níveis de vida da população rural[47].

O desígnio implícito teria reflexo imediato na estrutura do questionário-guia que o suportava (publicado em 1938), onde para além de incontáveis itens relativos à casa, fotografias das habitações e respectivas plantas, avultavam pedidos de informação detalhada a respeito do agregado que a ocupava, dos rendimentos e consumos dos seus membros (alimentação, vestuário, divertimentos

---

[45] A este respeito, o autor citava, entre outros, Alfred Marshall, *Principles of Economics*, 8.ª edição (Londres: Macmillan, 1920); e Newell Leroy Sims, *Elements of Rural Sociology* (Nova Iorque: Thomas Y. Crowell Company, 1928).

[46] Lima Basto, *Níveis de vida e custo de vida...*, p. 43.

[47] E. A. Lima Basto, «Prefácio», in *Inquérito à Habitação Rural*, dir. E. A. Lima Basto e Henrique de Barros, vol. I, *A habitação rural nas províncias do Norte de Portugal (Minho, Douro Litoral, Trás-os-Montes e Alto-Douro)* (Lisboa: Universidade Técnica de Lisboa, 1943), p. XI. O segundo volume, publicado após a morte de Lima Basto, seria dirigido apenas por Henrique de Barros, *Inquérito à Habitação Rural*, vol. II, *A habitação rural nas províncias da Beira (Beira Litoral, Beira Alta e Baixa)* (Lisboa: Universidade Técnica de Lisboa, 1947).

etc.) e dos bens acumulados (com registo gráfico da disposição do mobiliário)([48]); e teria tradução fiel na estrutura das mais de 80 monografias familiares publicadas nos dois volumes que chegariam ao prelo (respectivamente em 1943 e 1947), onde a apresentação «obsessiva» da casa se sucedia sempre à designação prévia da categoria de trabalhador em causa, à descrição da respectiva família e à apresentação pormenorizada das suas receitas e despesas([49]) (a publicação do terceiro volume previsto, sobre o Alentejo e o Algarve, seria submetido a proibição censória, em virtude da gravidade dos primeiros resultados do inquérito e do distanciamento político do regime face ao reformismo que inicialmente o suportara)([50]). Mas era a própria distribuição da amostra que melhor dava conta daquele objectivo: de acordo com as indicações de Lima Basto (que dirigiria o trabalho juntamente com Henrique de Barros), as instâncias inquiridas deviam ser agora representativas, primeiro, da *população* – em concreto, das *proporções* em que nas regiões inquiridas se apresentasse cada uma das categorias profissionais consideradas (jornaleiros, contratados, seareiros, etc.), e já não da sua *diversidade* económico-social, como no *Inquérito Económico-Agrícola*; e, só depois, aliás, dos vários *tipos de casa* que eventualmente ocorressem([51]).

O facto decorria, em parte, de algumas complicações metodológicas inerentes à inquirição e tratamento indiscriminados de trabalhadores rurais e pequenos agricultores, por um lado, e de explorações de dimensões consideráveis, por outro, tal como se havia procedido naquele primeiro inquérito e como Henrique de Barros indicaria desde logo não ser apropriado([52]); mas decorria

---

([48]) E. A. Lima Basto, *Inquérito à Habitação Rural. 1. Questionário-guia* (Lisboa: ISA-UTL, 1938).

([49]) A expressão é de João Leal, *Etnografias Portuguesas*, p. 150

([50]) A propósito das dificuldades que impenderam sobre a publicação do terceiro volume do referido inquérito veja-se Carlos Silva, «Recordando o 'Inquérito à Habitação Rural'», in *Estudos em Homenagem a Ernesto Veiga de Oliveira*, dir. F. O. Baptista, J. P. Brito e B. Pereira (Lisboa: Instituto Nacional de Investigação Científica, 1989), pp. 755-790.

([51]) E. A. Lima Basto, *Inquérito à Habitação Rural. 1. Questionário-guia*, p. 31

([52]) Henrique de Barros, *Inquérito à Freguesia de Cuba*, p. 4-5: «(...) a prática levou-me à convicção de que não era conveniente adoptar o mesmo modêlo de Questionário para as monografias de famílias de trabalhadores rurais

principalmente, também na sequência daquele primeiro trabalho e das suas conclusões sociais (e sobretudo da conferência que a este título o resumia), da delimitação de preocupações expressas relativas à *reprodução da força de trabalho agrícola*. Era o próprio Lima Basto que o afirmava, no estudo que antecedia o primeiro volume do *Inquérito à Habitação Rural*: «Estudar em que condições a população de um país vive e se desenvolve, é dever elementar dos que se interessam pelo progresso desse mesmo país. Da robustez de uma população, do seu bem-estar, dependem, em grande parte, a sua capacidade de produção e desta a riqueza nacional»; tanto mais, aclarava, pela importância de que em Portugal esse sector de actividade se revestia. «Portugal é um país predominantemente agrícola. A maioria da sua população vive nos campos e pelos campos; essa população constitui o grande alfobre da raça que todos queremos forte, robusta, produtiva e boa; precisamos de auscultar os seus males para lhe procurar remédio eficaz»([53]). Assim se explica também, de resto, que este *Inquérito à Habitação Rural* não se centrasse senão nas camadas inferiores da sociedade (nas camadas trabalhadoras, bem entendido) e, simultaneamente, que se estendesse a todo o país.

Embora na esteira de trabalhos de índole semelhante, como o *Inquérito Económico-Agrícola* ou a conferência *Níveis de Vida e Custo de Vida...*, e contemporâneo de outros idênticos mas territorialmente mais circunscritos que (como teremos oportunidade de ver) entretanto se executavam no âmbito de alguns organismos oficiais do Estado, pela sua amplitude nacional e pelo forte impacto social de que se revestiria, o *Inquérito à Habitação Rural* assinalaria a mais perfeita circunscrição de uma estratégia específica de acesso à população em que pontuava, agora de

---

e de pequenos agricultores e para as das explorações agrícolas de alguma importância. No primeiro caso, os elementos relativos às condições de vida da família interessam sobremaneira; no segundo caso, tratando-se quási sempre de famílias que vivem numa relativa abastança, tais elementos deixam de interessar para, em compensação, assumirem importância primacial os que digam respeito à estrutura e funcionamento da emprêsa agrícola».

([53]) E. A. Lima Basto, «O problema da habitação rural», in *Inquérito à Habitação Rural*, dir. E. A. Lima Basto e Henrique de Barros, vol. I, *A habitação rural nas províncias do Norte de Portugal (Minho, Douro Litoral, Trás-os-Montes e Alto-Douro)* (Lisboa: Universidade Técnica de Lisboa, 1943), pp. 22-23.

forma perfeitamente explícita, a *correlação* entre a categoria económica das famílias trabalhadoras e a respectiva situação social. Efectivamente, a publicação do seu primeiro volume, em 1943, avultaria não só como poderosa denúncia da imagem romântica da vida social nos campos veiculada por determinados sectores do Estado Novo, como também, de forma mais geral, enquanto contraponto tácito ao panorama da investigação social em Portugal. A este respeito, e no que se refere à abrangência dos resultados e às metodologias utilizadas, vale a pena assinalar a sua especificidade relativa face a um vasto acervo de largas dezenas de trabalhos médico-fisiológicos e económico-sociais (genericamente dedicados às condições de vida da população portuguesa) reunidos e anotados no final da década de quarenta (a pretexto da reunião da Food and Agriculture Organization, de 1949) por uma das figuras de proa do regime, o médico António Mendes Correia, em *A Alimentação do Povo Português* – de onde se destacariam ainda importantes estudos entretanto realizados por alunos do ISA e o *Inquérito Económico-Agrícola*, mas onde, sintomaticamente, se elidiria o próprio *Inquérito à Habitação Rural*[54].

A mesma especificidade, aliás, não deixaria de ser devidamente assinalada por comentadores insuspeitos e ademais em campos políticos opostos. Desde logo na colecção de *Cadernos da Seara Nova*, por um economista próximo do Partido Comunista Português, Francisco Ramos da Costa, em livro dedicado à obra onde se ressaltava a singularidade científica do estudo e a proeminência nele atribuída aos factores «económico e social»[55]; ou em Parecer da Câmara Corporativa, onde se oporia o exemplo científico de Lima Basto e Henrique de Barros a iniciativas equivalentes do Ministério do Interior, empreendidas em meio urbano, por nestas não se considerar (ou sequer se aludir) ao «aspecto económico-social

---

[54] Veja-se as resenhas dos trabalhos compilados por A. A. Mendes Correia e J. A. Maia de Loureiro em Instituto Nacional de Estatística, *A alimentação do povo português*, bibliografia prefaciada e coordenada pelo Prof. Doutor António Augusto Mendes Correia (Lisboa: Publicações do Centro de Estudos Demográficos, 1951).

[55] F. Ramos da Costa, *Inquérito à Habitação Rural. Crítica à obra – estudo e soluções do problema*, Cadernos da Seara Nova (Lisboa: Seara Nova, 1944), pp. 7-11 e 26-29.

do problema»[56]; e ainda, alguns anos mais tarde, pelo dirigente comunista na prisão, Álvaro Cunhal, que em *Contribuição para o Estudo da Questão Agrária* recorreria de forma sistemática aos dados daquele inquérito – mas também do *Inquérito Económico-Agrícola* e de relatórios finais de curso do ISA, parte dos quais realizados na Junta de Colonização Interna – para denunciar as condições de vida da população rural e para controverter os designados «ases da 'ciência' apologética» (entre os quais o próprio Mendes Correia), acusados de denegar a evidência do problema alimentar[57].

De forma mais abrangente, a publicação do primeiro volume do *Inquérito à Habitação Rural* assinalaria ainda, simbolicamente, a constituição de uma área de estudos sociais no âmbito da economia agrária, no ISA, embora não circunscrita à academia – na verdade alargada aos organismos oficiais mencionados, que, de resto (e como veremos de passagem), se veriam largamente implicados no processo que conduziria à sua implantação.

*

Não cabe aqui atender em detalhe à importância directa da actuação do Estado no desenvolvimento daquela área de estudos. Mas é impossível compreender a sua constituição sem voltar a referir o arranco reformista de meados da década de trinta e sem aludir à acção dos seus principais instrumentos técnicos, Junta Autónoma de Obras de Hidráulica Agrícola (criada em 1930 e decisivamente reorganizada em 1936) e Junta de Colonização Interna (criada um ano depois), e ao regime de cooperação oficial estabelecido entre as duas e o ISA[58], do qual viriam a resultar,

---

[56] António Vicente Ferreira, relator, «Parecer sobre a proposta de lei n.º 45, relativa às casas de renda económica», *Diário das Sessões da Assembleia Nacional*, n.º 78, 6 de Abril de 1944, p. 424; Henrique Jorge Niny, *Inquérito Habitacional* (Lisboa: Direcção Geral de Saúde – Ministério do Interior, 1941).

[57] Álvaro Cunhal, *Contribuição para o Estudo da Questão Agrária*, vol. I (Lisboa: Editorial «Avante!», 1976), pp. 84-86. Trata-se de um trabalho publicado originalmente no Brasil: Álvaro Cunhal, *A Questão Agrária em Portugal* (Rio de Janeiro: Civilização Brasileira, 1968).

[58] Sobre o regime de cooperação entre o Instituto Superior de Agronomia e a Junta Autónoma de Obras de Hidráulica Agrícola, em particular, veja-se Rui Ferro Mayer, «A acção da Junta Autónoma das Obras

como dissemos, largas dezenas de monografias locais produzidas pelos alunos finalistas deste estabelecimento em tirocínio curricular naqueles organismos (mas que correspondem apenas a uma parcela das respectivas actividades científico-burocráticas e que fazem hoje parte dos arquivos do ISA). Não só pela utilização que neles se faria dos resultados dos dois grandes inquéritos nacionais do ISA e da legitimação ideológica inerente a esse facto, como afirmámos mais atrás, ou porque daquela cooperação viria afinal a resultar boa parte da produção científico-social para o período compreendido entre meados da década de trinta e as duas décadas seguintes[59]; mas também, enfim, porque é essa intimidade institucional entre a academia e os referidos institutos do Ministério da Agricultura que permite compreender verdadeiramente *a própria emergência* daquele domínio epistémico.

Antes de mais, porque seria naqueles organismos que, a partir de meados da década de trinta, se começaria por dar corpo ao programa de pesquisa inaugurado pelo *Inquérito Económico-Agrícola*, no quadro das suas atribuições formais e de forma estabelecer e a justificar as condições económico-sociais das respectivas intervenções técnicas – hidráulicas e colonizadoras – frequentemente por intermédio dos alunos em estágio, desde logo na Junta Autónoma de Obras de Hidráulica Agrícola e posteriormente na Junta de Colonização Interna (JCI), em diversos trabalhos que se socorreriam dos instrumentos científicos instituídos por Lima Basto[60] – e

---

de Hidráulica Agrícola – aspectos técnicos, económicos e sociais», *Agros*, XIX, n.º 6 (Novembro-Dezembro, 1936), pp. 220-242.

[59] Para uma registo abrangente da actividade científica destes e doutros organismos no âmbito genérico da economia agrária e para o período considerado veja-se Centro de Estudos de Economia Agrária, *Trabalhos Portugueses Inéditos sobre economia agrária – Inventário* (Lisboa: Fundação Calouste Gulbenkian, 1959).

[60] Veja-se, entre outros, José Augusto d'Azevedo, «Elementos para o estabelecimento do regadio numa Zona do Vale do Sorraia», relatório final do curso de Engenheiro Agrónomo (Lisboa: ISA-UTL, 1938); e José Rebelo Vaz Pinto, «A agricultura no concelho da Vidigueira. Subsídios para o estudo económico-social», relatório final do curso de Engenheiro Agrónomo (Lisboa: ISA-UTL, 1938). Trata-se de teses de licenciatura realizadas por finalistas do ISA com base nos tirocínios curriculares efectuados, respectivamente, na Junta Autónoma de Obras de Hidráulica Agrícola e na Junta de Colonização Interna.

nomeadamente do inquérito orçamental e do conceito de níveis de vida ou, relativamente às empresas, dos mais recentes métodos da contabilidade agrícola([61]). Depois porque, seguindo-lhes o exemplo, outros finalistas do ISA (em tirocínio curricular noutros organismos oficiais ou privados) passariam também eles, ao optarem por esta área científica, a desenvolver as suas teses finais no mesmo modelo monográfico, sob orientação directa de Lima Basto, primeiro, e depois de Henrique de Barros (que lhe sucederia na regência da cadeira de «Economia Rural» em 1943)([62]). Este facto em particular ficar-se-ia ainda a dever ao apelo do já mencionado Mário de Azevedo Gomes que, no quadro de uma profunda reflexão acerca da necessidade de «racionalizar» a produção agrícola e, nessa medida, de atender ao «bem-estar» da sua força de trabalho, incitaria directamente aqueles alunos a assumirem a «função social» que lhes competia, enquanto «técnicos», e a optarem preferencialmente pelo trabalho de campo e pela execução de monografias económico-agrícolas; enfim, e nas suas próprias palavras, a abraçarem uma «agronomia de clínica geral» devotada ao diagnóstico e melhoria da situação económica das explorações agrícolas e da condição social dos trabalhadores (e respectivas famílias)([63]).

Relativamente a este ponto, porém, importa sublinhar a acção da JCI e a sua especial relevância. Antes de mais porque seria neste organismo, em função das suas competências específicas e nomeadamente do encargo de proceder ao saneamento moral e físico da população agrícola (por intermédio da criação de colonatos ou de outras medidas afins)([64]), que primeiro se atribuíria aos

---

([61]) Acerca deste último aspecto veja-se E. A. Lima Basto, *Contas de exploração. Contas de cultura* (Lisboa: Serviço Editorial da Repartição de Estudos, Informação e Propaganda, Direcção Geral dos Serviços Agrícolas, Ministério da Economia, 1941).

([62]) Veja-se, entre outros, João Martins, «Subsídios de estudo para o fomento da freguesia de Almaceda», relatório final do curso de Engenheiro Agrónomo (Lisboa: ISA-UTL, 1938), que inaugurava esta sub-série.

([63]) Mário de Azevedo Gomes, *A função social do agrónomo na actualidade. O caso português* (Lisboa: Oficina Gráfica do Instituto Superior de Ciências Económicas e Financeiras, 1932); [Mário de] Azevedo Gomes, «Cartas a um aluno», *Agros*, XX, n.º 2 (Março-Abril de 1937), pp. 51-54.

([64]) A respeito das competências referidas veja-se nomeadamente Abel Pereira de Andrade, relator, «Parecer referente a dois projectos de coloni-

orçamentos familiares compilados um significado estatístico (em alternativa à opção pelos então tradicionais casos-tipo e na esteira do já referido inquérito orçamental republicano, de 1916) e que se começaria por proceder na prática à disjunção metodológica entre os designados aspectos «económicos» e «sociais» da intervenção agronómica, concretizada nomeadamente na aplicaçação e no desenvolvimento de instrumentos de inquérito *especificamente* destinados a avaliar os níveis de vida dos trabalhadores rurais, centrados na casa, aplicados a partir de 1937 (aparentemente sob indicação de Barros, então adstrito à JCI) e de que simultaneamente, sublinhe-se, se socorreria o *Inquérito à Habitação Rural*[65].

---

zação interna», *Diário das Sessões da Assembleia Nacional*, 10.º suplemento ao n.º 192 (29 de Outubro de 1938), pp. 93-120. O texto aprovado referia que a Colonização Interna «[c]onserva e aumenta uma população rural sadia, forte e garante fiel da nacionalidade; combate as consequências da exagerada industrialização, que tanto faz crescer o proletariado e o desemprego; aumenta o rendimento de terras insuficientemente produtivas; aproxima da terra a população não agrícola, a urbana e a industrial, permitindo-lhe fixar-se nos terrenos próximos das povoações; equilibra a cidade e o campo, prendendo as famílias à gleba, que não mais trocarão pela cidade, e permitindo aos operários restaurar o seu antigo amor à terra; levanta benéfica barragem ao êxodo do trabalhador rural e aos conhecidos malefícios do urbanismo; é o meio ideal de lutar contra o desemprêgo; concorre para melhorar o regime demográfico dentro de um país, provocando migrações internas dos centros de maior densidade de população para as regiões menos populosas» (Abel Pereira de Andrade, «Parecer...», p. 94). Sobre a acção da Junta de Colonização Interna, veja-se Fernando Oliveira Baptista, «Colonização Interna», in *Dicionário de História do Estado Novo*, dir. Fernando Rosas e José Maria Brandão de Brito, vol. I (Venda Nova: Bertrand, 1996), pp. 159-162; Fernando Oliveira Baptista, *A Política agrária do Estado Novo*, capítulo 1; e João Lemos de Castro Caldas, «Política de colonização interna. A implantação das colónias agrícolas da Junta de Colonização Interna», tese de doutoramento (Lisboa: ISA-UTL, 1988).

[65] Veja-se, Junta de Colonização Interna, *Parcelamento da Herdade da Torre (Vidigueira)* (Lisboa: Ministério da Agricultura, 1938), aplicado entre Março e Julho de 1937; e o correspondente (e já citado) relatório final de curso entregue no Instituto Superior de Agronomia pelo finalista encarregue do estudo, José Rebelo Vaz Pinto, «A agricultura no concelho da Vidigueira» veja-se ainda, entre outros, Manuel Costa Lopes, «A freguezia de Côta e o seu Baldio (Subsídios para um estudo Económico-Agrícola)», relatório final do curso de Engenheiro Agrónomo (Lisboa: ISA-UTL, Junho de 1938), executado igualmente no âmbito de trabalhos da Junta de

A mesma tendência seria posteriormente aprofundada nas monografias económico-agrícolas dos finalistas do ISA, colocados na JCI ou alhures, que passariam entretanto a contar com capítulos dedicados ao tema (a par de outros dedicados aos resultados económicos das explorações) e onde a evocação de sentimentos humanistas se associava à afirmação expressa da necessidade de «apuramento da raça» ([66]). Mas importa também ressaltar que seria ainda por intermédio da mesma Junta que aquela área de estudos sociais começaria por ganhar contornos próprios, a partir de 1940, numa série de trabalhos finais de curso *exclusivamente* dedicados aos níveis de vida do trabalhador rural (ou, para sermos rigorosos, à sua elevação), alguns deles reclamando-se já da sociologia propriamente dita([67]) – área de estudos, diga-se, de que a publicação do *Inquérito à Habitação Rural* viria de certa forma a representar a sua expressão culminar.

De resto, semelhante processo viria a ter tradução formal na estrutura do I Congresso de Ciências Agronómicas, também de 1943 (como o primeiro volume daquele inquérito) e em cuja 14.ª secção, «Economia agrícola (incluindo Organização científica do trabalho)», constaria desde logo uma subsecção consagrada ao «Trabalho Agrícola» – onde avultavam, para além de destacados higienistas e eminentes políticos, actuais ou ex-alunos do ISA colocados na JCI e noutros organismos oficiais([68]). Simetricamente,

---

Colonização Interna dirigidos por Henrique de Barros e tendentes a avaliar as possibilidades de colonização de terrenos baldios em Viseu.

([66]) Veja-se, entre outros, Agnelo Galamba de Oliveira, «Mateus. Subsídios de estudo para a sua monografia», relatório final do curso de Engenheiro Agrónomo (Lisboa: ISA-UTL, 1941).

([67]) Veja-se, entre outros, Flávio Soares Martins, «A Sociedade Rural Barrosã», relatório final do curso de Engenheiro Agrónomo (Lisboa: ISA-UTL, 1940); e João da Fonseca George, «Subsídio para um estudo dos orçamentos familiares rurais em Portugal», relatório final do curso de Engenheiro Agrónomo (Lisboa: ISA-UTL, 1941). Para uma síntese dos resultados daqueles trabalhos veja-se João António de Oliveira e Silva, «Níveis de vida do trabalhador rural português (Subsídios para o seu estudo)», relatório final do curso de Engenheiro Agrónomo (Lisboa: ISA-UTL, 1948).

([68]) Congresso Nacional de Ciências Agrárias, *Sumário das Comunicações – I Congresso Nacional de Ciências Agrárias, Lisboa, 24-31 de Outubro de 1943* (Lisboa, s/ed., 1943).

a invocação da sociologia enquanto ramo especializado do saber, desde logo naquele congresso e na mesma secção – por intermédio de um outro aluno do ISA e da sua comunicação «Para um plano de estudos de sociologia rural» ([69]) – mas também nas lições de Henrique de Barros e de Eugénio de Castro Caldas e ainda no currículo oficial daquele Instituto, em 1955 (na sequência de pressões dos alunos e dos protestos que se seguiram à supressão da cadeira de «Agricultura Comparada e Geografia Económica»), teria por condição prévia o reconhecimento, ou melhor seria dizer, a consignação de um estatuto ontológico àquilo que começara por ser um factor económico (e que seria estudado enquanto tal) e ascendera entretanto a objecto de conhecimento com dignidade própria, nos termos definidos: a *população*, enquanto força de trabalho agrícola. A ocorrência, aliás, não passaria despercebida àquele aluno que, em *Um apontamento de economia agrária*, igualmente de 1943, lhe faria a devida menção (citando *Morphologie Sociale*, do sociólogo francês Maurice Halbwachs):

> A população não é uma simples quantidade física, um certo número de organismos, que tendem a multiplicar-se dominados por fôrças puramente biológicas, colocados em presença dos produtos de uma terra cujo rendimento é limitado. § Os fenómenos da população têm a sua natureza especial, e devem ser considerados em si mesmos, independentemente de outros. Não resultam da intervenção de fôrças físicas e fisiológicas, como julgava Malthus. São fenómenos sociais. Mas também não resultam simplesmente da organização económica, que, pelo contrário, assenta sôbre eles e não poderia realizar-se e desenvolver-se num terreno que êles não tivessem preparado para ela([70]).

O mesmo processo, sublinhe-se, não deixaria de ter reflexo ao nível das orientações sociológicas aventadas (no ISA e nos outros organismos referidos) e muito em particular na desatenção reiterada a que os seus diversos cultores submeteriam as relações

---

[69] Gonçalo Vítor de Santa Ritta, *Para um plano de estudos de sociologia rural*, Cadernos da Seara Nova, Secção de Estudos Políticos e Sociais (Lisboa: Seara Nova, 1944).

[70] Gonçalo Vítor de Santa Ritta, *Um apontamento de economia agrária*, Cadernos da Seara Nova, Secção de Estudos Económicos (Lisboa: Seara Nova, 1943), p. 80.

sociais de produção nos campos ou os aspectos políticos e ideológicos da vida rural[71]. Tanto quanto eventuais orientações ideológicas, estava em causa a própria noção de sociedade, distante já de formulações naturalistas ou mais estritamente organicistas (a sociedade como corpo, constituído por células familiares) e aberta à «especificidade do social», mas concebida como um todo solidário e, de certa forma, naturalizado. Mais do que estes corolários, contudo, interessa-nos sobretudo deixar anotadas, para terminar, algumas eventuais implicações do processo descrito para a história das ciências sociais e da investigação social em Portugal.

*

Para concluir, interessa-nos anotar a possibilidade de que a um país essencialmente rural, e ainda antes do advento das designadas «sociologia colonial», em meados da década de cinquenta no Instituto Superior de Estudos Ultramarinos, e «sociologia do desenvolvimento e do trabalho», na década posterior junto do Gabinete de Investigações Sociais, tenha correspondido uma «sociologia rural», de contornos pré-disciplinares, predominantemente descritiva e debilmente institucionalizada (como as demais), mas com direito a nome próprio[72]. Admiti-lo permitiria certamente discutir a novidade relativa das iniciativas que na segunda metade do século XX inaugurariam uma nova fase de desenvolvimento das ciências sociais portuguesas e da sociologia em particular, e que lançariam as bases da sua futura consagração académica.

À margem das grandes periodizações políticas, interessa também anotar a possibilidade de que, por força de outras dinâmicas sociais mais perenes ligadas ao desenvolvimento burocrático do Estado, à expansão de grupos profissionais conexos (e nomeadamente dos técnicos) e ao alargamento progressivo das suas competências políticas e sociais, os primeiros empreendimentos ao nível da investigação social estatal levados a cabo ainda durante a Monarquia e depois no Ministério do Trabalho republicano te-

---

[71] Fernando Oliveira Baptista, «Pequena agricultura...», pp. 67-68 e 78.

[72] Manuel Braga da Cruz, «Sociologia», in *Dicionário da História de Portugal*, dir. António Barreto e Maria Filomena Mónica, vol. IX (Porto: Livraria Figueirinhas, 2000), pp. 466-468.

nham começado por ter seguimento nestes trabalhos académico-administrativos, circunstancialmente impulsionados pelas opções político-económicas dos primeiros anos do Estado Novo – mas cujo lastro histórico não resistiria ao silêncio forçado a que o mesmo regime acabaria por submetê-los, em virtude da gravidade dos resultados entretanto alcançados e pela obstinação política em encobri-los. De forma mais geral, importa salientar a eventual importância que a imposição de métodos de governo modernos apoiados no conhecimento empírico da realidade, possa ter tido, em Portugal como noutros locais, para o desenvolvimento das ciências sociais e da sociologia em particular[73]. De facto, e sem que isso implique desatender à natureza própria dos processos científicos e aos sistemas de circulação internacional desses saberes, a sua emergência e institucionalização devem ser consideradas também à luz da ocorrência de saberes de Estado especificamente centrados na população, a partir do século XIX[74], no contexto de aplicação de práticas governativas genericamente apontadas à «optimização das condições materiais da actividade produtiva» e, em particular, à vitalidade física e expansão do corpo social, que remontam pelo menos a meados do século XVIII[75]. É a própria pertinência histórica da divisão entre conhecimentos aplicados e fundamentais que deve começar por ser questionada, de forma a atender às

---

[73] A este respeito veja-se, entre outros, Björn Wittrock, Peter Wagner e Helmut Wollmann, «Social Science and the modern State: policy knowledge and the political institutions in Western Europe and the United States», in *Social Sciences and Modern States: National Experiences and Theoretical Crossroads*, dir. Peter Wagner, Carol Hirschon Weiss, Björn Wittrock e Hellmut Wollmann (Cambridge: Cambridge University Press, 1991), pp. 28-85; e Robert C. Bannister, «Sociology», in *The Modern Social Sciences*, dir. Theodor M. Porter, Dorothy Ross, vol. XII de *The Cambridge History of Science* (Cambridge: Cambridge University Press, 2003), pp. 329-353.

[74] Sobre a emergência dos designados saberes de Estado em Portugal durante o século XIX veja-se nomeadadamente Rui Miguel Carvalhinho Branco, «The cornerstones of modern government: maps, weights and measures and census in liberal Portugal (19th century)», tese de doutoramento, (Florença: Instituto Universitário Europeu, 2005).

[75] José Subtil, «Governo e administração», in *O Antigo Regime*, dir. António Manuel Hespanha, vol. IV de *História de Portugal*, dir. José Mattoso (Lisboa: Círculo de Leitores, 1993), pp, 157-192.

correlações produtivas entre saberes académicos e administrativos e, até mesmo, dar conta, por paradoxal que possa parecer, da sua progressiva constituição e relativa autonomização disciplinar.

Bibliografia

Amaral, Luciano do, «Rafael Duque», in *Dicionário de História do Estado Novo*, dir. Fernando Rosas e José Maria Brandão de Brito vol. I (Venda Nova: Bertrand, 1996), pp. 278-279.

Amaral, Luciano do, «Reformismo Agrário», in *Dicionário de História do Estado Novo*, dir. F. Rosas e José Maria Brandão de Brito, vol. II (Venda Nova: Bertrand, 1996), pp. 821-823.

Amzalak, Moisés Bensabat, *Para a História da Universidade Técnica de Lisboa – A fundação da Universidade* (Lisboa: Editorial Império, 1956).

Andrade, Abel Pereira de, relator, «Parecer referente a dois projectos de colonização interna», *Diário das Sessões da Assembleia Nacional*, 10.º suplemento ao n.º 192 (29 de Outubro de 1938), pp. 93-120.

Anónimo, «A-propósito de *Alguns aspectos económicos da agricultura em Portugal* do Prof. E. A. Lima Basto», *Agros*, XXI, n.º 3 (Maio--Agosto de 1938), pp. 90-100.

Azevedo, José Augusto d', «Elementos para o estabelecimento do regadio numa Zona do Vale do Sorraia», relatório final do curso de Engenheiro Agrónomo (Lisboa: Instituto Superior de Agronomia da Universidade Técnica de Lisboa, 1938).

Bannister, Robert C., «Sociology» in *The Modern Social Sciences*, dir. Theodor M. Porter, Dorothy Ross, vol. VII de *The Cambridge History of Science* (Cambridge: Cambridge University Press, 2003), pp. 329-353.

Baptista, Fernando Oliveira, «Colonização Interna», in *Dicionário de História do Estado Novo*, dir. Fernando Rosas e José Maria Brandão de Brito, vol. I (Venda Nova: Bertrand, 1996), pp. 159-162.

Baptista, Fernando Oliveira, «Pequena agricultura: economia agrária e política agrária (anos trinta-1974)», *Revista Crítica de Ciências Sociais*, n.º 7/8 (1981), pp. 59-81.

BAPTISTA, Fernando Oliveira, *A Política agrária do Estado Novo* (Porto: Edições Afrontamento, 1993).

BAPTISTA, Manuel Martins, «Estudos sob o ponto de vista económico e social, baseados no estudo das famílias segundo o método monográfico de Le Play (concelho de Cantanhede)», relatório final do curso de Engenheiro Agrónomo (Lisboa: Instituto Superior de Agronomia da Universidade Técnica de Lisboa, 1926).

BARROS, Henrique de, *D. Luís de Castro: recordando uma figura ilustre da agronomia nacional desaparecida há 30 anos*, separata do «Jornal da F. N. T. P» (Lisboa: s/ed., 1958).

BARROS, Henrique de, *Economia Agrária*, vol. I (Lisboa: Livraria Sá da Costa, 1948).

BARROS, Henrique de, *Inquérito à Freguesia de Cuba*, vol. I de *Inquérito Económico-Agrícola*, dir. E. A. Lima Basto (Lisboa: Universidade Técnica de Lisboa, 1934).

BARROS, Henrique de, dir., *Inquérito à Habitação Rural*, vol. II, *A habitação rural nas províncias da Beira (Beira Litoral, Beira Alta e Baixa)* (Lisboa: Universidade Técnica de Lisboa, 1947).

BASTO, E. A. Lima, *Alguns aspectos económicos da agricultura em Portugal*, vol. IV de *Inquérito Económico-Agrícola*, dir. E. A. Lima Basto (Lisboa: Universidade Técnica de Lisboa, 1936).

[BASTO, E. A. Lima], «Bases para o plano de Inquérito Económico-Agrícola a realizar pela Universidade Técnica», in *Inquérito à Freguesia de Cuba*, Henrique de Barros, vol. I de *Inquérito Económico-Agrícola*, dir. E. A. Lima Basto (Lisboa: Universidade Técnica de Lisboa, 1934), pp. VII-XXXII.

BASTO, E. A. Lima, *Contas de exploração. Contas de cultura* (Lisboa: Serviço Editorial da Repartição de Estudos, Informação e Propaganda, Direcção Geral dos Serviços Agrícolas, Ministério da Economia, 1941).

BASTO, E. A. Lima, *Inquérito à Habitação Rural. 1. Questionário-guia* (Lisboa: Instituto Superior de Agronomia da Universidade Técnica de Lisboa, 1938).

BASTO, E. A. Lima, *Níveis de vida e custo de vida. O caso do operário agrícola português* (Lisboa: Universidade Técnica de Lisboa, 1935).

BASTO, E. A. Lima, «Prefácio», in *Inquérito à Freguesia de Cuba*, Henrique de Barros, vol. I de *Inquérito Económico-Agrícola*, dir. E. A. Lima Basto (Lisboa: Universidade Técnica de Lisboa, 1934), pp. V-VI.

BASTO, E. A. Lima, «Prefácio», in *Inquérito à Habitação Rural*, dir. E. A. Lima Basto e Henrique de Barros, vol. I, *A habitação rural nas províncias do Norte de Portugal (Minho, Douro Litoral, Trás-os-Montes e Alto-Douro)* (Lisboa: Universidade Técnica de Lisboa, 1943), pp. IX-XI.

BASTO, E. A. Lima, «O problema da habitação rural», in *Inquérito à Habitação Rural*, dir. E. A. Lima Basto e Henrique de Barros, vol. I, *A habitação rural nas províncias do Norte de Portugal (Minho, Douro Litoral, Trás-os-Montes e Alto-Douro)* (Lisboa: Universidade Técnica de Lisboa, 1943), pp. 3-26.

BASTO, E. A. Lima e Henrique de Barros dir., *Inquérito à Habitação Rural*, vol. I, *A habitação rural nas províncias do Norte de Portugal (Minho, Douro Litoral, Trás-os-Montes e Alto-Douro)* (Lisboa: Universidade Técnica de Lisboa, 1943).

BENOLIEL, Benjamim, «População. Importância do seu estudo dentro da Economia», *Agros*, II Série – 3.º ano, n.º 6 (Junho de 1927), pp. 128-133.

BLANKAERT, Claude, «Fondements disciplinaires de l'anthropologie française au XIXe siècle», *Politix*, 29 (1995), pp. 31-54.

BRANCO, Rui Miguel Carvalhinho, «The cornerstones of modern government: maps, weights and measures and census in liberal Portugal (19th century)», tese de doutoramento (Florença: Instituto Universitário Europeu, 2005).

CALDAS, Eugénio de Castro, *A Agricultura Portuguesa Através dos Tempos* (Lisboa: Instituto Nacional de Investigação Científica, 1991).

CALDAS, [Eugénio de] Castro, «Apontamentos da Cadeira de Agricultura Comparada», sebenta das lições (Lisboa: Instituto Superior de Agronomia, 1949-1950).

CALDAS, João Lemos de Castro, «Política de colonização interna. A implantação das colónias agrícolas da Junta de Colonização Interna», tese de doutoramento (Lisboa: Instituto Superior de Agronomia da Universidade Técnica de Lisboa, 1988).

[CASTRO, D. Luís de], *Apontamentos para a lição d'Abertura do curso d'Economia Rural (Ano lectivo de 1919-1920)* (Famalicão: Typ. «Minerva» de Cruz, Souza & Barbosa, Lda., 1920).

CASTRO, D. Luís de, «A cadeira de Economia Rural, Legislação e Estatística», *Agros*, número especial dedicado ao ensino da agronomia e da silvicultura (s. d. [1927]), pp. 311-312.

CASTRO, D. Luís de, *Preleccção inaugural da cadeira de Economia Rural no ano lectivo de 1921-22* (Coimbra: Imprensa da Universidade, 1922).

Centro de Estudos de Economia Agrária, *Trabalhos Portugueses Inéditos sobre economia agrária – Inventário* (Lisboa: Fundação Calouste Gulbenkian, 1959).

CHARTIER, Roger, «Qu'est-ce qu'une discipline? Luigi Einaudi et l'histoire de l'economie politique», *Revue de synthése* (1989), pp. 257-275.

COSTA, F. Ramos da, *Inquérito à Habitação Rural. Crítica à obra – estudo e soluções do problema*, Cadernos da Seara Nova (Lisboa: Seara Nova, 1944).

CRUZ, Manuel Braga da, «Sociologia», in *Dicionário da História de Portugal*, dir. António Barreto e Maria Filomena Mónica, vol. IX (Porto: Livraria Figueirinhas, 2000), pp. 466-468.

CUNHAL, Álvaro, *Contribuição para o Estudo da Questão Agrária*. vol. I (Lisboa: Editorial «Avante!», 1976).

CUNHAL, Álvaro, *A Questão Agrária em Portugal* (Rio de Janeiro: Civilização Brasileira, 1968).

DUMONT, Arsène, *Dépopulation et Civilisation: Étude Demographique* (Paris: Lecrosnier et Babé, 1890).

DUQUE, Rafael, *As Subsistências e a População*, conferência proferida em 17 de Abril de 1940, no Teatro da Trindade, pelo Ministro da Agricultura Dr. Rafael Duque, a convite da União Nacional (Lisboa: Ministério da Agricultura, Direcção Geral dos Serviços Agrícolas, Repartição de Estudos Informação e Propaganda, 1940).

ESTÁCIO, Fernando, «O caso das ciências sociais aplicadas à agricultura», in *História e Desenvolvimento da Ciências em Portugal no século XX*, AAVV (Lisboa: Academia de Ciências de Lisboa, 1992), pp. 791-806.

Estácio, Fernando, «Dom Luís Filipe de Castro. O professor e primeiro presidente da SCAP», *Revista de Ciências Agrárias*, XXVIII, n.º 1 (2005), pp. 468-473.

Ferreira, António Vicente, relator, «Parecer sobre a proposta de lei n.º 45, relativa às casas de renda económica», *Diário das Sessões da Assembleia Nacional*, n.º 78 (6 de Abril de 1944), pp. 422-430.

Ferreira, Nuno Estêvão, *A Sociologia em Portugal: da Igreja à Universidade* (Lisboa: Instituto de Ciências Sociais, 2006).

Figueiredo, Felipe de, «D. Luís de Castro», *Agros*, fasc. 9-12, (Setembro-Dezembro de 1929), pp. 193-206.

Frazão, Eduardo Augusto Mendes, «Esboço de uma Monografia da freguesia de Alcoentre», exercício curricular da cadeira de Economia Rural (Lisboa: Instituto Superior de Agronomia da Universidade Técnica de Lisboa, 7 de Janeiro de 1923).

George, João da Fonseca, «Subsídio para um estudo dos orçamentos familiares rurais em Portugal», relatório final do curso de Engenheiro Agrónomo (Lisboa: Instituto Superior de Agronomia da Universidade Técnica de Lisboa, 1941).

Gomes, [Mário de] Azevedo, «Cartas a um aluno», *Agros*, XX, n.º 2 (Março-Abril de 1937), pp. 51-54.

Gomes, Mário de Azevedo, *A função social do agrónomo na actualidade. O caso português* (Lisboa: Oficina Gráfica do Instituto Superior de Ciências Económicas e Financeiras, 1932).

Gomes, Mário de Azevedo, *Informação histórica a respeito da evolução do ensino agrícola superior* (Lisboa: Editorial Inquérito, 1958).

Gonçalves, Carlos Manuel, *Emergência e Consolidação dos Economistas em Portugal* (Porto: Edições Afrontamento, 2006).

Congresso Nacional de Ciências Agrárias, *Sumário das Comunicações – I Congresso Nacional de Ciências Agrárias, Lisboa, 24-31 de Outubro de 1943* (Lisboa: s/ed., 1943).

Instituto Nacional de Estatística, *A alimentação do povo português*, bibliografia prefaciada e coordenada pelo Prof. Doutor António Augusto Mendes Correia (Lisboa: Publicações do Centro de Estudos Demográficos, 1951).

Junta de Colonização Interna, *Parcelamento da Herdade da Torre* (*Vidigueira*) (Lisboa: Ministério da Agricultura, 1938).

KALAORA, Bernard, «Paul Descamps ou la sociologie leplaysienne à l'épreuve du Portugal de Salazar», *Gradhiva*, n.º 6 (1989), pp. 50-64.

LEAL, João, *Antropologia em Portugal. Mestres, Percursos, Transições* (Lisboa: Livros Horizonte, 2006).

LEAL, João, *Etnografias Portuguesas (1870-1970). Cultura Popular e Identidade Nacional* (Lisboa: Publicações Dom Quixote, 2000).

LOPES, Manuel Costa, «A freguezia de Côta e o seu Baldio (Subsídios para um estudo Económico-Agrícola)», relatório final do curso de Engenheiro Agrónomo (Lisboa: Instituto Superior de Agronomia da Universidade Técnica de Lisboa, Junho de 1938).

LORENA, Alfredo Alberto da Silveira e, «Notas sobre a crise actual dos géneros e salários», relatório final do curso de Engenheiro Agrónomo (Lisboa: Instituto Superior de Agronomia da Universidade Técnica de Lisboa, 1921).

MACHADO, Fernando Luís, «Meio século de investigação sociológica em Portugal - uma interpretação empiricamente ilustrada», *Sociologia*, vol. 19 (2008), pp. 283-343.

MADUREIRA, Nuno Luís, *As Ideias e os Números. Ciência, Administração e Estatística em Portugal* (Lisboa: Livros Horizonte, 2006).

MARSHALL, Alfred, *Principles of Economics*, 8.ª edição (Londres: Macmillan, 1920).

MARTINS, Flávio Soares, «A Sociedade Rural Barrosã», relatório final do curso de Engenheiro Agrónomo (Lisboa: Instituto Superior de Agronomia da Universidade Técnica de Lisboa, 1940).

MARTINS, João, «Subsídios de estudo para o fomento da freguesia de Almaceda», relatório final do curso de Engenheiro Agrónomo (Lisboa: Instituto Superior de Agronomia da Universidade Técnica de Lisboa, 1938).

MARTINS, Oliveira, *Fomento Rural e Emigração* (Lisboa: Guimarães Editora, 1994).

MAYER, Rui Ferro, «A acção da Junta Autónoma das Obras de Hidráulica Agrícola – aspectos técnicos, económicos e sociais», *Agros*, XIX, n.º 6 (Novembro-Dezembro, 1936), pp. 220-242.

MEDEIROS, Fernando, *Groupes domestiques et habitat rural dans le nord du Portugal. La contribution de l'école de Le Play (1908-1934)* (Paris: Centro Cultural Português, Fundação Calouste Gulbenkian, 1985).

NINY, Henrique Jorge, *Inquérito Habitacional* (Lisboa: Direcção Geral de Saúde – Ministério do Interior, 1941).

OLIVEIRA, Agnelo Galamba de, «Mateus. Subsídios de estudo para a sua monografia», relatório final do curso de Engenheiro Agrónomo (Lisboa: Instituto Superior de Agronomia da Universidade Técnica de Lisboa, 1941).

PERDIGÃO, José de Azeredo, compil, *Lições de Economia Social Feitas ao Curso do 3.º Ano de 1916 pelo Ex.mo Sr. Dr. Fernando Emídio da Silva* (Lisboa: Tip. do Inst. Prof. dos Pup. Do Exérc., 1916).

PEREIRA, Virgílio Borges, «Le difficile essor de la sociologie portugaise», *Actes de la Recherche en Sciences Sociales*, n.º 176-177 (2009), pp. 157-159.

PINTO, José Rebelo Vaz, «A agricultura no concelho da Vidigueira. Subsídios para o estudo económico-social», relatório final do curso de Engenheiro Agrónomo (Lisboa: Instituto Superior de Agronomia da Universidade Técnica de Lisboa, 1938).

PIRES, D. R. Victoria e J. J. Paiva Caldeira, *Inquérito à Freguesia de Santo Ildefonso do Concelho de Elvas*, vol. II de *Inquérito Económico-Agrícola*, dir. E. A. Lima Basto (Lisboa: Universidade Técnica de Lisboa, 1934).

POINSARD, Léon, *Portugal Ignorado* (Porto: Magalhães & Moniz Lda., 1912).

RADICH, Maria Carlos, «Ciências agrárias, sociedade e tecnologia no Portugal oitocentista», *Revista de Ciências Agrárias*, XXVIII, n.º 1 (2005), pp. 410-419.

RITTA, Gonçalo Vítor de Santa, *Um apontamento de economia agrária*, Cadernos da Seara Nova, Secção de Estudos Económicos (Lisboa: Seara Nova, 1943).

RITTA, Gonçalo Vítor de Santa, *Para um plano de estudos de sociologia rural*, Cadernos da Seara Nova, Secção de Estudos Políticos e Sociais (Lisboa: Seara Nova, 1944).

Rosas, Fernando, *O Estado Novo*, vol. VII de *História de Portugal*, dir. José Mattoso (Lisboa: Editorial Estampa, 1994).

Rosas, Fernando, «O pensamento reformista agrário no século XX em Portugal: elementos para o seu estudo», in *Actas do Encontro Ibérico sobre História do Pensamento Económico*, dir. José Luís Cardoso e António Almodovar (Lisboa: CISEP, 1992), pp. 357-372.

Rosas, Fernando, «Rafael Duque e a política agrária do Estado Novo (1934-44)», *Análise Social*, vol. XXVI, n.º 112-113 (1991), pp. 771-790.

Silva, Augusto Santos, *Palavras para um País* (Oeiras: Celta, 1997).

Silva, Carlos, «Recordando o 'Inquérito à Habitação Rural'», in *Estudos em Homenagem a Ernesto Veiga de Oliveira*, dir. F. O. Baptista, J. P. Brito e B. Pereira (Lisboa: Instituto Nacional de Investigação Científica, 1989), pp. 755-790.

Silva, João António de Oliveira e, «Níveis de vida do trabalhador rural português (Subsídios para o seu estudo)», relatório final do curso de Engenheiro Agrónomo (Lisboa: Instituto Superior de Agronomia da Universidade Técnica de Lisboa, 1948).

Sims, Newell Leroy, *Elements of Rural Sociology* (Nova Iorque: Thomas Y. Crowell Company, 1928).

Subtil, José, «Governo e administração», in O *Antigo Regime*, dir. António Manuel Hespanha, vol. IV de *História de Portugal*, dir. José Mattoso (Lisboa: Círculo de Leitores, 1993), pp. 157-192.

Vieira, Carlos Artur de Melo, «Subsídios para o estudo da população agrícola», relatório final do curso de Engenheiro Agrónomo (Lisboa: Instituto Superior de Agronomia da Universidade Técnica de Lisboa, 1921).

Vilhena, D. Francisco d'Almeida Manuel de, *Inquérito à Freguesia de Santo Tirso*, vol. III de *Inquérito Económico-Agrícola*, dir. E. A. Lima Basto (Lisboa: Universidade Técnica de Lisboa, 1934).

Wittrock, Björn, Peter Wagner e Helmut Wollmann, «Social Science and the modern State: policy knowledge and the political institutions in Western Europe and the United States», in *Social Sciences and Modern States: National Experiences and Theoretical Crossroads*, dir. Peter Wagner, Carol Hirschon Weiss, Björn Wittrock e Hellmut Wollmann (Cambridge: Cambridge University Press, 1991), pp. 28-85.

RICARDO NORONHA

7

Inflação e contratação colectiva (1968--1974).

Quando Marcello Caetano assumiu a Presidência do Conselho de Ministros, em Setembro de 1968, o seu governo defrontava-se com uma situação muito particular, caracterizada pela multiplicação de conflitos laborais num contexto de acelerado crescimento económico. As suas medidas de política «social» podem ser interpretadas à luz de uma interrogação fundamental – como criar as condições para que as relações laborais no interior das empresas acompanhassem as exigências do desenvolvimento económico? A resposta inicial a essa interrogação passou pela dinamização da contratação colectiva no seio do sistema corporativo e pela autorização de processos eleitorais que dotassem as direcções sindicais de uma efectiva representatividade junto dos seus associados. Em poucas palavras, as medidas então tomadas pelo governo apostavam fortemente numa institucionalização do conflito que se revelasse mais eficaz na sua gestão do que a simples repressão policial.

A escalada inflacionária verificada no início da década de setenta foi então abordada como a expressão de uma crise mais geral e profunda, que não se limitava a uma dimensão estritamente monerátia. Debater a inflação equivalia a debater o funcionamento da economia portuguesa, mas também a natureza do regime político e da sua relação com o poder económico, os efeitos da guerra colonial e a repartição do rendimento entre trabalho e capital, gerando polémicas apaixonadas e análises contraditórias ao processo inflacionário, numa afirmação do pensamento económico enquanto campo de saberes com crescente expressão na imprensa e na edição livreira. Pela sua centralidade enquanto meio de troca e medida do valor, a moeda e as suas flutuações assumiam um papel fundamental na vida quotidiana da maioria da população e tornaram-se um elemento privilegiado do combate político e social.

Foi no quadro da negociação de um contrato colectivo de trabalho (o dos bancários) que a dimensão directamente política deste debate conheceu uma expressão mais acentuada. Tanto o sindicato como o grémio dos bancos recorreram então a pareceres de economistas cujas interpretações favoreciam a sua posição negocial, ancorando a análise económica às posições das duas partes, envolvidas num conflito simultaneamente simbólico, no que respeitava à identificação das causas da inflação, e material, no que respeitava à repartição do rendimento entre trabalho e capital, sob a arbitragem do Estado. Como poderemos observar, esse papel arbitral não correspondeu a uma neutralidade ou equidistância face às duas partes e cedo revelou a permeabilidade do governo relativamente às pressões e solicitações dos meios empresariais. A opção então tomada traduziu a ambiguidade original do que se convencionou denominar «primavera marcelista», que procurava reformar o regime sem pôr em causa a sua natureza autoritária nem alienar as várias componentes do bloco social que o sustentava. Os dois tempos do marcelismo – ou seja, uma liberalização inicial seguida por uma escalada repressiva generalizada e em crescendo – serão aqui interpretados enquanto um resultado da acção das várias forças sociais em confronto e não tanto uma manifestação da vontade ou do perfil psicológico de Marcello Caetano. Relativamente a ambos se poderá observar que o «marcelismo» esteve muito longe de representar uma «antecâmara da democracia» ou um «processo de transição democrática» frustrado pelo golpe militar de 25 de Abril de 1974, antes correspondendo a um tempo de agudização do conflito social e de radicalização política das oposições, marcado pela multiplicão de experiências colectivas de luta e pela formação de uma cultura política cada vez mais difusa nas empresas, em que a guerra colonial, as condições de trabalho, a censura e a repressão, a concentração económica, a inflação e a especulação imobiliária, se apresentavam como elementos relacionados entre si e reconductíveis ao regime e à sua política.

Os banqueiros falam da crise

Em inícios de Abril de 1974, o jornal *Expresso* procurou inquirir os patrões do sector bancário a propósito da situação da economia portuguesa, registando o optimismo de uns e o pessimismo de outros([1]). Entre estes últimos estava o Presidente do Conselho de Administração do BESCL, Manuel Ricardo Espírito Santo, que se referiu a 1973 como «um marco histórico de transição, quer nos aspectos políticos, quer económicos e financeiros», enumerando vários motivos de inquietação, desde «a grave situação institucional dos Estados Unidos» prosseguindo para «as dificuldades internas de algumas grandes nações da Europa Ocidental, a crise japonesa, a onda da violência internacional, o estrangulamento no aprovisionamento de matérias primas, com o acentuar da crise do médio oriente, e finalmente a inflação universal.» Afonso Pinto de Magalhães, que presidia à instituição de crédito com o mesmo nome, partilhou a sua preocupação com aquilo que apelidou de «psicose inflacionista», juntando-lhe a crise do petróleo no médio oriente e aproveitando para referir a crescente dependência da economia portuguesa face à economia europeia como um factor de vulnerabilidade. Pronunciando em termos genéricos as suas preocupações com a economia portuguesa, os banqueiros aproveitaram em todo o caso para defender os interesses específicos do seu sector e para criticar os aspectos da política económica vigente que lhes eram mais prejudiciais. Jorge de Brito, Presidente do Conselho de Administração do Banco Intercontinental Português, chamaria a atenção para o facto de as restricções ao crédito constituirem um instrumento «importante, embora de uso muito delicado» sem por isso serem «uma política anti-inflacionista». Todos os inquiridos parecia estar de acordo quanto à necessidade de moderar as restrições à concessão de crédito e de aliviar as imposições à banca comercial em termos de reservas de caixa.

O tema não era novidade e já há algum tempo que banqueiros e economistas se pronunciavam no sentido de diminuir a severidade das normas de cobertura bancária. Em Junho do ano anterior, Jorge Arriaga da Cunha (economista ligado ao Banco Borges &

([1]) «Os banqueiros falam da economia portuguesa: do optimismo de uns ao pessimismo de outros», *Expresso*, 6 de Abril de 1974, pp. 17-19.

Irmão) assinara um artigo igualmente publicado no *Expresso*, em que criticava a «limitação autoritária do crédito ao consumo», a imobilização forçada de 50% das reservas de caixa e a orientação das instituições bancárias para a concessão de crédito a curto prazo[2]. E uma semana depois da ronda às opiniões dos banqueiros, o Banco Borges & Irmão faria publicar, naquele mesmo jornal, um discurso pronunciado pelo Presidente do seu Conselho de Administração, Miguel Quina, na Assembleia-Geral ordinária de accionistas do ano anterior:

> Sem que se minimize, assim, a gravidade do desequilíbrio monetário interno no caso português, impõe-se evidenciar os perigos que comportaria a pura e simples adopção da velha terapêutica monetarista no combate a tal desequilíbrio: uma acção restritiva indiscriminada da procura global provocaria uma paragem no processo de crescimento da economia, agravando os seus desajustamentos estruturais, de que o fenómeno da emigração em grande escala constitui uma das mais gritantes manifestações[3].

Do ponto de vista económico, o ano de 1974 parecia encerrar um ciclo, antes ainda de um grupo de oficiais das Forças Armadas abandonar os quartéis para derrubar o governo e pôr fim ao Estado Novo. As preocupações destes banqueiros portugueses exprimiam as transformações ocorridas na economia portuguesa ao longo das décadas anteriores e o peso que no seu seio assumira o sector bancário. Destacavam-se claramente, no conjunto da economia portuguesa, sete grandes grupos empresariais: Banco Nacional Ultramarino, Banco Fonsecas & Burnay, Champalimaud, CUF, Banco Espírito Santo e Comercial de Lisboa, Banco Português do Atlântico e Banco Borges & Irmão. Em 1973, das 411 empresas com volumes de vendas superiores a 30 000 contos, 300 pertenciam a este «núcleo monopolista» que, para além do controlo sobre matérias-primas fundamentais e indústrias de base, passara a dominar os principais meios de transporte e o sector financeiro (80% da banca e 55% dos seguros)[4]. Controlava ainda: 8 das

---

[2] J. Arriaga da Cunha, «Orientações da política monetária em Portugal», *Expresso*, 6 de Abril de 1973, p. 24.

[3] *Expresso*, 13 de Abril de 1974, p. 14.

[4] Américo Ramos dos Santos, «Desenvolvimento monopolista em Portugal: 1968/73», *Análise Social*, vol. XIII, n.º 49 (1977), pp. 69-95.

10 maiores empresas industriais e metade das empresas com capital superior a 500 000 contos; as cinco principais empresas exportadoras; os quatro sectores industriais com maior produtividade, taxas de lucro e capacidade tecnológica (cerveja, tabacos, papel e cimentos); as indústrias de base fundamentais (energia, química, construção e reparação naval, siderurgia e metalomecânica pesada). A articulação entre o sector financeiro e a indústria assumiu um papel decisivo para a configuração destes conglomerados, formados a partir da expansão de grupos de base industrial que procuravam estender o seu controlo ao sector bancário, ou de grandes bancos comerciais que multiplicavam e diversificavam os seus investimentos industriais.

A dinâmica de expansão da actividade bancária foi fortemente acelerada pela concorrência entre as instituições do sector, num contexto em que um elevado dinamismo dos investimentos e actividades económicas coincidia com uma assinalável escassez de capitais. Estando fixado em 1,25% o limite máximo da taxa de juro sobre os depósitos à ordem no início dos anos sessenta, não existia qualquer limitação para as taxas de juro praticada sobre os depósitos a prazo, que se tornaram o instrumento privilegiado para a expansão do crédito respeitando os limites de caixa legalmente fixados. Os depósitos no sistema bancário passaram do valor de 132 milhões de contos em 1968 para 328 milhões de contos em 1973. Assinale-se que, em 1968, apenas cerca de 80 milhões de contos (60% do total) correspondiam a bancos pertencentes ao núcleo monopolista, valor que ascendia a 209 milhões de contos (64 % do total) em 1973. Nesse ano, os mesmos bancos controlavam já 83 % da carteira comercial do sistema bancário, correspondente a 139 milhões de contos.

Com o aumento da concorrência pela captação de poupanças na forma de depósitos a prazo, a banca comercial necessitou também de contrabalançar o acréscimo de custos (aumento da remuneração dos depósitos e aumento das despesas com pessoal devido à expansão da rede de agências e correspondentes) com um aumento das operações activas, que iam desde grandes empreendimentos industriais (nacionais mas também, a partir de 1965, multinacionais), obras públicas e construção civil, a operações cambiais (o crescente mercado de eurodivisas) e comerciais (tanto na exportação como ao nível da compra a prestações de produtos importados, nomeadamente automóveis e eletrodomésticos). Também a abertura do sector bancário nas colónias – até aí monopolizado pelo BNU e pelo Banco de Angola – levou à criação de sucursais do Banco Pinto & Sotto Mayor, do Banco Totta/Aliança, do Banco Português do Atlântico e do Banco Borges & Irmão. Teve lugar uma significativa expansão da rede de agências dos principais bancos comerciais e acelerou-se o processo de generalização da utilização da moeda escritural como meio de pagamento([5]).

Este processo de crescimento e expansão do sector bancário, num contexto de elevada competição pela captação de poupanças e pelo financiamento de operações activas, veio acelerar a dinâmica de concentração no sector e a progressiva asfixia dos bancos regionais ou de mais pequena dimensão, favorecendo fusões e aquisições que reforçaram as instituições de crédito mais sólidas e de maior dimensão. O mesmo processo substituiu as tradicionais figuras locais ligadas ao prestamismo e à agiotagem, por agências bancárias e redes de correspondentes que se encarregavam de angariar a poupança nas pequenas localidades onde aquelas não chegavam([6]). Foi particularmente decisiva a captação de poupanças formadas a partir de remessas de emigrantes, que representavam em 1973 11% do rendimento nacional e prolongavam uma dependência externa secular assente na exportação de mão-de-obra.

Tudo isto havia feito da banca comercial o ponto de encontro de vários problemas e tensões acumulados pela formação social portuguesa no seu processo de industrialização, colocando os banqueiros numa posição delicada nesta conjuntura de crise. A modernização que a formação social portuguesa atravessava tornava o sistema corporativo cada vez mais inadequado para a resolução dos conflitos próprios do ciclo produtivo «fordista», caracterizado pela massificação da produção e do consumo, bem como pela alta complexidade atingida pelo sistema de organização do trabalho. As relações entre capital e trabalho, campo e cidade, produção e consumo, salários e preços, finança e indústria, assumiam uma di-

---

([5]) Nuno Valério, «O Banco de Portugal, banco central privado, 1931-1974», in *Estudos em homenagem ao Professor Manuel Jacinto Nunes*, dir. João Ferreira do Amaral *et al* (Lisboa: ISEG, 1996), p. 443.

([6]) Alfredo de Sousa, «Os anos 60 da nossa economia», *Análise Social*, vol. XXX, n.º 133 (1995), pp. 620-621.

mensão e um dinamismo que não encontravam solução dentro da orgânica institucional e dos princípios basilares do Estado Novo.

Ouro e petróleo - a crise da economia mundial

A 15 Agosto de 1971 o Governo dos Estados Unidos da América, presidido por Richard Nixon e confrontado com um défice da balança comercial superior a 6,8 mil milhões de dólares, decidiu suspender a convertibilidade do dólar em ouro, que fazia da moeda norte-americana a medida de referência das trocas comerciais internacionais e o pilar do sistema monetário mundial desde os acordos de Bretton Woods (entre 1958 e 1968, as reservas de ouro guardadas no Forte Knox haviam diminuído de 22 para 10 mil milhões de dólares, enquanto a dívida externa dos EUA ultrapassara o 50 mil milhões de dólares[7]). Ao tomar unilateralmente esta decisão, o governo dos EUA procurava relançar a sua economia (estagnada desde 1965) e fazer baixar o peso do seu défice comercial, tornando mais baratas as suas exportações. Ao fazê-lo porém, lançava um princípio de incerteza generalizado sobre todas as divisas – alinhadas em função de um valor agora tornado flutuante – com óbvio impacto sobre o comércio internacional. As medidas ensaiadas em Dezembro de 1971 para estabilizar o sistema monetário internacional, através de um realinhamento das paridades das moedas das dez principais economias capitalistas, fracassaram e foi adoptado na Europa um esquema de flutuação controlada (com uma variação possível de 4,5%) das moedas, apelidado de «serpente monetária europeia», que duraria até Março de 1973. A partir daí os vários governos europeus, confrontados com a estagnação das respectivas economias, decidiram deixar as suas divisas oscilar relativamente ao dólar e recorreram à emissão monetária para suportar orçamentos contra-cíclicos, fazendo disparar a inflação. Tendo ao nível monetário a sua primeira e mais visível expressão, a economia mundial entraria plenamente em crise em 1973, quando os principais mercados bolsistas à escala mundial conheceram uma quebra acentuada, com destaque para Londres e

---

[7] Christian Stoffaës, *A crise da economia mundial* (Lisboa: D. Quixote, 1991), p. 68.

Nova Iorque, cujos principais índices desceram, respectivamente, 50% e 30%, entre os anos de 1973 e 1974[8]. Para caracterizar a coexistência de elevadas taxas de inflação com uma relativa estagnação da actividade económica – fenómenos que a teoria económica se habituara a considerar contraditórios – passou a ser empregue com alguma frequência o termo «estagflação», originalmente utilizado pelo deputado conservador britânico Iain Mcleod, num discurso proferido em 1965 na Casa dos Comuns[9].

A economia portuguesa estava particularmente exposta aos mecanismos da crise, por via das suas múltiplas relações de dependência relativamente aos grandes pólos de acumulação capitalista e da sua óbvia vulnerabilidade energética relativamente ao petróleo, acentuada pelas consequências do envolvimento português na ponte aérea formada pelos EUA para apoiar o Estado de Israel durante a guerra de Yom Kippur[10]. O aumento do custo do petróleo teve efeitos imediatos ao nível do abastecimento de combustíveis, motivando medidas e planos de racionamento por parte da Direcção-Geral de Combustíveis, nomeadamente através da portaria n.º777/73, publicada a 8 de Novembro e que fixava limites máximos de abastecimento por motorista, para além de aumentar os preços da gasolina e do gasóleo. A implicação dos aumentos do custo do petróleo sobre a indústria portuguesa são parcialmente indicadas por Ivo Veiga:

> Convém fazer notar que a indústria transformadora foi o principal consumidor dos combustíveis derivados do petróleo, absorvendo 36,2% do total vendido no mercado interno em 1974, e ao fuelóleo cabia 75,3% deste valor. A este propósito mencione-se, a título de exemplo, o valor do fuelóleo em relação ao total de combustíveis utilizados em determinadas indústrias transformadoras: cimentos (99,3%), têxteis (97,4%), papel (97,4%), alimentares (87,4%). Os aumentos dos combustíveis reflectiram-se naturalmente nos custos de produção[11].

---

[8] Christian Stoffaës, *A crise...*, p. 37.

[9] Edward Nelson e Kalin Nikolov, *Monetary policy and stagflation in the UK* (Londres: Bank of England, 2002), p. 9.

[10] José Freire Antunes, *Os americanos e Portugal – os anos de Richard Nixon (1969-1974)* (Lisboa: D. Quixote, 1986), p. 278.

[11] Ivo Veiga, «O choque petrolífero de 1973», *História*, vol. XXI (3.ª série), n.º 18 (1999), p.57.

Muitas empresas exportadoras viram as suas encomendas ser canceladas ou reduzidas, face ao abrandamento generalizado das economias dos países para onde era habitualmente comercializada a sua produção, vendo-se confrontadas com problemas de liquidez que as tornavam dependentes de financiamentos bancários. A desaceleração das economias da Europa setentrional tinha ainda um efeito particularmente gravoso sobre a balança de pagamentos, ao fazer diminuir em simultâneo as receitas provenientes do turismo (cujos fluxos se viram reduzidos logo em 1973) e das remessas dos emigrantes. A crise petrolífera assumia consequências tanto mais gravosas para a economia portuguesa quanto alguns dos investimentos mais ambiciosos realizados nos anos sessenta e setenta tinham, como objectivo fundamental, aproveitar a posição geográfica do país no contexto das rotas de navegação internacional (na sequência do encerramento do canal do Suez, em 1967, a rota do Cabo passara a ser o trajecto privilegiado entre o Golfo Pérsico e a Europa e costa Leste dos EUA), com o desenvolvimento da indústria de repação naval (tanto a Lisnave como a Setenave se propunham como objectivo estratégico fundamental o mercado de reparação de navios petroleiros) e do complexo portuário de Sines (associado a uma refinaria de grandes dimensões). Implicava por isso uma profunda crise da inserção geoeconómica de Portugal no contexto mundial, que comprometia fortemente a estratégia de especialização internacional ensaiada pelos sectores mais dinâmicos do empresariado português[12].

Ordem nas finanças

Se os comentários dos banqueiros portugueses inquiridos em 1974 reflectiam já o impacto da crise da economia mundial, a referência à «psicose inflacionária» dizia respeito a um problema mais antigo, que há já alguns anos coexistia com altas taxas de crescimento económico, mas que se via agora agravado pela crise da economia mundial. A inflação atingiria em 1973 valores per-

---

[12] José Félix Ribeiro, *et al*, «Especialização internacional, regulação económica e regulação social – Portugal, 1973/83», *Análise Social*, vol. XXI, n.º 87-88-89 (1985), pp. 437-471.

centuais na casa dos dois dígitos([13]) (segundo cálculos da OCDE cuja divulgação pelo jornal *Expresso* foi proibida pela censura, a inflacção em Portugal havia registado uma taxa média de 20,3% em 1973([14])), aceleração que vinha acentuar uma tendência mais longa para o aumento dos preços e que motivara uma política restritiva por parte do governo e do Banco de Portugal.

A partir de meados da década de sessenta o crescimento da taxa de inflação à escala internacional, sem precedentes desde a II Guerra Mundial, convocava um intenso debate relativamente à industrialização do pós-guerra, ao quadro institucional da sua regulação e à teoria económica que inspirava os responsáveis pela política monetária dos vários países industrializados, assumindo em Portugal várias particularidades relacionadas com a situação específica do país, que ia do regime político à questão colonial, passando pela elevada taxa de emigração e pelo enquadramento corporativo da actividade económica. O equilíbrio financeiro fora um dos axiomas fundamentais da política do Estado Novo, tanto no que respeitava às contas do Estado como à estabilidade monetária e ao saldo da balança comercial. Esta prioridade havia caracterizado a intervenção do Estado na economia, resumida a uma participação dispersa no capital de inúmeras empresas consideradas de interesse público; a uma política monetária que gerava frequentes problemas de liquidez e limitava fortemente o investimento; ao condicionamento industrial, através do qual era regulada a concorrência em cada sector. Por outro lado, precisamente pelo cepticismo relativamente a políticas orçamentais expansionistas e pela centralidade que a estabilidade monetária assumia na determinação da política económica, o Banco de Portugal possuía fortes reservas acumuladas de divisas e de ouro, cujo valor ascendia nos finais de 1973, segundo Mário Murteira([15]), a 2839 milhões de dólares (segundo a cotação internacional oficial, três vezes inferior aos preços praticados no mercado). A emissão monetária pelo

---

([13]) Maria da Conceição Bebiano Coimbra, «Política monetária em Portugal», in *Estudos em homenagem ao Professor Manuel Jacinto Nunes*, dir. João Ferreira do Amaral (Lisboa: ISEG, 1996), p. 385.

([14]) José Pedro Castanheira, «Inflação em 1973 atinge os 20,6%», *Expresso*, 20 de Fevereiro de 2009, p.26.

([15]) Mário Murteira, «Sobre o conceito de independência económica», *Análise Social*, vol. XI, n.º 44 (1975), p. 531.

banco central estava condicionada à disponibilidade de reservas que assegurassem a cobertura de pelo menos metade do seu valor. A obsessão pelo rigor orçamental que presidia à política financeira do Estado Novo confrontava-se com a necessidade de sustentar um conflito militar que absorvia cerca de 40% do orçamento de Estado, traduzindo-se num encobrimento do défice efectivo através da emissão de títulos de dívida pública, com óbvias implicações inflacionárias a longo prazo [16].

O relatório do Banco de Portugal relativo ao ano de 1970 salientava «o comportamento demonstrado pelas principais grandezas monetárias, em particular os meios totais de pagamento e, entre estes, o elevado volume de liquidez criado através da concessão de crédito bancário, especialmente pela banca comercial», com repercussões significativas ao nível do desequilíbrio da balança comercial e de pagamentos «na medida em que boa parte dos meios assim criados sejam utilizados pela economia em despesas não reprodutivas, designadamente bens de consumo, ou de carácter estritamente especulativo» [17]. Acompanhando este diagnóstico, o banco central optara por sucessivos aumentos da sua taxa de redesconto, que subira para 2,5% em Setembro de 1965, 2,75% em Janeiro de 1969, 3,5% em Abril de 1970 e 3,75% em Fevereiro de 1971. A reacção à pressão inflacionária verificada a partir de meados da década de sessenta passou sobretudo pela adopção de uma política de estabilização monetária (assente na restrição à concessão de crédito) acompanhada por medidas de contenção salarial (que ia das restrições à actividade sindical até ao prolongamento do prazo de vigência das tabelas salariais dos contratos colectivos de trabalho), no sentido de arrefecer a economia e estabilizar os preços. O imperativo da estabilidade monetária e do rigor orçamental colocou o governo perante consideráveis problemas de ordem política e social.

---

[16] Alfredo de Sousa, «Os anos 60 da nossa economia», *Análise Social*, vol. XXX, n.º 133 (1995), pp. 616-617.

[17] *Relatório do Conselho de Administração — Gerência de 1970*, vol. I (Lisboa: Banco de Portugal, 1974), p. 121.

Um inusitado surto de agitação social

O debate no interior do regime, acerca da relação entre contratação colectiva e desenvolvimento, era já antigo quando Marcello Caetano assumiu a Presidência do Conselho de Ministros. Pelo menos desde finais de 1958 que se debatia a necessidade de uma efectiva negociação e contratação no interior da estrutura corporativa, bem como o reconhecimento de que a determinação do salário não podia competir apenas ao lado patronal. Como salientou Fátima Patriarca, esse tipo de debates – que se repetiriam em 1962, por altura do II Colóquio do Trabalho, da Organização Corporativa e da Previdência Social – e as propostas que deles resultaram foram sistematicamente ignorados ou bloqueados pelas cúpulas do regime até à segunda metade dos anos sessenta quando, ainda com Salazar na Presidência do Conselho, o Ministro das Corporações Gonçalves de Proença, anunciaria o objectivo de aperfeiçoar a regulamentação do trabalho, sobretudo no plano da negociação e contratação colectiva[18]. Quando Caetano assumiu a liderança em Setembro de 1968, o processo conheceu uma aceleração.

O decreto-lei n.º 49 058, de 14 de Junho de 1969, veio pôr fim à obrigatoriedade de homologação ministerial das direcções sindicais eleitas e impedia a sua dissolução administrativa. Seria acompanhado pelo decreto-lei n.º 49 212, de 28 de Agosto de 1970, que tornava imperativa a negociação e celebração de contratos colectivos de trabalho entre Sindicatos e Grémios, bem como a criação de estruturas de arbitragem reconhecidas e aprovadas por ambas as partes. Com estes dois diplomas aprovados – juntamente com um despacho do Ministro do Interior que instruía as autoridades policiais a moderar e restringir a sua intervenção em conflitos laborais, deixando algum espaço aberto à negociação entre patrões e trabalhadores – o governo autorizava uma dinamização da actividade sindical, criando um espaço de efectiva negociação das condições laborais, com impacto imediato ao nível da participação e mobilização dos assalariados de vários sectores e profissões. A defesa de um movimento sindical com alguma autonomia rela-

---

[18] Fátima Patriarca, «Continuidade e ruptura: as primeiras leis sociais de Marcello Caetano», in *Itinerários – a investigação nos 25 anos do* ICS, dir. Manuel Villaverde Cabral *et al* (Lisboa: Imprensa de Ciências Sociais: 2008), pp. 135-136.

tivamente ao aparelho de Estado assentava na convicção de que seria possível encontrar, no mundo do trabalho, interlocutores válidos e cooperantes com o projecto modernizador de Caetano, que pudessem disputar à oposição a influência entre a classe trabalhadora, rejuvenescer o sistema corporativo e alargar a base social de apoio ao Governo.

A vontade de reformular as relações laborais manifestada pelo governo de Caetano – nomeadamente o objectivo de canalizar os conflitos para o interior do sistema corporativo através dos Sindicatos e da negociação – coincidia porém com um período de recrudescimento da agitação nas empresas, fortemente relacionado com uma escalada inflacionária iniciada em 1965, mas que assumiu dimensões crescentes a partir de 1969, iniciando um ciclo de lutas por aumentos salariais em vários sectores e empresas por todo o país, que Fátima Patriarca caracterizou como um «inusitado surto de agitação social que começa logo na primeira semana de Janeiro de 1969, com o 'luto ferroviário' e se prolongará com greve em alguns dos mais importantes estabelecimentos fabris da cintura industrial de Lisboa e Setúbal» ([19]). A extensão do movimento a fábricas como a CUF, a SAPEC, Portugal e Colónias, Secil, Cometna, IMA, UTIC, Wander, Sacor e Panificação de Almada, levariam o Ministério do Interior a concluir pela existência de «uma central de comando» e a solicitar à PIDE a sua investigação. Na sequência ou em paralelo com estas movimentações, cerca de 30 direcções sindicais foram eleitoralmente conquistadas por elementos ligados à Oposição entre 1969 e 1971 ([20]). Tratavam-se de importantes direcções sindicais como as dos Metalúrgicos de Braga, de Lisboa e do Porto (levando à designação de uma direcção para a Federação Nacional dos Sindicatos Metelúrgicos e Metalomecânicos), os Lanifícios de Lisboa (que juntamente com os da Covilhã, viriam a ser decisivos para designar nova direcção para a Federação Nacional dos Lanifícios), os Caixeiros de Lisboa, os Bancários de Coimbra, os Seguros de Lisboa e do Porto, os Técnicos de Desenho de Lis-

---

([19]) Fátima Patriarca, «Estado Social: a caixa de Pandora», in *A transição falhada – O Marcelismo e o fim do Estado Novo (1968-1974)*, dir. Fernando Rosas e Pedro Aires Oliveira (Lisboa: Editorial Notícias, 2004), p. 175.

([20]) Valente, José Carlos, «O movimento operário e sindical (1970-1976): entre o corporativismo e a unicidade», in *O País em Revolução*, dir. J.M. Brandão de Brito (Lisboa: Editorial Notícias, 2001), pp.215-216.

boa, entre outras. Destaque-se a importância da participação dos chamados «trabalhadores de colarinho branco» neste movimento de dinamização sindical, acompanhada aliás por dois outros sectores profissionais – os Engenheiros e os Médicos – habitualmente considerados profissionais liberais mas que nestes anos se comportavam e organizavam como assalariados, transformando as respectivas Ordens profissionais em organismos para-sindicais (Marcello Caetano falaria mesmo de «um carácter nitidamente sindicalista revolucionário» transposto das Universidades para as Ordens), assumindo um discurso cada vez mais radicalizado e exprimindo uma nova composição política da classe trabalhadora[21]. A dinâmica gerada em torno da campanha eleitoral de 1969 veio favorecer este movimento, com os «Serviços de Assistência Jurídica» às listas da Coligação Democrática Eleitoral a evoluírem rapidamente para a formação de «Comissões de Apoio aos Grupos Sócio-Económicos», na coordenação das quais assumiam papel preponderante o economista Francisco Pereira de Moura e os advogados Jorge Sampaio, José Vasconcelos de Abreu e Vítor Wengorovius.

Convergiu assim, neste ano de 1969, a movimentação política oposicionista e a agitação laboral em vários sectores, retirando ao governo o espaço de manobra para a desejada renovação sindical no quadro do regime:

> Desencadeiam-se, entretanto, numerosas greves (ferroviários, metalúrgicos, operários têxteis, bancários e empregados de seguros) por reivindicações, em geral de carácter económico, suscitadas pela subida da inflacção e a perda de poder de compra, provocando manifestações e confrontos violentos com a repressão policial, como no caso da greve dos operários da Lisnave, em Novembro de 1969[22].

Os bancários e o seu sindicato

Note-se que algumas direcções sindicais conquistadas por listas afectas à oposição se haviam antecipado a este movimento, com destaque para os bancários, cujo Sindicato do Porto havia sido conquis-

---

[21] Fátima Patriarca, «Estado Social...», pp. 195-200.
[22] José Carlos Valente, «O movimento ...», p. 216.

tado logo em 1966, por uma lista encabeçada pelo militante comunista Avelino Gonçalves. E em Março de 1968, na sequência de uma crescente mobilização dos associados em assembleias gerais muito participadas, uma lista oposicionista inicialmente encabeçada por António Ferreira Guedes (da CDE, mas sem filiação partidária, viria a ser rejeitado pelo Ministério das Corporações[23]) e em seguida por Daniel Cabrita (militante do PCP), venceu as eleições para o Sindicato dos Empregados Bancários de Lisboa, obtendo 985 votos contra 913 da direcção cessante, encabeçada por Arrobas da Silva:

> Quanto à lista B, integra vários sócios que se vinham opondo às últimas direcções. Em termos de classe, professa um sindicalismo anticorporativo. Politicamente, reúne diversas tendências antifascistas. A lista inclui militantes de origens diversas, provindo, em especial, dos meios de Acção Católica e de círculos de formação marxista, havendo um ou outro ligado ao clandestino Partido Comunista Português[24].

O Sindicato dos Empregados Bancários do Distrito de Lisboa assumia particular importância pelos recursos financeiros que detinha, pela dimensão simbólica relacionada com o prestígio social da profissão e com a qualificação relativamente elevada dos seus associados. Estando concentradas na Baixa de Lisboa a maioria das sedes das instituições bancárias e respectivos serviços centrais, era relativamente fácil aos trabalhadores bancários (nomeadamente para esta importante fracção concentrada geograficamente) reunirem-se para debater as suas condições laborais[25]. Um horário de trabalho mais curto, com duas horas de pausa para almoço, também facilitava a participação e o interesse pelas questões sindicais. A dinâmica de mobilização que levou à constituição de uma lista oposicionista e à sua vitória em Março de 1968 baseou-se em larga medida nestas características da força de trabalho do sector, na sequência de um contrato colectivo subscrito pela direcção sindical em 1965 e que previa uma extensão do horário de trabalho

---

[23] José Barreto, «Os primórdios da Intersindical sob Marcello Caetano», *Análise Social*, vol. XXV, n.º 105-106 (1990), p. 73.

[24] José Pedro Castanheira, *Os sindicatos e o salazarismo – A história dos Bancários do sul e ilhas (1910-1969)* (Lisboa: Sindicato dos Bancários do Sul e Ilhas, 1983), p. 369.

[25] Entrevista realizada a Daniel Cabrita, 10/09/2007.

(30 minutos suplementares por dia) em troca de ligeiros aumentos salariais. Desde então que, como salientou José Pedro Castanheira, a afluência às assembleias gerais veio dotá-las de uma dinâmica própria (iniciando-se a constituição de grupos de trabalho e a frequência regular da sede do Sindicato pelos seus associados[26])), bem expressa pela posterior eleição de delegados sindicais nos locais de trabalho, que formariam uma importante rede de ligação entre a direcção sindical e o conjunto da classe. A formação de um corpo técnico sindical dedicado aos contenciosos com as administrações bancárias e o respectivo grémio, foi da maior importância no sentido de dotar o Sindicato dos instrumentos jurídicos e dos dados económicos necessários à negociação da contratação colectiva. A realização de actividades culturais regulares na sede, a par do lançamento de um jornal intitulado *Ângulo Novo* pela secção cultural entretanto criada, permitiu a transformação do Sindicato num espaço de debate e de sociabilidade, com implicações importantes nas movimentações e lutas que se seguiriam, nomeadamente quando o Ministério das Corporações decidiu destituir a direcção eleita e substituí-la por uma Comissão Administrativa, cuja actividade se viu bloqueada desde a primeira hora pelas pressões dos sócios. À centralidade do sistema financeiro na estrutura da economia portuguesa correspondia um papel destacado dos trabalhadores da banca na acção sindical. Confrontado com a conquista de várias direcções sindicais por elementos ligados à Oposição democrática e com o «estado de grande agitação» que representava a acção colectiva dos trabalhadores, o governo reagiu da forma mais previsível, iniciando um recuo generalizado logo a partir do ano seguinte[27].

A partir de Agosto de 1970, os boletins informativos e outras publicações sindicais voltaram a estar sujeitas a exame prévio, seguindo-se em Outubro a proibição da realização de uma Assembleia-geral do Sindicato dos Metalúrgicos de Lisboa, convocada para o Estádio da Luz. Nesse mesmo mês, com a publicação do Decreto-Lei 492/70, foi dado um golpe significativo nos processos de negociação colectiva entre Sindicatos e Grémio, ao delegar poderes de arbitragem no Ministro das Corporações e permitir a não-homologação, pelo Instituto Nacional do Trabalho e

---

[26] José Pedro Castanheira, *Os sindicatos...*, p. 333.
[27] José Barreto, «Os primórdios...», p. 79.

Previdência, dos árbitros escolhidos pelas duas partes. Seguir-se-ia ainda em Outubro o Decreto-Lei 502/70, permitindo a suspensão de dirigentes sindicais a pedido do Ministério das Corporações, reforçado por um despacho do Secretário de Estado do Trabalho, Silva Pinto, que apertava a malha da elegibilidade dos candidatos a cargos sindicais e permitia a exclusão de elementos com base em informações prestadas pela DGS. A questão da elegibilidade seria sujeita a maiores e mais restritas especificações por despacho do Ministro do Interior Gonçalves Rapazote, em Dezembro do mesmo ano.

Para além da preocupação relativa à eleição de elementos da Oposição para direcções sindicais, outra das medidas mais significativas tomadas, já em finais de Novembro, consistiu na autorização de reuniões e assembleias gerais dos Sindicatos, até aí na dependência do Ministério das Corporações e doravante transformada, literalmente, num caso de polícia, ao passar para alçada do Ministério do Interior. Sublinhe-se a inquietação do Governo relativamente a estes momentos de grandes concentrações de trabalhadores e relativa liberdade de expressão, perante assembleias gerais como a que, em Abril de 1970, reuniu cerca de 7000 empregados bancários de Lisboa em torno do respectivo contrato colectivo. O regime terá aí recuado «por falta de previsão das consequências da abertura» de acordo com J. L. Nogueira de Brito, ao tempo subsecretário de Estado do Trabalho segundo o qual «o mundo empresarial suportou muito mal a abertura do regime no campo laboral» e «os bancos ficaram com a ideia de terem completamente perdido o controlo da situação»[28].

A escalada repressiva que se abateu sobre o movimento sindical e que assumiu particular incidência sobre o Sindicato dos Bancários (com a prisão do seu Presidente, Daniel Cabrita, pela DGS, em Junho de 1971 de Lisboa) não impediu o reforço dos elementos da oposição que ali intervinham. Apesar de todos os esforços e métodos repressivos empregues, as direcções dos Sindicatos dos Bancários de Lisboa e do Porto seriam novamente conquistadas, em Junho de 1972, por listas oposicionistas que concorreram sem oposição ou alternativa, obtendo impressionantes votações (respectivamente 40% e 49% dos sócios). Para além dos Sindicatos

---

[28] Idem, Idem, p. 87.

de Bancários foram conquistadas por elementos oposicionistas as direcções sindicais dos Metalúrgicos, Eletricistas, Seguros e Profissionais de Propaganda Médica de Lisboa.

A carestia de vida

A actividade sindical via-se reforçada, apesar da repressão que se abatia sobre os seus elementos mais destacados, pela permanente subida dos preços e pelas medidas adoptadas pelo governo para lhe fazer face. Em Outubro de 1972, a revista *Seara Nova* publicou os resultados de um inquérito conduzido pelo Instituto Português de Opinião Pública e ao qual responderam «Duas mil donas de casa»[29]. 78 em cada 100 inquiridas salientaram o aumento dos preços dos bens alimentares, com referências específicas ao preço da carne (45%), do peixe (31%), do bacalhau (26%) e do azeite (22%). O estudo constatava também que os produtos referidos variavam sobretudo em função do rendimento do agregado familiar em questão: «são as classes baixas as que menos apontam a subida dos preços dos alimentos mais ricos, em virtude destes lhes serem tradicionalmente menos acessíveis». A carne era referenciada por praticamente todas as donas de casa incluídas na «classe média e média alta» (mais de 10500$00 de rendimento mensal) como um dos produtos mais encarecidos, enquanto apenas 38% das suas congéneres da «classe baixa» (menos de 1500$00 de rendimento mensal a mencionavam). Em todas as regiões do país, mais de 80% das donas de casa inquiridas esperavam novos aumentos dos preços nos meses seguintes, e poucas consideravam que a Inspecção Geral de Actividades Económicas pudesse alterar essa situação. Pareciam não faltar razões para reinvidicar melhorias salariais.

Em Junho de 1972, o Governo havia aumentado através do Decreto-Lei 196/72, e a pretexto da existência «de uma pressão excessiva da procura sobre a oferta», o prazo de duração obrigatória das tabelas salariais inseridas nos contratos colectivos de trabalho. A argumentação desenvolvida no diploma não podia ser mais clara. Por um lado recusava a fixação administrativa dos preços,

---

[29] «Duas mil donas de casa apontam a subida dos preços», *Seara Nova*, n.º 1524 (1972), pp. 6-7.

preferindo-lhe a «simples homologação de preços propostos pelos interessados» (ou seja, as empresas), «a participação destes» e a «adaptação discreta em cada período às flutuações do mercado» sob a supervisão do Secretário de Estado do Comércio. Por outro mantinha as taxas fiscais em vigor sobre o capital, com um argumento tortuoso: depois de ter considerado nocivos os aumentos de rendimentos do público que não fossem compensados por aumentos de produtividade, defendendo a sua imobilização na forma de poupança bancária, «de modo a deixarem de influir no mercado de bens e serviços», o texto do diploma afirmava que o aumento da tributação dos rendimentos do capital drenaria recursos que «de outra forma passariam a constituir poder de compra». Adaptando-se discretamente os preços às flutuações do mercado, ao sabor das propostas dos interessados, mantendo-se inalteradas as taxas fiscais sobre os lucros das empresas, sobrava, para efeitos de política anti-inflacionária, a receita mais simples e habitual, que passava pela contenção salarial e que equivalia, num contexto fortemente inflacionário, a uma contracção salarial. Parecia razoável, segundo o diploma, «estabelecer o prazo de dois anos para a revisão convencional das tabelas de salários, evitando o sobressalto de constantes reivindicações e alterações», para além de proibir a estipulação ou fixação de cláusulas de actualização automática dos salários em função da inflação. Esta prática de indexação dos salários à taxa de inflação era comum em vários países da Europa onde vigoravam direitos e liberdades sindicais, no sentido de evitar a perda de poder de compra dos assalariados. Em Portugal, a repressão e a prisão de sindicalistas via-se acompanhada de uma política de estabilização monetária deliberadamente constituída à custa dos trabalhadores. Redigido e aprovado com o objectivo de evitar sobressaltos no plano social, o diploma seria alvo de duras críticas e refutações por parte do movimento sindical, revelando-se mais útil ao patronato para conter os salários do que ao governo para conter a inflação.

    O contrato colectivo de trabalho para o sector bancário, celebrado em 1973, seria disso demonstrativo. Como assinalou Francisco Pereira de Moura no seu parecer, solicitado pelo Sindicato dos Empregados Bancários do Distrito de Lisboa, o contrato aprovado pela Comissão Arbitral (com o voto de vencido de Orlando de Carvalho, árbitro nomeado pelo Sindicato) e homologado pelo Secretário de Estado do Trabalho, fixava um aumento salarial mínimo de 29%, sendo insuficiente para compensar o aumento do custo de vida verificado desde que entrara em vigor o contrato anterior (Abril de 1970) e que fora calculado pelo Ministério das Corporações em 34% (contra 39% avançado pelo sindicato e 36% pelo grémio)([30]). O congelamento salarial funcionava na prática como um poderoso instrumento de transferência de rendimentos do trabalho para o capital, agravada aliás pela existência de disparidades significativas ao nível da remuneração das diferentes categorias profissionais (a proporção entre a mais elevada e a mais baixa era, no sector bancário, de 8 para 1, sendo de admitir calcular disparidades mais significativa no sector secundário). Pereira de Moura desenvolvia aliás, no contexto específico da negociação contratual, a interpretação que avançara para o fenómeno inflacionário num livro escrito anos antes: «A inflação é uma luta entre grupos sociais, em que o quinhão de cada grupo no rendimento nacional vai variando num ou noutro sentido»([31]).

A inflação e os trabalhadores

Na negociação dos contratos colectivos de trabalho em que se empenhavam as direcções sindicais conquistadas por elementos ligados à oposição democrática, como era nomeadamente o caso dos três Sindicatos de Trabalhadores Bancários, o tema da inflação e das suas causas era recorrentemente invocado por ambas as partes em defesa das suas posições. O problema passou assim a ocupar um lugar decisivo na negociação da contratação colectiva, motivando pareceres e estudos apresentados por economistas e juristas ligados quer aos Sindicatos quer aos Grémios, com destaque para as equipas técnicas dos Sindicatos dos Bancários. A equipa técnica do Sindicato de Coimbra, cuja direcção se havia mantido em funções após o encerramento das suas congéneres de Lisboa e do Porto, era composta por Jorge Leite, Vital Moreira, Gomes Canotilho e Avelãs Nunes. Em apoio à direcção do Porto pontificava, por exemplo, o economista Armando Castro, e em Lisboa a direcção do Sindicato dos Bancários pôde contar com o apoio do

---

([30]) Francisco Pereira de Moura, *A banca, o «Estado social» e a expansão dos lucros* (Lisboa: Seara Nova, 1973), pp. 11-13.

([31]) Francisco Pereira de Moura, *Para onde vai a economia portuguesa?* (Lisboa: D.Quixote, 1969), p. 167.

jurista Orlando de Carvalho e do economista Francisco Pereira de Moura. Precioso testemunho do empenho destes intelectuais oposicionistas nas questões sindicais é, nomeadamente, o livro editado pela *Seara Nova* relativo à inflação e à contratação colectiva ([32]).

A argumentação dos economistas próximos do movimento sindical – nomeadamente Armando Castro e Francisco Pereira de Moura que, juntamente com Caiano Pereira, Presidente do Sindicato dos Trabalhadores de Escritórios, integraram uma mesa-redonda acerca da inflação realizada no Verão de 1972, no Porto – procurava contrapor uma visão alternativa à interpretação governamental do fenómeno inflacionário. Era particularmente importante do ponto de vista político, ao distinguir as especificidades da inflação portuguesa no quadro mundial, assinalando a «especial agudeza de que a alta geral dos preços se reveste em Portugal»([33]) e considerando que esta era a expressão monetária das próprias estruturas do sistema. Respondendo às teses oficiais sobre a alta dos preços, no contexto do combate ao congelamento salarial a que correspondia a proposta contratual do Grémio dos Bancos, os economistas do movimento sindical esboçavam uma crítica do capitalismo português, devolvendo à política do Governo e às situações de monopólio que dominavam a estrutura empresarial portuguesa as responsabilidades pela inflacção.

Se os meios de pagamento em circulação excediam a produção efectiva de bens, isso não se devia a aumentos salariais superiores aos aumentos de produtividade, mas à possibilidade que as empresas monopolistas tinham de aumentar os preços dos seus produtos em função dos acréscimos de custos, mantendo ou aumentando as suas margens de lucro à custa dos seus consumidores e provocando um efeito de contágio ao conjunto da economia, através da especial incidência de produtos como o cimento, o aço, o papel, os adubos ou os combustíveis no conjunto da actividade económica. A este processo Francisco Pereira de Moura chamou, sugestivamente, «inflação pelos lucros». Por outro lado, como defendia este economista, aumentos dos salários reais da classe trabalhadora poderiam ser compensados por investimentos nos sectores produtivos que respondessem ao crescimento dessa procura,

---

([32]) Armando Castro, *et al.*, *A inflação e os trabalhadores* (Lisboa: Seara Nova, 1973).

([33]) Armando Castro, *et al.*, *A inflação...*, pp. 55-56.

nomeadamente no plano dos bens alimentares e do vestuário, mas também em certos bens de consumo duradouro, como o automóvel ou os eletrodomésticos.

No que dizia respeito ao mercado monetário, a concorrência entre as diversas instituições de crédito pela captação de depósitos, que continuamente faziam subir as taxas de juros pagas pelos depósitos a prazo, bem como os elevados volumes de crédito concedido, tornavam-se «uma base artificial de emissão monetária pela via do crédito». Essa situação via-se agravada, segundo Armando Castro, pelo «condicionalismo que através da superconcentração empresarial e da concorrência intra-monopolista e encontrando um veio de transmissão no manuseamento deste sistema de meios de pagamento pelo sistema bancários, nos explica fundamentalmente a inflação actual, uma inflação estrutural do sistema»[34]. Importava, para este economista portuense, partir do dado empírico que consistia no «crescimento acelerado dos meios de pagamento para além da riqueza real» para as leis que «devido à intensificação da concorrência intra-monopolista pressionam os bancos levando-os a criar meios de pagamento a ritmo crescente.» Esta situação via-se depois potenciada pela forma concreta que assumia a concessão de crédito, muitas vezes canalizado para actividades não produtivas e liquidável a curto prazo, com a subsequente tendência para «amortizações aceleradas e antecipadas, independentes da duração económica normal e tecnológica dos capitais fixos.» O dado fundamental para a interpretação do fenómeno inflacionário era o processo acelerado de concentração do capital e de fusão entre banca e grande indústria, no seio dos grandes grupos que constituíam o «núcleo monopolista» da economia portuguesa. Considerando que «o processo inflacionista está ligado aos aspectos estruturais do sistema» (Armando Castro), só se poderia chegar à conclusão de Pereira de Moura, segundo o qual seria impossível «uma política efectiva contra a inflação sem transformações extremamente profundas no sistema económico e social.» Ao conjunto dos factores inflacionistas que derivavam da estrutura monopolista da economia portuguesa e ao seu controlo do sector bancário, juntavam os gastos improdutivos com a guerra

---

[34] Idem, *Idem*, pp. 56-57.

colonial (cerca de 6% a 7% do PIB entre 1960 e 1973[35])), o que tornava o seu argumento sobre a inflacção uma denúncia mais ou menos explícita do regime.

Inflação e desenvolvimento

Esta argumentação é tanto mais interessante quanto era acompanhada por uma interpretação ligeiramente diferente, desenvolvida por Alfredo de Sousa – economista ligado ao Banco Totta & Açores e que representava o Grémio dos Bancos na negociação do contrato colectivo de trabalho do sector – num trabalho encomendado pelo Secretariado Técnico da Presidência do Conselho e publicado pelo Gabinete de Investigação Social também em 1973[36]. Alfredo de Sousa optava por considerar que o fenómeno inflácionario – cujo cálculo se apresentava incerto, devido à deficiência dos dados estatísticos disponíveis – resultava de múltiplos factores, localizados em diferentes pontos da economia portuguesa e cujo contributo para a taxa de inflação variava de acordo com o seu peso relativo. Considerando irrelevantes os aumento salariais verificados no sector secundário, este economista salientava outras causas para a inflação, como o acréscimo da procura provocado pelas remessas de emigrantes e pelas receitas sazonais do turismo, bem como as despesas improdutivas relacionadas com o esforço militar (7,9% do PIB em 1970) e geradoras de uma dívida pública crescentemente contraída no exterior. Era difícil contabilizar o contributo concreto de cada um destes focos de inflação, embora se soubesse que a dívida pública externa havia visto quintuplicar o seu valor na década de sessenta, ascendendo a 9,9 milhões de contos em 1970, para além de se poder calcular o valor do consumo efectuado por turistas em território português, estimado em 5,3 milhões de contos em 1971.

Ao nível da oferta, Alfredo de Sousa assinalava sobretudo o crescimento dos salários agrícolas acima da produtividade no

---

[35] José da Silva Lopes, «Finanças públicas», in *História económica de Portugal (1700-2000)*, dir. Pedro Lains e Álvaro Ferreira da Silva, vol. III, *O século XX* (Lisboa: Imprensa de Ciências Sociais, 2005), p. 273.

[36] Alfredo de Sousa, *Inflação e desenvolvimento em Portugal* (Lisboa: Gabinete de Investigação Social, 1973).

sector, juntamente com as estruturas de distribuição de bens alimentares, como dois dos principais focos de inflação. O segundo caso assumia especial relevo, devido à existência de um número excessivo de intermediários, da existência de situações de monopólio e oligopólio à escala local e da prática frequente de aumento concertado dos preços. Outro dos focos inflacionários era a situação do mercado habitacional, nomeadamente nos centros urbanos, onde a insuficiência da oferta face à procura, a par de práticas especulativas sobre os valores dos terrenos, gerava aumentos de preços superiores à média nacional, com um impacto assinalável na estrutura do crédito bancário destinado à actividade imobiliária. Mas para Alfredo de Sousa era o fluxo de remessas dos emigrantes que contribuía em proporções mais significativas para a expansão da procura, gerando tensões inflacionárias consideráveis. Mesmo admitindo a existência de uma significativa canalização dessas remessas para a poupança privada e a sua captação pelo sistema bancário, o seu fluxo continuava a expandir os meios de pagamento através do mecanismo multiplicador do crédito. Por outro lado, Alfredo de Sousa aproveitou a oportunidade para sublinhar uma preocupação antiga, relacionada com os efeitos da repartição do rendimento sobre a composição do consumo e o perfil da procura[37]. A concentração de uma porção sempre superior das actividades económicas mais rentáveis e modernas nos centros urbanos, a par do crescimento de categorias profissionais com qualificações e salários mais elevados, implicava uma concentração espacial do rendimento e o desenvolvimento de novos padrões de consumo com um forte impacto na balança comercial.

Este argumento era acompanhado pelo Banco de Portugal que, no seu relatório relativo ao exercício de 1973, salientava a incapacidade da economia portuguesa responder à procura revelada pela população:

> Terá o produto nacional bruto, a preços constantes de mercado, subido em 1973 a ritmo significativo, mas não por forma, em termos quantitativos e qualitativos, a proporcionar-se mais adequadamente à expansão da procura global. De facto, elevaram-

---

[37] Alfredo de Sousa, «O desenvolvimento económico e social português: reflexão crítica», *Análise Social*, vol. VII, n.º 27 (1969), pp. 393-419.

-se fortemente as importações de bens e serviços, demonstrando aquela insuficiência relativa da oferta interna. Parece assim que parte considerável do estímulo adveniente da expansão da procura global continuou a transferir-se para as economias externas[38].

Embora se visse incapaz de determinar com precisão o contributo concreto de cada uma destas variáveis para a taxa de inflação, parece claro que Alfredo de Sousa atribuía mais responsabilidades às insuficiências do processo de modernização em curso – desde logo a sobrevivência de várias empresas familiares dedicadas ao comércio de retalho e à distribuição de bens alimentares – do que ao processo de concentração empresarial, que oferecera aos grandes grupos o controlo sobre sectores determinantes da actividade económica. A esse respeito, e passando em revista a evolução dos mercados monetário e financeiro, admitia o impacto do crescimento dos depósitos bancários devido às remessas de emigrantes e às elevadas taxas de juro sobre os depósitos a prazo. Multiplicado através da concessão de crédito, cujo volume crescera significativamente, esta injecção de liquidez a partir do exterior alimentava a inflação devido às modalidades de concessão e às aplicações concretas do crédito, que assumia frequentemente um horizonte temporal demasiado curto e era canalizado para financiar importações ou para a compra de terrenos com finalidades especulativas. A estrutura do crédito a curto prazo concedido em 1971 revelava que apenas 24,4% havia sido destinado à indústria transformadora, assumindo o crédito ao consumo e ao sector dos serviços, respectivamente, 13,6% e 49% do total[39]. A sua conclusão apontava, afinal, num sentido semelhante ao da intervenção efectuada por Miguel Quina na assembleia-geral de accionistas do Banco Borges & Irmão – a inadequação das normas que governavam o sector bancário era responsável por uma estrutura de crédito incapaz de mobilizar correctamente os recursos financeiros que afluíam à economia portuguesa:

([38]) *Relatório do Conselho de Administração e Parecer do Conselho Fiscal - Gerência de 1973* (Lisboa: Banco de Portugal, 1974), pp. 264-265.
([39]) Alfredo de Sousa, *Inflação...*, p. 36.

A impressão final que se recolhe da análise do mercado financeiro é a de que o seu inadequado funcionamento e a sua passividade têm favorecido a canalização de disponibilidades financeiras para o sector imobiliário, com repercussões inflacionistas, e não têm mobilizado suficientes recursos para o mercado mobiliário nem para o financiamento do investimento produtivo através do crédito a médio e longo prazos. Esta insuficiente e inadequada absorção da liquidez existente e em crescimento não contribui para fomentar a oferta interna e deixa meios monetários para estimular a procura interna[40].

Estas conclusões de Alfredo de Sousa eram acompanhadas de propostas para uma política económica com impacto na formação dos preços e na distribuição do rendimento, a par de reformas do sector financeiro que incentivassem a banca a conceder mais crédito a médio e longo prazo, dirigido ao reforço da capacidade produtiva do sector primário e secundário. Significativamente, o estudo abandonava algumas das posições defendidas num artigo publicado em 1969, quando as expectativas relativamente às transformações a operar na economia portuguesa pareciam ser mais ambiciosas. Alfredo de Sousa havia então desenvolvido algumas ideias semelhantes às dos economistas da Oposição ligados aos sindicatos, e um pouco diferentes das que publicou neste estudo encomendado pela Secretaria Técnica do Conselho de Ministros. Quatro anos antes, havia considerado que «a estrutura insuficientemente concorrencial da indústria portuguesa», subordinada ao condicionamento industrial, constituía um «factor explicativo do processo inflacionista actual, pela super-repercussão sobre os preços, das altas de salários e dos bens intermediários importados»[41]. Esta reflexão era levada mais longe e implicava directamente o «controlo efectivo da economia portuguesa pelos grandes grupos económicos, 'trusts' ou conglomerados que frequentemente integram bancos e outras empresas financeiras», detendo posições dominantes no mercado e que exerciam funções de direito público, porque, ao poderem impor preços acima dos que vigorariam em regime de maior concorrência, e ao poderem pagar salários mais baixos do que os que sindicatos mais activos reclamariam, estão praticamente a cobrar um «imposto» que é pago pela colectividade. Recolhem, assim, uma parte da poupança

---

[40] Idem, *Idem*..., p. 43.
[41] Alfredo de Sousa, «*O desenvolvimento*...», p. 400.

da colectividade que é eventualmente utilizada sob a forma de auto-financiamento das firmas[42].

Nessa ocasião, Alfredo de Sousa havia também desenvolvido uma reflexão acerca da repartição do rendimento que implicava o reforço das estruturas sindicais, com o objectivo de aumentar institucional e praticamente o poder de discussão dos sindicatos operários e rurais e de «equilibrar o poder económico dos detentores de capital», considerando que o «aumento negociado dos salários reais nos ramos de actividade em que aumentos da produtividade o permitam ou em que a injustiça seja flagrante, é a única maneira de corrigir a tendência para a concentração da riqueza e, portanto, de evitar a inadequação do perfil da procura»[43].

Esta preocupação havia entretanto desaparecido do seu horizonte, vendo-se o poder de discussão dos sindicatos fortemente condicionado pela repressão policial e, nesse sentido, politicamente inadequado para a alteração do perfil da procura.

A continuação da política por outros meios

O que separava as reflexões dos economistas ligados à oposição democrática e ao movimento sindical, das reflexões de um economista ligado ao Banco Totta & Açores e ao Secretariado Técnico da Presidência do Conselho, era evidente. Encontravam-se em lados opostos de um combate social e político que encontrava nos problemas económicos o seu campo de batalha privilegiado, numa situação em que os negócios eram diligentemente vigiados pela polícia política[44]. Trabalhando a partir de dados semelhantes e encontrando alguns pontos de convergência no diagnóstico efectuado, as linhas de força da reflexão de uns e de outro divergiam sobretudo no que dizia respeito à receita para o problema. Para Alfredo de Sousa, o processo de modernização estava incompleto, pela sobrevivência de unidades economicamente inviáveis à custa

---

[42] Idem, *Idem*, p. 402.
[43] Idem, *Idem*, p. 416.
[44] Irene Pimentel, *A História da PIDE* (Lisboa: Círculo de Leitores, 2007), pp. 268-273.

do condicionamento e da limitação da concorrência, a par de uma insuficiente modernização agrária e de modalidades incorrectas na concessão de crédito pelo sector financeiro. Para os economistas ligados ao movimento sindical, a modernização efectivamente existente era conduzida pelos grandes grupos económicos e moldada pelos seus interesses específicos, contrapostos aos do conjunto da sociedade portuguesa. Um apontava a necessidade de uma política económica que absorvesse o impacto das transformações ocorridas e actualizasse as instituições políticas em conformidade, exprimindo o ponto de vista dos empresários portugueses mais fortes e dinâmicos, apostados no desafio da integração europeia. Os outros exprimiam a perspectiva anti-monopolista difusa entre a oposição democrática e que se veria integrada no programa do Movimento das Forças Armadas, que apontava uma democratização generalizada da sociedade portuguesa, a subordinação do poder económico ao poder político, uma estratégia de desenvolvimento assente no crescimento do mercado interno e numa mais justa repartição do rendimento, na qual a liberdade sindical assumiria um papel decisivo.

O tema candente da inflação, decisivo no contexto da negociação de um contrato colectivo de trabalho que deveria durar três anos, funcionava como um pretexto para debater tanto a política do governo como a história económica e social portuguesa mais recente, exprimindo pontos de vista cada vez mais antagónicos e que correspondiam às principais fracturas que atravessavam a formação social portuguesa. Os limites colocados à contratação colectiva e à actividade sindical transportaram a situação social para o ponto em que Caetano a havia encontrado em 1968. No último trimestre de 1973 e em crescendo até ao dia 25 de Abril de 1974, os conflitos laborais voltaram a conhecer uma intensificação relacionada com a luta contra o custo de vida, conduzida em grande medida à margem dos sindicatos e a partir dos próprios locais de trabalho, com numerosas greves e reivindicações salariais cada vez mais radicais[45]. Ao impedir a expressão institucional do conflito entre trabalho e capital, as medidas tomadas pelo governo, a pretexto do combate à inflação, limitaram-se a deslocar a mobilização colectiva do âmbito sindical para o terreno directo da produção e

---

[45] Maria de Lurdes Lima Santos *et al, O 25 de Abril e as lutas sociais nas empresas*, 1.º Volume (Porto: Afrontamento, 1977), pp. 21-31.

multiplicar os focos de conflito. Por outro lado, onde a mobilização sindical havia já atingido a dinâmica e a consistência que assustaram o governo, a repressão revelou-se ineficaz para a combater e apenas veio reforçá-la. Ao reagir a fenómenos essencialmente modernos e dinâmicos, como eram a actuação sindical e os conflitos laborais, através do recuso às receitas autoritárias e repressivas que haviam caracterizado a afirmação do Estado Novo, o governo revelou todos os limites do regime. Estes correspondiam não apenas aos bloqueios ideológicos identificados por Boaventura de Sousa Santos[46], mas também à concreta articulação dos interesses económicos no interior do bloco social que sustentava o regime. Como tivemos oportunidade de observar, os mesmos banqueiros que haviam reagido com preocupação ao contrato colectivo de trabalho do sector bancário e pressionado no sentido da moderação salarial, encaravam com desagrado as restrições colocadas à sua actividade no contexto do combate à inflação e encaravam o problema exclusivamente a partir do ângulo da rentabilidade das respectivas instituições de crédito. Apenas um ano depois do pessimismo de uns e do optimismo de outros se ter revelado nas páginas do *Expresso*, quase todos estavam presos ou exilados, após a nacionalização das respectivas empresas. O regime, que nascera sob o signo da estabilidade monetária, viu-se incapaz de aguentar o escudo. A psicose inflacionária foi-lhe fatal.

Bibliografia

Anónimo, «Os banqueiros falam da economia portuguesa: do optimismo de uns ao pessimismo de outros», *Expresso*, 6 de Abril de 1974, pp. 17-19.

Anónimo, «Duas mil donas de casa apontam a subida dos preços», *Seara Nova*, n.º 1524, Outubro de 1972, pp. 6-7.

ANTUNES, José Freire, *Os americanos e Portugal – os anos de Richard Nixon (1969-1974)* (Lisboa: D. Quixote, 1986).

---

[46] Boaventura de Sousa Santos, *O Estado e a sociedade em Portugal (1974-1988)* (Porto: Afrontamento, 1990), pp. 23-24.

Banco de Portugal, *Relatório do Conselho de Administração — Gerência de 1970* (Lisboa: Banco de Portugal, 1971).

Banco de Portugal, *Relatório do Conselho de Administração e Parecer do Conselho Fiscal - Gerência de 1973* (Lisboa: Banco de Portugal, 1974).

BARRETO, José, «Os primórdios da Intersindical sob Marcello Caetano», *Análise Social*, vol. XXV, n.º 105-106 (1990), pp. 57-117.

BRITO, José Maria Brandão de, *A industrialização portuguesa no pós-guerra (1949-1965): o condicionamento industrial* (Lisboa: D. Quixote, 1989).

CASTANHEIRA, José Pedro, «Inflação em 1973 atinge os 20,6%», *Expresso*, 20 de Fevereiro de 2009, p.26.

CASTANHEIRA, José Pedro, *Os sindicatos e o salazarismo – A história dos Bancários do sul e ilhas (1910-1969)* (Lisboa: Sindicato dos Bancários do Sul e Ilhas, 1983).

CASTRO, Armando de, Francisco Pereira de MOURA, Caiano PEREIRA, *A inflação e os trabalhadores* (Lisboa: Seara Nova, 1973).

COIMBRA, Maria da Conceição Bebiano, «Política monetária em Portugal», in *Estudos em homenagem ao Professor Manuel Jacinto Nunes*, dir. João Ferreira do Amaral (Lisboa: ISEG, 1996), pp. 385-387.

CUNHA, J. Arriaga da, «Orientações da política monetária em Portugal», *Expresso*, 6 de Abril de 1973.

LOPES, José da Silva, «Finanças públicas», in *História económica de Portugal (1700-2000)*, dir. Pedro Lains e Álvaro Ferreira da Silva, vol. III, *O Século XX* (Lisboa: Imprensa de Ciências Sociais, 2005), pp. 265-303.

MOURA, Francisco Pereira de, *A banca, o «estado social» e a expansão dos lucros* (Lisboa: Seara Nova, 1973).

MOURA, Francisco Pereira de, *Para onde vai a economia portuguesa?* (Lisboa: D.Quixote, 1969).

MURTEIRA, Mário, *Desenvolvimento, subdesenvolvimento e o modelo português* (Lisboa: Presença, 1979).

MURTEIRA, Mário «Sobre o conceito de independência económica», *Análise Social*, vol. XI, n.º 44 (1975), pp. 527-537.

NELSON, Edward, e Kalin NIKOLOV, *Monetary policy and stagflation in the UK* (Londres: Bank of England, 2002).

PATRIARCA, Fátima, «Continuidade e ruptura: as primeiras leis sociais de Marcello Caetano», in *Itinerários – a investigação nos 25 anos do ICS*, dir. Manuel Villaverde Cabral *et al* (Lisboa: Imprensa de Ciências Sociais, 2008), pp. 125-139.

PATRIARCA, Fátima «Estado Social: a caixa de Pandora», in *A transição falhada – O Marcelismo e o fim do Estado Novo (1968-1974)*, dir. Fernando Rosas e Pedro Aires Oliveira (Lisboa: Editorial Notícias, 2004), pp. 171-212.

PIMENTEL, Irene, *A História da PIDE* (Lisboa: Círculo de Leitores, 2007).

RIBEIRO, José Félix, *et al*, «Especialização internacional, regulação económica e regulação social – Portugal, 1973/83», *Análise Social*, vol. XXI, n.º 87-88-89 (1985), pp. 437-471.

SANTOS, Américo Ramos dos, «Desenvolvimento monopolista em Portugal: 1968/73», *Análise Social*, vol. XIII, n.º 49 (1977), pp. 69-95.

SANTOS, Boaventura de Sousa, *O Estado e a sociedade em Portugal (1974-1988)* (Porto: Afrontamento, 1990).

SANTOS, Maria de Lurdes Lima, Marinús Pires de LIMA, e Vítor Matias FERREIRA, *O 25 de Abril e as lutas sociais nas empresas*, 1.º Volume (Porto: Afrontamento, 1977).

SOUSA, Alfredo de, «Os anos 60 da nossa economia», *Análise Social*, vol. XXX, n.º 133 (1995), pp. 613-630.

SOUSA, Alfredo de, «O desenvolvimento económico e social português: reflexão crítica», *Análise Social*, vol. VII, n.º 27 (1969), pp. 393-419.

SOUSA, Alfredo de, *Inflação e desenvolvimento em Portugal* (Lisboa: Gabinete de Investigação Social, 1973).

STOFFAËS, Christian, *A crise da economia mundial* (Lisboa: D. Quixote, 1991).

VALENTE, José Carlos, «O movimento operário e sindical (1970--1976): entre o corporativismo e a unicidade», in *O país em revolu-*

ção, dir. J.M. Brandão de Brito (Lisboa: Editorial Notícias, 2001), pp. 209-251.

VALÉRIO, Nuno, «O Banco de Portugal, banco central privado, 1931-1974», in *Estudos em homenagem ao Professor Manuel Jacinto Nunes*, dir. João Ferreira do Amaral *et al* (Lisboa: ISEG, 1996), pp. 425-455.

VEIGA, Ivo, «O choque petrolífero de 1973», *História*, vol. XXI (3.ª série), n.º 18, Outubro (1999), pp. 50-57.

NUNO DIAS

8

Processos de Racialização no Moçambique Colonial[1]

A persistência de uma certa memória política que, insistentemente, invoca a experiência colonial portuguesa, em toda a sua largura e profundidade, como um momento contínuo de excepcional diplomacia cultural, tem encontrado nos últimos anos uma resposta interessante por parte de uma historiografia que se tem ocupado em escrutinar a dimensão retórica impressa, durante e pelo Estado Novo, no domínio das relações inter-étnicas nos diferentes contextos coloniais. Por outro lado, essa interpelação tem sido insuficiente para compreender a espessura e a evolução da questão racial durante a ditadura, em particular os contextos que envolvem as chamadas minorias intermediárias que dispunham de recursos inacessíveis à maioria negra mas que, ainda assim, foram objecto de um variado conjunto de práticas de subalterniza-

---

[1] Este texto apoia-se parcialmente em material empírico recolhido no contexto de uma pesquisa de doutoramento sobre populações hindus em Manchester e Lisboa provenientes do Leste Africano. Veja-se Nuno Dias, «Remigração e etnicidade: mobilidade hindu no trânsito colonial entre a África de Leste e a Europa, Tese de doutoramento (Lisboa: Instituto de Ciências Sociais da Universidade de Lisboa, 2009), incluindo um conjunto de entrevistas a que ocasionalmente farei referência.

ção. Nesse sentido, e partindo de um exemplo tão diverso quanto complexo, o das mencionadas minorias intermediárias de origem asiática, este artigo pretende discutir as diferentes raízes e influências dos critérios racializadores em que assentaram os mecanismos burocráticos e populares que visavam impor e legitimar uma desigual distribuição de recursos políticos, sociais e económicos em território moçambicano durante o séc. XX. Pretende-se, desta forma, descrever um processo, feito de continuidades e rupturas, que ultrapassa a periodicidade dos regimes políticos. As suas implicações quotidianas em Portugal remetem para uma narrativa que registou um período decisivo na vigência do Estado Novo sob o território colonial português.

É hoje relativamente consensual que os projectos coloniais europeus, sem excepções evidentes, quer ambicionando a obtenção de riquezas materiais quer aspirando à reconquista de um prestígio extraviado, ergueram as estruturas das suas organizações sociais ultramarinas sobre um pressuposto diferenciador. A missão colonizadora e os instrumentos de dominação material e simbólica mantidos pelas elites brancas foram responsáveis pela criação e sustentação de um quadro de relações de poder em que a imagem do colonizador condensava um conjunto de atributos positivos. Atributos naturalizados para sustentarem uma estrutura e uma forma[2] sistematicamente resistentes quer à legitimidade das reivindicações das populações não-europeias quer ao reconhecimento da desarmonia das categorias coloniais impostas relativamente à heterogeneidade que caracterizava todas essas populações. O esvaziamento premeditado das relações políticas e das estruturas sociais pré-coloniais e a subsequente naturalização das estruturas de dominação postas em prática, apoiadas quer no discurso racista legatário da corrente do darwinismo social quer no pressuposto da incumbência civilizadora, produziram uma lógica racialista bastante resistente às reivindicações igualitaristas das populações não-brancas. Reivindicações essas que se encontram matizadas pela própria hierarquia racial prevalecente no espaço social colonial.

---

[2] Ann Laura Stoler, «Rethinking colonial categories: European communities and the boundaries of rule», in *Colonialism and Culture*, dir. Nicholas B. Dirks (Ann Arbor: University of Michigan Press, 1992), p. 334.

Dada a centralidade da questão da diferenciação racial e das dinâmicas segregadoras para a problemática colonial, a inquirição da complexidade das relações entre diferentes grupos sociais organizados a partir de caracteres fenotípicos pode ser particularmente reveladora sobre a natureza dos processos de formação e manutenção de categorias raciais. Não obstante a vastidão da produção historiográfica debruçada sobre a questão da persistência de práticas de inferiorização das populações negras, da escravatura ao trabalho forçado e a uma perpétua desqualificação da condição social da negritude, as trajectórias de alguns grupos sociais, também eles excluídos da esfera de dominação simbólica colonial, parecem apenas marginalmente consideradas. O caso das populações de origem indiana fixadas ao longo da costa leste do continente africano é particularmente ilustrativo do tipo de estratificação racial que caracterizou estas sociedades e da importância dos circunstancialismos socioeconómicos na produção de uma estrutura social racialmente cristalizada. Mais do que tentar defender a primazia da diferenciação económica ou da categorização racial na formação de estruturas de desigualdade, o caso destas populações permite ver com mais detalhe o modo como essas duas dimensões de análise se cruzam na produção de um discurso e de uma prática de racialização. Embora o conceito de raça pouca utilidade possa ter para a operacionalização da ideia de sociedades plurais([3]) na África Oriental, a ideia de racialização parece revelar uma outra legitimidade na abordagem aos processos de construção das fronteiras sociais com base na cor da pele. O que o conceito permite, ao invés da essencialização de categorias e da tentativa de identificar processos de formação racial, é perceber como alguns tipos de relações sociais são racializadas. O conceito de racialização aplicar-se-ia, assim, às instâncias em que as relações sociais entre indivíduos são estruturadas pela significação fenotípica de modo a definirem e representarem colectivos sociais diferenciados([4]). Um conceito que implica um processo de categorização somática e comportamental que abrange caracterizador e caracterizado e cuja definição passa por uma estrutura institucionalizada preservada por uma distribuição desigual do poder nas sociedades coloniais.

([3]) Stephen Morris, «Indians in East Africa: A Study in a Plural Society», *The British Journal of Sociology*, vol. 7, n.º 3 (1956).
([4]) Robert Miles, *Racism* (London: Routledge, 1989).

No conjunto de uma renovada abordagem ao período do Estado Novo, em particular a aspectos pouco trabalhados ou ocultos na historiografia, a questão das relações inter-étnicas tem particular interesse, sobretudo porque nos permite destacar dois pontos importantes que nos ajudam a compreender a periferização destes temas e de algumas populações na história escrita deste período. Por um lado, o modo como o império na sua expressão colonial, o que equivale a dizer a grande maioria da população nacional, tem sido ignorado na sua dimensão quotidiana. Por outras palavras, na dimensão que fica para além do que é macroeconomicamente relevante ou diplomaticamente saliente e que, não obstante, conta uma história de fronteiras igualmente inflexíveis no modo como foram impostas hegemonias políticas ao dia-a-dia das populações não-brancas. Por outro lado, a insistente sequencialidade na orgânica discriminatória que cobria todo esse império, e que pouca ou nenhuma transformação sofreu ao longo das mudanças no regime político metropolitano, é também um indicador da resistência dos mecanismos de perpetuação das desigualdades raciais. Se é verdade que o esquema de relações sociais nos espaços coloniais é em grande parte uma consequência das dinâmicas próprias de lógicas capitalistas de funcionamento dos mercados, não é menos verdade que essas dinâmicas e o tipo de divisão do trabalho de que são causa e efeito foram consecutivamente justificadas através de estereótipos raciais em grande medida promovidos pelo Estado colonial.

O objectivo deste trabalho é olhar para uma parte da história da população de origem indiana[5] em Moçambique enquanto ilustração da constância de um conjunto de discursos e de práticas racialmente discriminatórias que desvelam o carácter exclusivista da retórica da composição plurirracial do Império. Pese embora

---

[5] Embora os primeiros indianos a estabelecerem-se em Moçambique tivessem sido mercadores hindus a presença destes vai-se ampliando e diversificando ao longo do tempo. Durante o séc. XX a população indiana em Moçambique encontrava-se categorialmente fracturada de acordo com filiações religiosas – hindus, muçulmanos, ismaelitas e católicos eram os principais grupos. Dada a ligação deste artigo com trabalho realizado anteriormente, a generalidade da informação empírica ao longo do texto, salvo indicação em contrário, diz respeito a pesquisa desenvolvida com interlocutores hindus residentes em Portugal que passaram parte das suas vidas em Moçambique.

o facto de não estarmos a discutir características exclusivas do período em debate, estas não apenas não deixam de atravessar todo o Estado Novo como é durante este regime que em larga medida algumas delas se tornam mais complexas e se intensificam. A revalorização da questão colonial na agenda de prioridades do Estado Português depois de Maio de 1926 convencionou uma linguagem assertiva em torno da centralidade das colónias e das suas populações enquanto espaços de portugalidade. Porém, a pertença legítima e a lealdade política são problemas que as populações asiáticas nunca conseguirão resolver independentemente da naturalidade moçambicana ou da presença documentada de várias gerações suas no território. A questão da cidadania e dos limites de pertença estabelecidos (no interior do território colonial) cresce em importância ao longo de todo o séc. XX e atingirá o seu apogeu no momento das independências quando são redefinidas as normas de pertença e de acesso à nacionalidade que, apesar da circunstância de ruptura com um passado autoritário, reafirmarão as fronteiras étnicas vigentes ao longo de todo o período colonial.

Em suma, um dos elementos mais interessantes que a leitura diacrónica dos processos que envolvem a presença destas populações em praticamente toda a África Oriental pode destacar é justamente uma continuidade na forma ambivalente como estas populações são representadas em função de uma barreira representada pela alteridade visível da cor da pele.

Representações dominantes sobre as populações indianas

A importância dos indianos para a história da África Oriental é incontornável. Abriram o interior à economia monetária desenvolvendo novos mercados através da oferta de bens em zonas rurais. Desta forma, estimularam, e por vezes criaram, o desejo de consumo nas populações interiores, condição necessária para o desenvolvimento de qualquer economia, como defendia António Enes[6]. Simultaneamente funcionaram como plataformas de escoamento para os bens produzidos nessas mesmas regiões.

---

[6] António Enes, *Moçambique. Relatório apresentado ao Governo* (Lisboa: Imprensa Nacional, 1971).

A sua disponibilidade para trabalharem com baixas margens de lucro acrescentou competitividade à actividade comercial regional e, por conseguinte, atractividade ao domínio da oferta. Os artesãos, carpinteiros, pedreiros, mecânicos e ferreiros indianos foram a mão-de-obra barata fundamental para o crescimento das zonas interiores, bem como para as zonas urbanas. Por sua vez, a representação predominante sobre as populações indianas ao longo do séc. XX é evidentemente uma continuidade da parte maior da sua história, preservada em inúmeros relatos e exposições sobre o seu carácter e o papel que alegadamente tinham desempenhado em todo o continente africano. Rita-Ferreira, autor de vários trabalhos sobre a diversidade étnica e cultural moçambicana, parece, nesse sentido, insinuar a ideia de que a presença dos mercadores de Cambaia, durante mais de dois séculos e meio em território moçambicano, se terá assemelhado a uma relação de tipo colonial em função do que avalia como a natureza exploradora das suas actividades[7]. Os costumes, a alimentação, a música, os odores, a presença física, a languidez, a indumentária, a superstição religiosa, a crendice, a frugalidade, a avareza, a higiene, entre outros são elementos ciclicamente mencionados em jornais, panfletos e em correspondência oficial das autoridades coloniais e que marcaram visivelmente a percepção geral (quer das populações brancas quer das populações negras) sobre as populações de origem indiana. A deflagração ocasional de surtos de peste bubónica no primeiro quartel do séc. XX na vizinha colónia do Cabo e depois na Índia motivou a criação de regulamentação de higiene e policiamento de estabelecimentos comerciais que acabou por conduzir à destruição de inúmeras cantinas que eram propriedade de indianos, o que veio a beneficiar directamente a concorrência branca[8]. Mouzinho de Albuquerque[9] refere explicitamente a intenção de onerar a presença indiana, enquanto governador, ao aumen-

---

[7] António Rita-Ferreira, «Moçambique e os naturais da Índia Portuguesa», in *Actas do II Seminário Internacional de História Indo-Portuguesa* (Lisboa: Instituto de Investigação Científica Tropical, 1985), p. 645.

[8] Valdemir Zamparoni, «Monhés, baneanes, chinas e afro-maometanos: colonialismo e racismo em Lourenço Marques (1890-1940)», *Lusotopie* (2000), pp. 200-203.

[9] Mouzinho de Albuquerque, *Moçambique 1896-1898* (Lisboa: Agência Geral das Colónias, 1934), p. 401.

tar a taxação sobre cada caixeiro empregado (com o objectivo de travar a contratação e a importação de mais indianos) e sobre as lojas fora das povoações sede de governo, que eram na sua maioria propriedade de indianos.

A imagem dos *dukawallas* – como eram conhecidos os indianos donos de lojas no oriente africano – intransigentes na sua parcimónia e frugalidade, capazes de suportar o isolamento social e subordinados ao plano maior da acumulação de riqueza suficiente para garantir a sobrevivência da família distante, vista nalguns casos duas vezes por década, experiência comum entre a geração anterior à da maioria dos nossos interlocutores, marcou a imagem dos indianos de uma forma determinista. Como sublinha Patel[10]:

> A percepção generalizada sobre o asiático em África corresponde a um indiano dentro de um estabelecimento comercial. Na maioria dos casos estes são vistos como um comunidade homogénea sem diferenças étnicas ou de classe [...] 'Temporários', 'sabotadores', 'estranhos', 'exploradores', 'saqueadores', 'pilhadores', 'sanguessugas', 'bodes expiatórios', 'nómadas', são alguns dos epítetos vulgarmente invocados quando se discute a presença asiática em África.

Tal como tinha acontecido com os *coolies*, cuja imagem fixada na ausência de qualificações, no baixo estatuto social e enquanto representantes de uma categoria sucedânea da de escravo perdurou durante décadas como o prototípico imigrante indiano (igualmente reforçada pela sua entrada num sistema social que racializou padrões de produção e consumo[11]), o comerciante indiano é mais visto como austero, avaro e indigno de confiança do que como um temerário empreendedor. O indiano simbolizava metonimicamente a figura do estrangeiro oportunista ardiloso cujos expedientes se encontravam exclusivamente dirigidos para a exploração, inclemente para com a difícil situação económica e social das populações nativas. E como antes, colou-se indelevelmente a uma fictícia identidade colectiva indiana. Uma identida-

---

[10] N. Patel, «A quest for identity: the Asian minority in Africa», *Travaux de recherche*, n.º 38 (2007), p.7.

[11] M. C. Madhavan, «Indian emigrants: numbers, characteristics, and economic impact», *Population and Development Review*, vol. 11, n.º 3 (1985), p. 460.

de longe de ser incorporada por parte das diferentes populações que constituíam a genérica, e externamente construída, categoria oficial designativa das populações de origem indiana. No meio de um jogo complexo de representações produzidas, e frustradas em 1923 as expectativas de auto-governo branco para a África Oriental (à semelhança da Rodésia do Sul), era da conveniência das elites brancas que as populações de origem indiana fossem encaradas pela população autóctone como uma mole indiferenciada que não apenas não tinham contribuído para o processo de desenvolvimento dos territórios em que se encontravam como, pelo contrário, simbolizavam um obstáculo à sua sequência. Na África do Sul, por exemplo, independentemente da apetência pela manutenção do fluxo dos trabalhadores indianos contratados para suportar o trabalho manual nas plantações, podemos ver como ainda antes do fim do século XIX a outra imigração indiana, a dita livre, estava longe de ser debatida enquanto factor de desenvolvimento. Em 1897, no mesmo território, entra em vigor um acto governamental que impedia a entrada de indivíduos incapazes de preencher um formulário numa língua europeia; em 1913, um acto de regulação da imigração reservava ao Ministro do Interior o direito de veto da entrada de qualquer indivíduo, ou classe de indivíduos, que fossem considerados economicamente inconvenientes; e ainda no ano de 1953 o governo Sul Africano proibiu a entrada de esposas e descendência de matrimónios contraídos fora da união[12]. As populações indianas simbolizavam nas sociedades urbanas o elemento charneira entre a elites coloniais brancas e as populações nativas. Ocuparam assim, por força das suas características e de um aparelho legislativo arbitrário, uma posição intermédia nas sociedades coloniais racialmente estratificadas. Perfeitamente identificáveis no centro da pirâmide social, o seu desempenho e as suas trajectórias foram teorizadas a partir da década de sessenta sob a denominação de *minorias intermediárias*[13]. A expressão é cunhada em 1940 pelo sociólogo americano Howard Becker num artigo que pretendia desmistificar a ideia corrente de que os judeus seriam possuidores de uma singular destreza em matérias financeiras e comerciais, comparativamente a outros grupos ditos étnicos, como

---

[12] Hilda Kuper, *Indian People in Natal* (Natal: University of Natal Press, 1960), p.3.

[13] Do original *middlemen minorites*.

eram os casos dos Escoceses, dos Arménios, dos Chineses e dos Pársis[14]. Mas será apenas com um artigo de Edna Bonacich que o conceito ganha particular relevo no seio das ciências sociais[15]. A problematização da experiência de populações minoritárias concentradas no sector comercial nos continentes africano e asiático à luz deste aparelho conceptual consolida o seu potencial operacional. O desenvolvimento do conceito de *minoria intermediária* na teoria de Bonacich é visivelmente influenciado pelo revivalismo da teoria marxista durante a década de setenta, em particular na leitura que propõe sobre os mercados de trabalho e a sua natureza dual, responsáveis pela divisão da classe trabalhadora nas sociedades capitalistas em segmentos antagónicos que competem pelos mesmos recursos[16].

Ao olharmos para eventuais traços que podem ajudar-nos a caracterizar as minorias intermediárias com as quais trabalhámos parece sobressair um importante triângulo relacional, multi-direccional, entre (i) a solidariedade familiar, intra-casta e étnica; (ii) a concentração em pequenos negócios; e (iii) uma relativa hostilidade por parte da população autóctone. Nos territórios africanos da costa oriental, mais do que em outros destinos de uma alegada diáspora hindu, a solidariedade étnica entre as populações hindus esteve muito delimitada pela pertença de casta. Mais uma vez, este desenvolvimento é corolário das características migratórias tanto quanto dos próprios contextos de recepção. O mesmo pode ser dito quanto à concentração em negócios de pequena e média dimensão e relativamente à relação que estas populações desenvolveram com populações nativas e com a autoridade colonial. Perceber o modo como estas populações foram sendo categorizadas e delimitadas pelos instrumentos de autoridade colonial permite também contextualizar o seu próprio processo de formação identitária e compreender o peso dos diferentes factores em jogo.

---

[14] Howard Paul Becker, *Man in Reciprocity. Introductory lectures on culture, society, and personality* (New York: F. A. Praeger, 1956).
[15] Edna Bonacich, «A theory of middleman minorities», *American Sociological Review*, n.º 38 (1973), pp. 583-594.
[16] Edna Bonacich, «A theory of ethnic antagonism: the split labor market», *American Sociological Review*, vol. XXXVII, n.º 5 (1972), pp. 547--559.

Minorias comerciais e visibilidade étnica

No início do séc. XX as perseguições e as acusações multiplicavam-se também em Moçambique. A ausência de mulheres, por um lado, juntamente com o reforço da ideia de que os indianos não apenas eram mesquinhos e ardilosos como representavam igualmente uma fonte de prejuízo para o Estado, não reinvestindo os lucros no território, eram factores que enquistavam ainda mais posições sociais que se reflectiam na urbanização do território. A divisão social da capital traduzia um modelo de desenvolvimento urbano etnicamente diferenciador onde a cidade baixa, a cidade alta e os subúrbios simbolizavam zonas de acesso definidas pela cor da pele[17]. A partilha de elementos e motivos arquitectónicos ocidentais, africanos e orientais no crescimento e na densificação urbana em Moçambique não significou a indiferenciação étnica do tecido social como mostra, por exemplo, a compilação de gravuras legendadas e comentadas por Castro Henriques[18]. A anarquia monetária na colónia configurava outra dimensão da ansiedade relativa à presença indiana juntamente com o que se dizia ser «a invencível competência do mouro e do hindu no comercio a retalho»[19]. A percepção de que toda a libra em ouro que lhe fosse parar à mão era enviada para a Índia, e de que para as conseguir tudo faziam para defraudar o preto, era motivo pelo qual se considerava urgente dificultar o seu ingresso na província e progressivamente anular a sua superioridade comercial. Ao mesmo tempo era lamentada a circulação na colónia da moeda indiana, um sinal inequívoco do excesso de liberdades concedidas a estas populações[20]. Previsivelmente, a Associação Comercial de Lourenço Marques foi a primeira a reagir contra a presença asiática no sector comercial da cidade no séc. XX, em 1904, exigindo que a contabilidade fosse mantida em língua eu-

---

[17] Zamparoni, «Monhés...», p. 194.
[18] Isabel Castro Henriques, «A sociedade colonial em África. Ideologias, hierarquias e quotidianos», in *História da Expansão Portuguesa*, vol. V, dir. Francisco Bethencourt e Kirti Chaudhuri (Lisboa: Círculo de Leitores, 1998).
[19] Valdemir Zamparoni, «Vozes asiáticas e o racismo colonial em Moçambique», *Lusotopie*, vol. XV, n.º 1 (2008), p. 68.
[20] Valdemir Zamparoni, «Vozes asiáticas ...».

ropeia para evitar codificações contabilísticas indecifráveis. A decisão judicial não foi favorável à Associação Comercial mas os seus representantes continuaram a insistir na aprovação de medidas limitadoras([21]). Embora várias medidas repressivas tivessem, com efeito, sido aprovadas, ordens definitivas de impedimento da entrada e da permanência destes comerciantes nunca se chegaram a impor, sobretudo pelo receio de represálias da Coroa Britânica, da qual eram súbditos a maior parte destes comerciantes. O volume das suas contribuições fiscais e o papel que desempenhavam na distribuição comercial nas rotas mais remotas contribuíram também para alguma tolerância por parte da administração colonial. Não obstante, a visibilidade consequente de uma sobrerepresentação no sector comercial produzia ressentimento social e motivava invectivas como a de Lopes de Castro, em 1932, sobre a «nefasta influência dos asiáticos» que ao contrário dos europeus não investiam na agricultura nem na construção falhando deste modo em contribuir para a valorização do território com projecto materiais, cingindo-se apenas à usurpação da economia indígena([22]).

Ainda em 1932, uma alegada crise de emprego motiva a criação de um diploma legislativo que define a percentagem de estrangeiros que comerciantes e empresários podem empregar. Válido para os sectores do comércio, agricultura e indústria o diploma em questão determinava que 70% da força de trabalho não-indígena de qualquer empresa teria de ser portuguesa. Como exemplifica Bastos([23]), um empresário indo-britânico que tivesse quatro empregados com a mesma nacionalidade teria de empregar mais 11 empregados de nacionalidade portuguesa. Os *cantineiros* indianos que tivessem um assistente seriam por sua vez forçados a contratar dois portugueses. Os obstáculos criados à circulação dos cidadãos indo-britânicos acentuaram-se ao passar a ser exigido a quem tivesse saído do território um documento que comprovasse que o seu regresso era feito para o exacto cargo que ocupavam antes de

---

([21]) Joana Pereira Leite, «Diáspora indiana em Moçambique», comunicação apresentada no IV Congresso Luso-Afro-Brasileiro em Ciências Sociais, 2-5 de Setembro de 1996, p. 91.

([22]) Rita-Ferreira, «Moçambique...», p. 631.

([23]) Susana Pereira Bastos, «Ambivalence and phantasm in the Portuguese colonial discursive production on Indians (Mozambique)», *Lusotopie*, vol. XV, n.º 1 (2008), p. 80.

abandonarem a colónia. A embaixada britânica pressionava as autoridades coloniais que por sua vez mantinham a sua posição irredutível negando simultaneamente a intenção de bloquear especificamente os cidadãos britânicos. A ineficácia da pressão diplomática obrigava os comerciantes indo-britânicos a tentarem contornar a obrigatoriedade das quotas de empregabilidade para portugueses. Uma forma de o fazerem era através da constituição de sociedades, isto porque parceiros estrangeiros não eram contabilizados como empregados. Durante a Segunda Guerra a fiscalização sobre a nacionalidade dos empregados não foi muito rigorosa, todavia, em 1948, volta a ser aprovada legislação inibidora da actividade indiana ao ser decretado que as posições de sócio, parceiro ou gestor passavam a fazer parte das categorias incluídas na contabilização de empregados[24]. A transformação progressiva das dinâmicas migratórias e dos padrões de circulação entre as populações indianas significou também que com o tempo aumentou o número de famílias a fixarem-se no território e, por exemplo através da descendência, a deixarem de estar sob a alçada de uma legislação que discriminava com base no critério da nacionalidade.

Já em 1930, um em cada seis indianos fora da Índia era economicamente dependente de rendimentos provenientes de actividades ligadas ao comércio, embora essa distribuição variasse de território para território. Na década seguinte, os comerciantes representavam já cerca de 1/5 da emigração total indiana[25]. Nos territórios que estiveram associadas aos fluxos de trabalho contratado, em particular aquelas cuja economia era baseada em sistemas de plantação, a percentagem de indianos ligada ao comércio raramente ultrapassava os 10%. Por outro lado, no Quénia, no Uganda ou em Zanzibar a percentagem aproximava-se dos 50%. Nalguns casos superava mesmo esse valor – 95% eram homens, e embora mais tarde as famílias viessem acompanhá-los raramente entravam na contabilidade como trabalho assalariado[26]. Estes números sustentam em grande parte algumas interpretações de carácter culturalista que ao longo do nosso trabalho de campo vi-

---

[24] Susana Pereira Bastos, «Ambivalence ...», p. 81.
[25] Madhavan, «Indian...», p. 461.
[26] Claude Markovits, «Indian merchant networks outside India in the nineteenth and twentieth centuries: a preliminary survey», *Modern Asian Studies*, vol. XXXIII, n.º 4 (1999), pp. 886-887.

mos serem amiúde reproduzidas pelos interlocutores com quem contactámos. No entanto, o factor responsável pela concentração dos migrantes indianos nesse segmento de actividade económica em particular não é apenas um processo de triagem migratória que favoreceria os mais empreendedores. As restrições legais à constituição de património imóvel fora dos centros urbanos e à industrialização mantiveram as populações indianas no leste africano como uma classe comercial, pelo menos até à década de cinquenta([27]).

Racialização e cidadania. (Des)Lealdades em questão

Em 1957 o antropólogo Jorge Dias lidera uma missão aos territórios de Angola e Moçambique e refere-se às populações de origem indiana enquanto minorias étnicas, embora sem definir o conceito, no que será provavelmente uma das primeiras vezes em que a categoria é citada num relatório oficial([28]). O relatório em questão fornece-nos porém, além da caricatura etnográfica de uma sessão no Cinema Imperial da Ilha de Moçambique, um indicador significativo do que tão pouco tinha mudado relativamente à imagem das populações indianas no império colonial português. Para os autores a expressão *monhé* não pode ser considerada como uma categoria que designa um grupo étnico porque ela qualifica todos os maometanos no território e estes constituem pelo menos três grupos, nas suas palavras: as populações mestiças do litoral, islamizadas; os negros islamizados; e os indianos maometanos para quem de acordo com o autor a crença é mais importante do que a nacionalidade([29]). Para os autores, o indiano, tenaz, continua a ser o grande explorador do comércio com os indígenas, merecendo um exercício descritivo densamente parcial: «os rios de dinheiro que correm do suor dos pretos para a gaveta dos monhés do

---

([27]) Michael Twaddle, *Expulsion of a Minority. Essays on Ugandan Asians* (London: The Athlone Press University of London, 1975).
([28]) Veja-se Jorge Dias e Manuel Viegas Guerreiro, *Missão de Estudos das Minorias Étnicas do Ultramar Português. Relatório da Campanha de 1957 (Moçambique e Angola)* (Lisboa: Centro de Estudos Políticos e Sociais da Junta de Investigações do Ultramar, 1958).
([29]) Jorge Dias e Manuel Viegas Guerreiro, *Missão de Estudos ...* p. 24.

mato, não vão enriquecer as terras africanas» ([30]). Embora Jorge Dias e Manuel Viegas Guerreiro estabeleçam um paralelo entre as populações de origem indiana e os brancos, pouco favorável a estes últimos, em particular pela sobranceria e pouco profissionalismo como vivem nas colónias comparativamente aos obstinados *monhés*, a distinção que fazem entre os maometanos e os que chamam de bramânicos confirma a sua parcialidade. A suspeição sobre o seu envolvimento em actividades subversivas a favor da União Indiana e a afirmação de que estariam empenhados em doutrinar os nativos contra os brancos é generalizada de forma pouco científica. Mais surpreendente é a formulação da desconfiança sobre os que denominam «indivíduos de raça indiana nascidos em Moçambique e, consequentemente, portugueses por lei» que consideram «mais perniciosos do que os seus progenitores» ([31]). A descrição continua oscilando entre o exótico das vestes e da dimensão religiosa, o racismo relativamente ao «preto» e a vontade subterrânea que mantêm de substituir o colonizador, encapotada sob a forma da neutralidade política. O apêndice sobre a acima mencionada sessão de cinema, assinado por Viegas Guerreiro é somente um pretexto para a manifestação, eventualmente genuína, da indignação nacionalista do autor.

Resumindo, os indianos que habitam o império, durante o Estado Novo, continuaram a ser representados, de uma forma geral, como indivíduos matreiros, sem ligações afectivas, perseverantes e com uma capacidade de sacrifício suspeitosa. Em Moçambique não tinham, nem remotamente, um estatuto social análogo ao dos colonos brancos e a comprová-lo está, por exemplo ao nível discursivo, a pletora de termos depreciativos utilizados para designar as populações originárias do subcontinente. A ambivalência estatutária das populações indianas, discursivamente situadas entre a modéstia competente e a ganância mercantil remete-nos para um reconhecimento ambígo presente desde o início da actividade comercial portuguesa na costa oriental africana. Uma ambiguidade que a cada etapa crucial mais as afastava dos principais pólos étnicos de Moçambique, que opunha colonos a colonizadores, e as encastrava numa posição social intermédia em larga medida

---

([30]) Jorge Dias e Manuel Viegas Guerreiro, *Missão de Estudos* ..., p.34.
([31]) Ibidem, p. 37.

responsável pela fragilidade política que condicionou a sua capacidade reivindicativa. Como resultado de uma análise da imprensa de Lourenço Marques entre os anos trinta do séc. XX e a independência da colónia, Khouri e Pereira Leite identificam quatro períodos fundamentais na vida das populações indianas em Moçambique que ilustram a ideia de ambiguidade política que referimos acima([32]). Um primeiro período, entre os anos 26 e 33, é marcado pela ruptura nos moldes de organização imperial provocada pelas mudanças na metrópole e pela ocorrência de uma crise mundial em 1929 e pelo enraizamento de percepções depreciativas sobre as populações indianas; em 1947 a independência da União Indiana e a cisão do Paquistão aumenta os receios da perda de Goa e das outras possessões e intensifica o temor de as populações de origem indiana poderem representar uma quinta coluna dentro da colónia moçambicana; entre 1960 e 1963, o império português vê definitivamente desaparecer a sua extensão indiana e assiste ao início dos conflitos armados com as forças independentistas organizadas a partir dos territórios vizinhos, muitos deles independentes ou na iminência de se o tornarem; finalmente, as autoras assinalam o período entre 1973 e 1975 como o momento de transição para a independência da colónia moçambicana e a última fase do império africano português. A cronologia proposta por Khouri e Pereira Leite não é evidentemente aleatória e é relevantemente coincidente com os destaques biográficos auto-enunciados por alguns dos nossos interlocutores. O primeiro em menor número, justificado, claro, pelo intervalo de idades em que centrámos a nossa análise. Até pelo seu significado simbólico a independência indiana parece resistir à erosão da memória provocada pelo tempo embora seja já, para a maioria dos hindus a viver em Portugal, uma memória em segunda mão que recordam de conversas em família.

Há todavia um momento merecedor de destaque maior nesta cronologia de episódios relevantes do percurso histórico destas populações e que permitem acentuar mais ainda a dimensão situacional dos processos de cristalização étnica: a ocupação dos territórios sob domínio português na Índia. Ainda antes dos incidentes de 1961 circulavam documentos com informações da Polí-

---

([32]) Nicole Khouri e Joana Pereira Leite, «Les indiens dans la presse coloniale portugaise du Mozambique 1930-1975», Documento de trabalho n.º 66 (Lisboa: CesA, 2003), p.4.

cia Internacional e de Defesa do Estado (PIDE) que avisam para a necessidade de vigiar os súbditos da União Indiana uma vez que estaria iminente o ataque e o Estado português não dispunha de condições materiais objectivas para desencadear uma resposta rápida e directa([33]).

Em 1961, depois de falhadas algumas abordagens diplomáticas, as províncias ultramarinas no subcontinente são tomadas pela força necessária da União Indiana. Assim sendo, a conversão maometana e o perigo islâmico são secundarizados politicamente face à insidiosa presença hindu. Aparentemente o escrutínio popular era menos fino na aplicação de um critério distintivo às populações indianas. Consequentemente estas populações são em Moçambique alvo de represálias ocasionais da parte da população, enquanto a população paquistanesa solicitava autorização para a afixação de cartazes com a frase «a população paquistanesa respeita a hospitalidade portuguesa»([34]). Foi então decidido que os cidadãos indianos seriam «internados» em locais onde pudessem ser melhor protegidos do rancor de uma parte da população branca – uma justificação suplementar invocada na correspondência trocada entre o território e a metrópole prendia-se com a iminência de ataques da população negra que estaria a ser «aliciada pelos comerciantes europeus» que viam «agora chegada a oportunidade de se desfazerem dos seus concorrentes»([35]). As firmas e os negócios que eram propriedade destas populações foram encerrados e ficaram sob a alçada do Estado. A questão que deu azo a mais troca de correspondência entre o Sub-Director da PIDE em Lourenço Marques e o Director-Geral da mesma polícia prendeu-se com a nacionalidade inscrita nos passaportes das populações envolvidas nesta operação de internamento compulsivo. Se relativamente aos portadores de passaporte indiano não havia equívocos e deveriam todos ser deportados depois de reunidos, já quanto às populações de origem indiana com passaporte britânico, e até português, a questão complicou-se. De acordo com a informação que encontramos na documentação oficial, a população reclamava a expulsão de

---

([33]) Ofício n.º1749/61-SR da PIDE (Dossier sobre Indianos – Arquivo da Torre do Tombo, doravante ATT).
([34]) Ofício n.º1749/61...
([35]) Ofício n.º1797/61-SR da PIDE (Dossier sobre Indianos – ATT).

todos os «monhés» independentemente da sua nacionalidade([36]). Em última instância foi sobre os 12 000 cidadãos indianos residentes no território que recaiu o ónus da retaliação portuguesa. Este é o número por referência ao qual são criados diferentes campos de internamento espalhados pelo território moçambicano([37]). Ainda assim houve algumas excepções concedidas a grandes empresários através da concessão de vistos de saída para os países vizinhos. Em outros casos era lamentada a desorganização e incerteza em fábricas que empregavam números significativos de trabalhadores na sequência da expulsão dos seus proprietários. Um dos nossos interlocutores hindus, chamemos-lhe R., embora nascido em território moçambicano e portanto portador de passaporte português, confirma-nos que as lojas que eram propriedade da sua família não foram isentadas das inspecções da PIDE. No seguimento de uma primeira visita dos inspectores os cofres foram selados até à confirmação da autenticidade dos documentos que atestavam a nacionalidade portuguesa dos donos das firmas. Para os 12 000 cidadãos com nacionalidade indiana residentes no território as consequências não foram tão inócuas. A recordação de R. desse episódio centra-se na visita com o pai ao campo na proximidade de Lourenço Marques para distribuir comida transportada em marmitas e na evocação das imagens dos campos de concentração da Alemanha Nazi que o arame farpado sobre os muros lhe sugeriu.

Alguns óbices jurídicos eclodiriam ainda do processo de expulsão dos cidadãos da União Indiana, nomeadamente o caso dos muitos cidadãos de entre esses cujos filhos se encontravam registados enquanto portugueses. O princípio legal vigente no seio do império colonial português concernente a matérias de nacionalidade era o *ius solis* o que determinava que qualquer pessoa que tivesse nascido em território português recebia por omissão a nacionalidade portuguesa. O número de pedidos de indulto recebidos pelas autoridades coloniais obrigou estas a requisitarem um parecer à metrópole que estatuiu que a menos que os pais, súbditos da União Indiana, tivessem autorização de residência do Governo Português, os seus filhos nascidos em território portu-

---

([36]) Ofício n.º 1797/61...
([37]) Veja-se tradução do *Rand Daily Mail* de 13 de Janeiro de 1961 incluída no Dossier sobre Indianos (ATT).

guês não podiam ser considerados portugueses([38]). Alguns dos cidadãos a quem este aditamento se aplicava tinham documentação que atestava o processo em curso. Não obstante, essa documentação foi recolhida e anulada, sendo portanto revogado o estatuto provisório de cidadão português de que eram titulares. Em todo o caso, esta demonstração da plasticidade política do enquadramento jurídico das regras de pertença nacional constituiu uma antevisão translúcida dos complexos processos que a maioria destas populações um pouco por toda a África Oriental, e posteriormente nas ex-metrópoles, viria a protagonizar. Depois das independências africanas as populações de origem indiana estabelecidas ao longo da África Oriental continuaram a ser alvo de legislação inibidora de uma participação plena nas sociedades emancipadas vendo, simultaneamente, ser-lhes recusado o acesso irrestrito de entrada nos ex-centros imperiais([39]).

Em 1965 o governo geral de Moçambique, durante o conflito armado com as forças anti-colonialistas, alerta a metrópole para a suspeição em torno da existência de um movimento entre os hindus incorporados para não tomarem parte activa no combate e desmoralizando os portugueses colaborando com os movimentos independentistas através do tráfico de informação – transmitida através do Quénia e Tanganyika por via de contactos de familiares([40]). Na véspera da independência a população portuguesa de origem indiana continuava a ser encarada com desconfiança e suspeição. Política e socialmente, estes grupos minoritários encontraram-se colocados entre uma elite dominante e uma população nativa subordinada objectivamente maioritária. Os primeiros confiaram neles o papel de impulsionadores da economia. Foram porém transformados abruptamente em bode expiatório quando as crises de legitimidade política se alastram([41]). De acordo com

---

([38]) Proc° n.° 4803/63, Of. N.° 9825 Dossier sobre Indianos (ATT).

([39]) Para uma discussão detalhada sobre os processos de independência, leis de nacionalidade e de imigração veja-se Dias, «Remigração...», em particular o capítulo IV.

([40]) Carta do Gabinete de Negócios Políticos da Direcção Geral da Administração Politica e Civil do Ministério do Ultramar ao Director da PIDE, enviada a 03/03/1965, com a referência 1147/K-6-10, Dossier sobre Indianos (ATT).

([41]) Robin Cohen, *Global Diasporas. An Introduction* (London: UCL Press, 1997), p. 103.

Bonacich[42], um certo grau de segregação voluntária terá aberto o caminho à segregação forçada destas populações, uma vez que estas minorias eram usualmente confrontadas com um sentimento de hostilidade por parte da sociedade de acolhimento. Assim, os conflitos teriam a sua origem quer nas relações com a população nativa (clientes ou empregados que se viam como explorados pelos detentores visíveis do capital) quer com negociantes rivais, brancos ou nativos. Apesar de integradas numa estrutura social mais vasta, estas populações minoritárias eram socialmente marginais sendo o contrato social que os ligaria aos outros grupos cumprido numa perspectiva do alcance ou manutenção da prosperidade económica. Por sua vez, essa prosperidade num contexto de subalternização e privação generalizados desencadearia a hostilidade por parte da população nativa, contribuindo para reforçar os laços efectivos com a terra de origem criando ou sustentando uma ideia mistificada desse mesmo local. A ideia abstracta de império, embora teórica e discursivamente inclusiva, não resiste ao confronto com as limitações reais que a maioria dos seus constituintes, não-brancos entenda-se, enfrentavam quando decidiam atravessar fronteiras, isto a menos que fizessem parte de um processo económico em curso, como aconteceu com os esquemas de trabalho contratado que substituíram a mão de obra escrava nas plantações. De um ponto de vista político, como já afirmámos, houve sucessivas tentativas de restringir a entrada de imigrantes indianos e seus descendentes e de impedir que estas populações se transformassem numa classe terratenente. Racialmente nunca conquistaram o estatuto equiparável ao das populações europeias, reivindicado desde o início do século XX. A entrada na administração pública colonial, apesar das qualificações formais já adquiridas por alguns imigrantes, e sobretudo descendentes destes, não significava que as condições em que o faziam fossem equivalentes às de outras categorias de funcionários. Não o foram antes das independências e previsivelmente não o poderiam ser depois.

---

[42] Bonacich, «A theory of middlemen...», p. 592.

Notas finais

Concluindo, as trajectórias destas populações permitem perceber como durante o período colonial o Outro foi subsumido em categorias alienígenas reforçando a sua alteridade, independentemente da possibilidade de acesso formal aos direitos que o estatuto nominal (indígena, assimilado, nacional ou estrangeiro) lhe conferia. Para além da distinção categorial oficial, um conjunto de expressões coloquiais, como *coolies, pakis, canecos, monhés* entre outras, funcionaram como marcadores quotidianos de uma diferença colonial estigmatizada que se transferiria mais tarde para as ex-metrópoles europeias. A alteridade instituída e os seus reflexos populares, camuflados por uma pertença formal durante o período em que os territórios coloniais se encontravam sob a jurisdição dos regimes europeus, revelar-se-iam nos momentos decisivos das reconfigurações geopolíticas. A mudança de regime de 1926 e os actos legislativos que se lhe seguem não produzem qualquer transformação no capítulo das relações inter-étnicas nas colónias nem nos esquemas mentais que continuavam a reproduzir estereótipos antigos sobre as populações não-europeias e que, apesar da distância e ao contrário das populações efectivas sobre os quais recaíam, fizeram o seu caminho até à metrópole sem grandes obstáculos. Foi durante o Estado Novo, porém, que a deriva lusotropicalista reforçou uma ideologia da mestiçagem que procura obscurecer, com evidentes prolongamentos quotidianos, todo o processo concreto de racialização.

Após as independências e durante as *africanizações* dos sectores público e privado o tema da lealdade das populações indianas é elevado persistentemente a controvérsia pública – nacional e internacional. As discussões sobre a arquitectura da nacionalidade, refeita nas democracias ocidentais durante a madrugada pós-colonial, reforçam uma alteridade intermédia incapaz de ser pacificamente aceite por qualquer das partes envolvidas na questão colonial. Com o fim do império aquilo que era o universo de contestação organizado em torno das condições de participação formal, nesse mesmo império, por parte das diferentes populações coloniais, a quem correspondiam diferentes estatutos sociais, converte-se na discussão sobre a legitimidade da pertença e do acesso à ex--metrópole. Os limites da nacionalidade pós-imperial são restringidos deixando de fora as categorias secundárias partilhadas por não-europeus ao mesmo tempo que se começam a reorganizar aí, nos ex-centros imperiais, por via da condição de que o estatuto do imigrante se tornou significante, os *mesmos* protestos dos *mesmos* protagonistas de uma história antiga de subordinação. O estrangeiro enquanto lugar social e marca estigmatizante é inventado, reinventado e abreviado à sua condição de Outro, durante e após o período colonial.

Bibliografia

ALBUQUERQUE, Mouzinho de, *Moçambique 1896-1898* (Lisboa: Agência Geral das Colónias, 1934).

BASTOS, Susana Pereira, «Ambivalence and phantasm in the Portuguese colonial discursive production on Indians (Mozambique)», *Lusotopie*, XV, n.º 1 (2008), pp. 77-98.

BECKER, Howard Paul, *Man in Reciprocity. Introductory lectures on culture, society, and personality* (New York: F. A. Praeger, 1956).

BONACICH, Edna, «A theory of ethnic antagonism: the split labor market», *American Sociological Review*, vol. XXXVII, n.º 5 (1972), pp. 547-559.

BONACICH, Edna, «A theory of middleman minorities», *American Sociological Review*, n.º 38 (1973) pp. 583-594.

CASTRO HENRIQUES, Isabel, «A sociedade colonial em África. Ideologias, hierarquias e quotidianos», in *História da Expansão Portuguesa*, vol. V, dir. Francisco Bethencourt e Kirti Chaudhuri (Lisboa: Círculo de Leitores, 1998), pp. 216-274.

COHEN, Robin, *Global Diasporas. An Introduction* (London: UCL Press, 1997).

DIAS, Jorge e Manuel VIEGAS GUERREIRO, *Missão de Estudos das Minorias Étnicas do Ultramar Português. Relatório da Campanha de 1957 (Moçambique e Angola)* (Lisboa: Centro de Estudos Políticos e Sociais da Junta de Investigações do Ultramar, 1958).

DIAS, Nuno, *Remigração e etnicidade: mobilidade hindu no trânsito colonial entre a África de Leste e a Europa*. Tese de doutoramento (Lisboa: Instituto de Ciências Sociais da Universidade de Lisboa, 2009).

ENES, António, *Moçambique. Relatório apresentado ao Governo* (Lisboa: Imprensa Nacional, 1971).

LEITE, Joana Pereira, «Diáspora indiana em Moçambique», *Comunicação apresentada no IV Congresso Luso-Afro-Brasileiro em Ciências Sociais*, 2-5 de Setembro de 1996.

MADHAVAN, M. C, «Indian emigrants: numbers, characteristics, and economic impact», *Population and Development Review*, vol. XI, n.º 3 (1985), pp. 457-481.

KUPER, Hilda, *Indian People in Natal* (Natal: University of Natal Press, 1960).

MARKOVITS, Claude, «Indian merchant networks outside India in the nineteenth and twentieth centuries: a preliminary survey», *Modern Asian Studies*, vol. XXXIII, n.º 4 (1999), pp. 883-911.

MILES, Robert, *Racism* (London: Routledge, 1989).

MORRIS, Stephen, «Indians in East Africa: A Study in a Plural Society», *The British Journal of Sociology*, vol. VII, n.º 3 (1956), pp. 194-211.

Nicole KHOURI e Joana PEREIRA LEITE, «Les indiens dans la presse coloniale portugaise du Mozambique 1930-1975», *Documento de trabalho n. 66* (Lisboa: CesA, 2003), p.4.

PATEL, Nandini, «A quest for identity: the Asian minority in Africa», *Travaux de recherche*, n.º 38 (2007), pp. 1-18.

RITA-FERREIRA, António, «Moçambique e os naturais da Índia Portuguesa», *Actas do II Seminário Internacional de História Indo-Portuguesa* (Lisboa: Instituto de Investigação Científica Tropical, 1985).

STOLER, Ann Laura, «Rethinking colonial categories: European communities and the boundaries of rule», in *Colonialism and Culture*, dir. Nicholas B. Dirks (Ann Arbor: University of Michigan Press, 1992), pp. 319-352.

TWADDLE, Michael, *Expulsion of a Minority. Essays on Ugandan Asians* (London: The Athlone Press University of London, 1975).

ZAMPARONI, Valdemir, «Monhés, baneanes, chinas e afro-maometanos: colonialismo e racismo em Lourenço Marques (1890-1940)», *Lusotopie*, (2000), pp. 191-222.

ZAMPARONI, Valdemir, «Vozes Asiáticas e o Racismo colonial em Moçambique», *Lusotopie*, vol. XV, n.º 1 (2008), pp. 59-75.

ZENNER, Walter, *Minorities in the Middle* (Albany: State University of New York, 1991).

Fontes

Arquivo da PIDE/DGS do Arquivo Nacional da Torre do Tombo (ANTT), Dossier sobre Indianos.

Índice Temático

Campo social
Como esferas autónomas 24, 133, 142
Como espaço de produção de saber específico 17, 172, 193, 199, 200
Cultural 25, 131, 133
Do poder 132, 181
Económico 10, 23
Edição 26, 132, 133, 136, 137, 138, 141, 142, 143, 147, 149, 152, 156, 159
Historiográfico 8
Literário 132, 156
Musical português 111, 113, 114, 115
Políticas sociais 23, 27, 169, 171, 173, 174, 179, 180, 181, 182, 187, 188, 189, 189n, 193,
Político 10, 58, 215

Campo das Ciências Sociais
Autonomização de um campo 165, 166, 174, 182
Campo de produção 174
Como campo relativamente autónomo 10, 24, 26,
Comparação tipológica 11, 174
Escala macro 23, 27, 29, 135, 141, 188
Escala micro 19, 48, 91, 151, 179, 192
História vinda de baixo 23, 113
História vinda de cima 12, 13
Lugar da formulação de problemas 9, 11
Lutas pela delimitação de um campo de problemas legítimos 9, 28
Quadros conceptuais e metodológicos 10, 19, 28, 211
Relação com um campo de estudos internacional 11
Tipologia 11, 12, 13, 14, 20, 27, 123, 165
História dos trabalhadores 15
Estudos sobre a recepção 26, 113, 171n
Processo histórico 11, 13, 20, 24, 31, 173

Conceitos
(Re)Configuração 13, 17, 22, 52, 133, 134, 157, 172, 237,
Campo social 11, 20n, 182
Complexo histórico-geográfico 14
Economia-Mundo 13
Estrutura e acção 20, 48
Interdependências sociais 17, 20
Longa duração 13, 134

Nexos de causalidade 26, 165
Processo social 8n, 13, 14, 23, 31, 58, 113
Sistema mundo 13, 29

Metodologias
Biografia 7, 8n, 14, 14n, 91n,
História oral 18, 82,
Monografias 14, 18, 92, 297n, 204, 205, 208-210, 213, 213n, 217, 218, 220
História social 15, 18, 81,
História política 28, 29, 175, 180
Fontes 8, 14, 15, 17, 18n, 19, 24, 112n, 211
Arquivos 15, 15n, 45, 50n, 113, 217,
Arquivo Salazar 14, 15n, 16, 55, 113,
Arquivos regionais 17
Publicações regionais 17
Publicações secundárias 17
Estudos da resistência 12, 13, 23
E formação de saberes
Apropriação dos saberes 132
Circulação dos saberes 223
Como memória social 81
Como técnica 27, 182
Conhecer a população 28
Conhecimento empírico 223, 254, 265
Especificidade do social 172, 193, 221, 222
Fragmentação dos saberes 199
História da sociologia em Portugal 28, 182n, 197, 197n, 222, 223
Institucionalização 9n, 25-28, 121, 172, 182, 189, 193, 222, 223
Investigação agrária 197
Saberes de Estado 223., 223n
Saberes sócio-agrários 208
Sociologia 172, 173n, 182n, 183, 186, 189, 198, 199, 200, 204n, 205, 211, 220, 221, 222, 223
Sociologia colonial 222
Sociologia do desenvolvimento 23, 222

Sociologia do trabalho 178, 222
Sociologia rural 197, 198, 198n, 199, 202n, 221, 222

Capitalismo
Autoridade na empresa 178
Conflitos laborais 233, 244, 260, 261
Contracto colectivo de trabalho 187, 234, 243, 244, 247, 249, 250-252, 255, 260, 261
Corporativismo 27, 28, 144, 145, 165, 166, 168, 168n, 170, 173, 174, 175, 176, 177, 177n, 178, 179, 180, 189, 233, 238, 245
Desemprego 53, 56, 102, 114, 114n, 185, 210, 219n,
Empresa 10, 27, 28, 43, 64n, 104, 116, 136, 143, 154n, 166, 170, 171, 173, 175-179, 184, 190, 192, 202, 214n, 218, 233, 234, 237, 241, 242, 245, 251, 253, 257, 258, 261, 275
Cultura da empresa 192
Paradigma empresarial 137
Grupos empresariais 236
Industrialização 57, 82n, 85, 178, 219n, 238, 242, 277
Indústrias culturais 24, 113, 121, 127
Inflação 29, 30, 56, 233-235, 239-243, 245, 246, 251-258, 260, 261
Internacionalização da economia 176
Mercado do livro 131, 138
Modernização 23, 57, 140, 178, 207, 238, 257, 259, 260
Produtividade 172, 174, 177, 180, 183, 184, 188, 193, 208, 210, 237, 251, 253, 255, 259
Questão social 172, 173, 177, 180, 185, 193, 203

Regulação
  da migração 52, 272
  Regras de regulação 103

ÍNDICE TEMÁTICO | 291

da actividade económica 166
do poder 87
da mão-de-obra 186
do trabalho 171, 175, 183, 186
das relações de produção 27, 165, 180
Técnicas de regulação 176
política 31
Salários 22, 56, 58, 59, 62n, 63, 106n, 178, 184, 187, 188, 203, 238, 243-245, 248, 250-253, 255, 256, 258, 259, 261
Sector financeiro 236, 237, 258, 260
Sistema bancário 29, 237, 254, 256
Sector bancário 235-238, 251, 252, 254, 257, 261
Trabalho 15, 18, 44, 53, 54, 59, 69-71, 73n, 82, 83, 85, 87, 90-95, 97, 101-107, 108n, 125, 151n, 156, 166-168, 173, 174, 177-179, 183, 184, 186-188, 193, 210, 212, 234, 238, 245, 247, 248, 260, 272, 273, 276, 283,
Contrato colectivo de trabalho 187, 234, 243, 244, 250-252, 255, 260, 261
Divisão social do trabalho 17, 20, 27, 93, 173, 192, 268
Força de trabalho 172, 183, 199, 214, 218, 221, 247, 275
Mercado de trabalho 62, 67, 83
Relações de trabalho 28, 103, 171, 175, 180, 183, 186, 192
Relações entre trabalho e capital 10n, 233, 234, 238, 252, 260
Trabalho forçado 267

Classes, grupos, partidos, formas de desigualdade e categorizações sociais
Assalariados Rurais 23, 53
Assalariados 179, 180, 244, 246, 251,
Bloco conservador 57
Burguesia 65, 65n, 189
Burguesia agrária 22, 58, 63

Burguesia industrial 22
Camponeses 49, 51, 59, 65n, 66, 67, 72,
Capataz 93, 94n
Castas 273
Classes populares 46, 67, 68, 73
Classe média 105, 189, 250,
Classe trabalhadora 188, 245, 246, 253, 273
Colonizador 266, 278,
Criadas de servir 23, 50, 82, 82n, 85, 87, 88, 91, 91n, 95, 100, 102, 103, 103n, 104, 104n, 105-107
Desigualdade 19, 22, 89, 100, 177, 180, 193, 267, 268
Condição servil 81, 82
Despopulação 82, 201
Estruturas da sociedade portuguesa 20
Lutas 20, 22, 25, 26, 29, 72, 174, 179, 180, 187, 234, 245, 248, 252, 260
Notáveis locais 50, 57,
Pobreza 22, 89, 91, 205
Reprodução 23, 25, 83, 199, 214
Sindicatos 150, 166, 170, 234, 244-246, 248, 249, 251, 252, 258-260
Elites 9, 18, 22, 23, 52n, 57, 63, 118, 282
Elites brancas 266, 272
Estereótipos raciais 268, 284
Estratificação racial 267
Estratificação social 19
Estruturas rurais 28, 207, 209, 210
Hábitos de consumo 20
Indianos 31, 268-272, 274-278, 280, 281, 283
Indígena 277, 284
Jornaleiro 86, 93, 210, 213
Minorias intermediárias 265, 266, 272, 273
Classe musical 114-116, 127
Operários 23, 67, 70, 178-180, 188, 189, 219n, 246, 259
Pobres 84, 86, 87, 91, 91n, 92, 96, 97

Ricos 51, 67, 91, 91n, 92, 96, 97, 99, 250
Partido Comunista Português 30, 65, 65n, 215, 247
Patrões 67, 68, 82, 83, 86-88, 93, 94n, 102, 103, 103n, 155, 175, 235, 244
Populações não-europeias 266, 284
Povo 65n, 95, 106n, 123, 126, 128, 185n, 199, 205, 206
Racialização 31, 265, 267, 277, 284
Segregação 283
Serviçais 100, 102, 103n, 104, 105, 106
Subalternos 93
Trabalhador rural 53, 56, 70, 210, 213, 213n, 219, 220
Trabalhadoras domésticas 103, 105, 106
União Nacional 168
Economia 23, 30, 53, 73, 84, 85, 139, 175, 181, 182, 183, 189, 199, 200, 211, 236, 239, 241, 242, 243, 253, 257, 269, 276, 282
Economia mora" 64, 107
capitalista 29, 166, 171, 172, 239,
da Europa 65, 235, 241,
doméstica 84
indígena 275
Informal 23, 84
local 52
monetaria 269
mundial 239, 241
política 202
portuguesa 65, 84, 84n, 176, 233, 235, 236, 240, 241, 248, 254, 255, 256, 257, 258,
rural 197, 202, 206, 216, 217, 218, 220
Saber económico 29, 234
social 172, 179, 202, 203,

Lazeres e cultura popular
Best-sellers 136, 160
Consumo 20, 24, 29, 96, 106, 120, 141, 142, 157, 160, 212, 236, 238, 243, 254-257, 269, 271
Consumo de música 122, 128
Desporto 25, 184, 185n
Géneros literários 135
Géneros musicais 112, 117, 121, 122, 123
Gosto 25, 26, 100, 113, 114, 116, 117n, 120-122, 126-128, 128n, 142, 155, 158, 170
Indústria 24, 112, 113, 121, 122, 122n, 124-127, 127n, 139, 159, 174, 176n, 202n, 212, 236-238, 240, 241, 254, 257, 258, 275
Massificação 23, 238
Media 127
Mercados 136, 139, 142, 151, 158, 159, 239, 257, 268, 269, 273
Moda 100
Música ligeira 111, 112, 117, 119-123, 125, 127, 128
Música tradicional 112, 116
Nacionalismo 170

Ouvintes
Rádio 24, 25, 97, 111, 111n, 112, 112n, 113, 113n, 114-117, 117n, 119, 122, 124, 128, 157, 169, 192
Radiodifusão 112, 115, 127
Reprodução mecânica do som 114
Serões para trabalhadores 125, 169, 170
Socialização 22, 26, 27, 145, 166, 173, 176, 183, 189
Televisão 25, 141, 142, 157
Urbana
Centro urbano 256, 270, 277
Espaços urbanos 23, 87, 100
Itinerários urbanos 104
Lazer urbano 112, 119
Meios urbanos 23, 215

Estado
Acção repressiva 14, 27, 47, 142, 143, 146, 149, 150, 151, 153,

ÍNDICE TEMÁTICO

154, 156, 160, 234, 249, 250, 251, 261, 275
Agentes do estado 19, 47, 48, 64, 66, 67, 69, 147n
Alfabetização 26, 102, 152,
Aparelhos do Estado 13, 16, 27, 30, 165, 182, 214, 245
Autoritário 14, 136, 147, 158, 261
Autoritarismo 43, 131, 136
Burocrático 17, 222
Censura 101, 150, 151n, 153, 155, 155n, 156, 160, 168, 234, 242
Cidadania 269, 277
Colonização Interna 207, 208, 219n
Como poder infraestrutural 17, 46
corporativo 103, 177, 187
Ditadura 7, 11, 12, 16, 21, 44, 60, 65, 111, 113, 134, 144, 155, 160, 265
E regime 26, 46
Escola 19, 98, 124, 168, 185n
Escravatura 95, 267
Estado colonial 17, 31, 268
Forças armadas 58, 72, 236, 260
Funcionários do Estado 15n, 16, 168
Governamentabilidade 17, 47, 64
Guerra colonial 45, 55, 57, 59, 72, 233, 234, 254
Ideologia do estado 112n
Ideologia do regime 7, 13, 27, 112, 119, 143, 144, 169
Império 31, 268, 277-279, 281, 283, 284
Mediação ideológica 27, 165, 170, 188
Poder do Estado 21, 22, 26, 48, 66, 69
Polícia política (PIDE) 44, 44n, 61, 61n, 64, 72, 97, 153, 156, 245, 259, 280, 281
Política agrária 202, 217n
Política de emigração 41-44, 46, 57, 58, 60, 61n, 63, 72
Política económica 29, 64, 188, 235, 242, 258, 260

Política financeira 29, 243
Propaganda 19, 49, 50, 111, 112, 119, 121, 128, 128n, 149, 181, 187
Racialização 31, 265, 267, 277, 284
Repressivo 14, 47, 160, 261
Reprodução de classes 25
Segurança social 166, 169, 179, 181, 192
Sistemas de protecção social 27, 166, 181
Social 145

Ideologia
Aparelhos ideológicos 13
Autenticidade 125, 126, 281
Capitalismo 30, 64, 65, 253
Categorias profissionais 23, 24, 104, 213, 252, 256, 283
Catolicismo social 92
Comunismo 53, 155n, 216, 246
Desenvolvimentistas 23, 27
Desproletarização 193,
Discurso 11, 13, 50, 52, 55, 57, 65, 81, 90, 92, 104, 111, 112n, 122, 123, 125-127, 127n, 135, 148n, 151, 158, 180, 186, 187, 189, 193, 236, 240, 246, 266-268
Discurso do governo 45
Discurso político 63
Emissora Nacional 24, 25, 111, 111n, 116, 123-125, 187
Fascismo 65n, 168, 175
Fascista 12, 15n, 19, 28, 165, 171, 183
Hegemonia 27, 63, 268
Inculcação ideológica 14, 27, 112, 165, 168, 169, 170, 183
Justiça social 28, 173, 174, 181, 182
Missão civilizadora 266
Moderna 27
Nacionalismo 170
Paz social 29, 174, 188
Processos de folclorização 112
Regulação social 27, 171, 172, 180, 189

Retórica 11, 24, 135, 136, 189, 265, 268
Salazarismo 9, 12, 45, 49, 49n, 128, 144, 152, 168
Socialismo 167

Mobilidades
Emigração 21, 22, 41, 42, 42n, 43, 44, 44n, 45, 46, 48, 51, 52, 52n, 53, 54, 54n, 55-57, 57n, 58-65, 65n, 66-70, 72, 73, 82n, 84, 88, 181n, 202, 203, 205, 236, 242, 276
Emigração clandestina 42, 44-46, 61-64, 66, 71-73
Êxodo feminino 81, 83, 101
Êxodo rural 56, 202, 219
Migrações 82-85, 88, 99, 219n
Mobilidade 20, 22, 64, 66, 72, 83, 106
Mobilidade social 67
Urbanização 22, 23, 274

Poder
Autarquias 53
Centralizado 16, 20, 150
Classe social 212
Coercivo 145, 146
Comunidades epistémicas 172, 186
Conflito 20, 21, 22, 46, 47, 60, 72, 87, 131, 144, 145, 181, 233, 234, 238, 244, 245, 260, 261, 283
Conflito armado 279, 282
Conflito social 189, 193, 203, 205, 234
De cima para baixo 12, 45
Doutrina social da igreja 182, 198
Económico 57, 182, 233, 259, 260
Eufemização 166, 180, 187
Exercício do poder 16
Igreja Católica 58
Local 58
Moral dominante 100
Negociação 16, 21n, 24, 27, 29, 42, 42n, 113, 127n, 145, 167, 234, 244, 245, 248, 252, 255, 260

Poder de compra 208, 246, 251
Político 19-21, 24, 58, 172, 181, 260
Relações de poder 20, 21, 24, 31, 45, 50, 51, 52, 82, 87, 108, 157, 266

Práticas Sociais
Como fundamento da análise historiográfica 32
Corpo 100, 102, 222
Desobediência 87, 107
Escuta 113
Família 49, 49n, 61, 62, 62n, 70, 73, 84-86, 86n, 91, 94, 95, 101, 103, 107, 168, 187, 188, 204, 205, 208, 211-214, 214n, 215, 218, 219n, 271, 276, 279, 281
Lazer 27
Leitura 101, 131, 138, 142, 146, 147, 149
Mobilização política 14, 42n, 172, 247, 260
Musicais 111, 119, 127
Práticas 11, 13, 14, 18-21, 24, 29, 31, 50, 103, 111, 112, 119, 127, 131, 134, 136, 138, 142, 149, 153, 154, 158, 170, 172, 175, 193, 209, 211, 223, 256, 265, 267, 268
Práticas subversivas 112, 172, 278
Quotidiano 13, 16, 17, 25, 27, 100, 106, 150, 151, 153, 156, 168, 170, 179, 192, 284
Regimes alimentares 91, 97-99
Relações interétnicas 265, 268, 284
Resistência 12-14, 20, 23, 26, 47, 55, 65n, 81, 136, 138, 150-152, 158, 268
Rua 98, 106, 107
Regime político 97, 134, 171, 192, 233, 242, 266, 268

Índice Onomástico

Abreu, José Vasconcelos de, 246
Alho, Albérico Afonso Costa, 16, 32
Alípio, Elsa Santos, 8, 32, 42, 74
Almeida, João Ferreira de, 18
Almeida, Pedro Tavares de, 13
Almeida, Sónia Vespeira de, 18, 32
Amado, Arménio, 154
Amaral, Domingos Freitas de, 8, 33
Amorim, Guedes de, 160
Amorim, Paulo, 124
Andrade, Anselmo de, 204
Appadurai, Arjun, 29, 33

Baganha, Maria Ioannis, 61, 74, 84, 85, 108
Baptista, António Alçada, 144
Baptista, António Manuel, 43, 53, 54, 55, 58, 60
Barbier, Frédéric, 140, 161
Barbosa, António Manuel Pinto, 72, 84, 108
Barbosa, Daniel, 15
Barros, Henrique de, 91, 108, 199, 201, 209, 210, 212-215, 218-221, 225, 226
Barroso, Júlia, 125
Basto, Eduardo Alberto Lima, 90, 91, 209-215, 217, 218, 224-226, 230, 231

Bastos, Susana Pereira, 18, 33, 275, 276, 285
Becker, Howard, 133, 161, 272, 273, 285
Belo, Tavares, 124
Bonacich, Edna, 273, 283, 285
Bonifácio, Maria de Fátima, 8, 9, 33
Bourdieu, Pierre, 9, 17, 20, 33, 47, 69, 74, 133, 135, 136, 161, 162, 174, 182, 193
Branco, Luís de Freitas, 114
Branco, Pedro de Freitas, 114, 116
Branco, Rui Miguel, 13, 32
Brás, Joaquim Alves, 102
Bravo, Maria de Fátima, 125
Brito, Joaquim Pais de, 18
Brito, Jorge de, 235
Brito, José Luís Nogueira de, 249

Cabral, João de Pina, 18, 37
Cabral, Manuel Villaverde, 23, 33, 66, 68, 74, 244, 263
Cabrita, Daniel, 247, 249
Cádima, Francisco Rui, 25, 33
Caetano, Marcello, 7, 25, 30, 33, 65, 69, 75, 152, 161, 233, 234, 144-247, 260, 262, 263
Cahen, Michel, 9, 12, 33
Caldas, Eugénio de Castro, 198, 199, 211, 221

Camau, Michel, 12, 33, 34
Campos, Ezequiel de, 204
Cardoso, José Luís, 166, 176, 181, 182, 193, 207, 231
Cardoso, José Pires, 182
Carvalho, Mário Vieira de, 16
Carvalho, Orlando de, 251, 253
Castanheira, José Pedro, 242, 247, 248, 262
Castro, Armando de, 252-254, 262
Castro, D. Luís, 201-203, 206, 209, 225, 227, 228
Castro, Francisco Lyon de, 153
Castro, Lopes de, 275
Cerezales, Diego Palácios, 17, 34
Certeau, Michel de, 19, 34
César, Amândio, 160
Chartier, Roger, 30, 34, 137, 162, 200, 227
Chaves, Miguel, 18, 34
Cinatti, Ruy, 160
Coelho, Rui, 116, 119
Constituição de 1933, 133, 166
Correia, António Mendes, 215, 216, 228
Costa, António Firmino da, 18
Costa, Francisco Ramos da, 215
Costa, Joel, 8
Costa, Jorge Felner da, 183-185, 196
Costa, Pedro, 8
Cruz, Ivo, 116, 119
Cruz, Manuel Braga da, 9, 222
Cunha, Jorge Arriaga da, 235, 236
Cunhal, Álvaro, 216, 227
Cutileiro, José, 18, 34, 51, 68, 75

Dabène, Olivier, 12, 34
Darviche, Mohammad-Saïd, 11, 34
Dias, Jorge, 277, 278
Dormagen, Jean-Yves, 11, 34
Dulong, Delphine, 21, 34
Dumont, Arsène, 202, 227
Duque, Rafael, 207, 208, 224, 227, 231
Durkheim, Émille, 177

Elias, Norbert, 13, 21, 34, 35, 51
Enes, António, 269, 286
Engel, Ernst, 211
Espírito Santo, Manuel Ricardo, 235
Estatuto do trabalho Nacional, 166
Esteves, Gina, 124
Evans, Peter B., 17, 35, 47, 75

Farage, Samar, 17, 33
Faria, Miguel Figueira de, 8, 35
Febvre, Lucien, 139, 162
Fernandes, Carlos, 41, 42, 69, 71, 75
Ferreira, Vergílio, 160
Ferro, António, 113, 121, 122, 123, 126-128
Fitzgerald, David, 52, 75
Força pela Alegria (*Kraft Durch Freude*, KDF), 167, 177
Ford, Henry, 176, 186
Formigal, José Serra, 188, 195
Foucault, Michel, 17, 35, 47, 49, 51, 64, 75
Freire, Dulce, 17, 35, 50, 75
Friedmann, Georges, 178
Fundação Nacional para a Alegria no Trabalho (FNAT), 27, 112, 150, 165

Galvão, Henrique, 113, 118, 120, 121, 127, 128
Garcia, Artur, 125
Garrido, Álvaro, 14, 16, 35, 63, 75
Garrigou, Alain, 21, 34
Geisser, Vincent, 12, 34
Genieys, William, 11
Godelier, Maurice, 93, 109
Godinho, Paula, 18, 35
Gomes, Mário de Azevedo, 206, 208, 209, 218
Gonçalves, Avelino, 246
Gonçalves, Carlos Manuel, 18, 35, 206, 228
Graça, Júlio, 160
Graça, Maria da, 126

ÍNDICE ONOMÁSTICO

Grémio Nacional de Editores e Livreiros, 144, 145, 148, 162
Guedes, António Ferreira, 247
Guedes, Armando Marques, 189, 194
Guedes, Fernando, 141
Guerreiro, Manuel Viegas, 18, 35, 277, 278, 285

Hatherly, Ana, 160
Henriques, Isabel Castro, 274, 285
Hermet, Guy, 12
Hibou, Béatrice, 11, 21, 35, 51, 76
Hoggart, Richard, 19, 35

Iglésias, Madalena, 125
Inquérito à Habitação Rural, 19, 91, 108, 201, 208, 209, 212-216, 219, 220, 225-227, 231
Inquérito Económico-Agrícola, 210
Instituto Superior de Agronomia (ISA), 90, 197, 198, 208, 216, 219, 224-226, 228-231
Irmãs Meireles, 124
Irmãs Remartinez, 124

José, Francisco, 125
Joyce, António, 113, 116, 127
Junta Autónoma de Obras de Hidráulica Agrícola, 208, 216, 217
Junta da Emigração, 43, 52-54, 56-58, 63, 64, 69, 72
Junta de Colonização Interna, 208, 216, 217, 219, 226, 229

Kershaw, Ian, 46, 76
Khouri, Nicole, 279, 286
Kjolner, Guilherme, 124
Kuhn, Thomas, 8, 35

Lacroix, Bernard, 21, 34
Lahire, Bernard, 50, 64, 76
Le Play, Frédéric, 204-206, 211, 225, 230
Leal, António da Silva, 179, 180, 194

Leal, João, 19, 36, 201, 205, 213, 229
Leal, Paula Montes, 17, 35
Leite, Joana Pereira, 275, 279, 286
Lemos, Alfredo Tovar de, 89, 90, 104, 109
Lemos, Óscar de, 126
Léonard, Yves, 9, 25, 96
Lessa, Almerindo, 99
Ley, Robert, 185
Linz, Juan, 11, 34, 36
Lucena, Manuel, 9, 10, 28, 36, 168, 174-176, 194

Madureira, Nuno Luís, 64, 76, 200, 205, 229
Magalhães, Afonso Pinto de, 235
Mann, Michael, 17, 36, 46, 76
Margarido, Alfredo, 66, 67, 76, 103, 109
Marques, Belo, 124
Martin, Henri-Jean, 137, 139, 162
Martinho, Francisco Carlos Palomanes, 16, 36
Martins, António Oliveira, 207, 229
Martins, Hermínio, 9, 36, 68, 74, 189
Marx, Karl, 155
Massardier, Gilles, 12, 33, 34
Mathias, Marcelo, 44, 45, 58, 76
Matos, Luís Salgado de, 17, 36
Mauss, Marcel, 93, 109
Mayo, Elton, 178
Meireles, Cidália, 124, 126
Mello, Higino de Queiroz e, 186, 187, 194
Melo, António, 124
Mendes, Manuel, 160
Meneses, Luís Filipe, 8, 36
Mereia, Paulo, 154
Monteiro, Armindo, 179, 180
Monteiro, Domingos, 159
Monteiro, Fernando Amaro, 8, 37
Monteiro, Paulo Filipe, 66, 77
Moore Jr, Barrington, 11, 36

Moreira, Adriano, 62, 77, 160
Moura, Francisco Pereira de, 246, 251-254, 262
Moya, José, 22, 37
Muller, Raphaël, 25, 36
Murteira, Mário, 57, 77, 242, 263
Mussolini, Benito, 113, 167

Nascimento, Manuel do, 160
National Recreation Association (NRA), 184
Nunes, Adérito Sedas, 23, 37, 102, 110, 177-179, 182, 188, 195
Nunes, Renato, 14, 37

O'Neill, Brian, 18, 37
Oliveira, José Gonçalo Correia de, 41, 42
Oliveira, Luísa Tiago de, 18, 37
Oliveira, Simone de, 125
Opera Nazionale Doppolavoro, 167, 186
Owen, Robert, 186

Paço, António Simões do, 8
Pais, Fernando Silva, 61
Patel, Nandini, 271, 286
Patriarca, Fátima, 16, 37, 168, 195, 244-246, 263
Paxton, Robert, 11, 37
Pereira, Caiano, 253, 262
Pereira, Fernando, 124
Pereira, Gaspar Martins, 17, 35
Pereira, Joaquim, 126
Pereira, Miriam Halpern, 15, 37, 61, 77, 167, 186, 195
Pereira, Mota, 124
Pereira, Pedro Teotónio, 15, 185, 186
PIDE/PVDE/DGS, 14, 37, 39, 44, 61, 64, 65, 72, 97, 168, 245, 249, 259, 263, 280-282, 287
Pimentel, Irene Flunser, 8, 14, 37, 259, 263
Pinto, António Costa, 9, 16, 37
Pinto, Jaime Nogueira, 7

Pinto, João Manuel Cortez, 176, 177
Poinsard, Léon, 204, 230
Proença, José João Gonçalves, 73, 78, 187, 188, 195, 244

Quadros, António, 160
Quina, Miguel, 236, 257

Rapazote, António Gonçalves, 249
Ravel, Maurice, 116
Reis, José Alberto dos, 154
Ribeiro, António Lopes, 118
Ribeiro, Maria da Conceição, 14, 38
Ribeiro, Mário de Sampaio, 116, 121, 130
Riegelhaupt, Joyce, 51, 68, 73, 78
Rita-Ferreira, António, 270, 275, 286
Rocha, Manuela, 181
Rodrigues, Armindo, 160
Rosas, Fernando, 9, 14, 22, 38, 59, 63, 78, 82, 110, 168, 180, 195, 207, 219, 224, 231, 245, 263
Rueschmeyer, Dietrich, 47, 75

Sá, Fernando Vieira de, 155
Saguer, Teófilo, 115, 130
Salazar, António de Oliveira, 7-9, 14-16, 22, 25, 32-39, 42-46, 48-51, 55-64, 73-78, 97, 113-115, 120, 128, 152, 154, 161, 169, 186, 204
Sampaio, Jorge, 246
Santos, Artur, 124
Santos, Beleza dos, 154
Santos, Boaventura de Sousa, 23, 38, 47, 63, 71, 79, 261, 263
Santos, Rui, 14, 38
Schmitter, Phillipe C., 28, 38, 168, 175, 195
Secretariado da Propaganda Nacional, 50, 112, 128, 129, 147, 168
Secretariado Nacional da Informação, Cultura Popular e Turismo, 147, 150

Sérgio, António, 155
Serrado, Ricardo, 8, 38
Serrão, Joel, 160
Silva, Arménio, 126
Silva, Arrobas da, 247
Silva, Manuel Carlos. 18, 20, 38
Silva, Marta Nunes, 18, 38, 70, 79
Silva, Paulo Marques da, 14, 39
Skocpol, Theda, 11, 12, 17, 35, 38, 47, 75, 173, 195, 196
Soares, Manuela Goucha, 7
Sobral, José Manuel, 18, 39, 51, 79, 96, 110
Somers, Margareth, 12, 38
Sousa, Alfredo de, 238, 243, 255-259, 263
Steinmetz, George, 171, 172, 195

Tengarrinha, José, 13, 39
Tilly, Charles, 172, 195
Torga, Miguel, 14, 37, 155
Torgal, Luís Reis, 9, 25, 39, 146, 164, 171, 195

Valente, José Carlos, 167-169, 195, 246, 264
Varela, João Antunes, 58
Veiga, Ivo, 240, 264

Wacquant, Loïc, 17, 33
Wallerstein, Immanuel, 29, 39
Weber, Max, 20, 51
Wengorovius, Vítor, 246
Wiarda, Howard, 28, 39, 168, 180, 196
Wieder, Thomas, 25, 36

Índice Geral

Introdução – NUNO DOMINGOS E VICTOR PEREIRA 7

Capítulo 1 – VICTOR PEREIRA
«Ainda não sabe qual é o pensamento de Sua Excelência Presidente do Conselho». O Estado português perante a emigração para França (1957-1968). 41
   O Estado além de Salazar 48
   Um jogo de fachada 60
   Conclusão 71
   Bibliografia 74

Capítulo 2 – INÊS BRASÃO
Serviço doméstico em Portugal: lugares de origem, êxodo e itinerários urbanos (anos quarenta a sessenta) 81
   Introdução 81
   Lugares de origem 82
   Desigualdade na pobreza 89
   Êxodo feminino: a expressão de um movimento em direcção à cidade 101
   Itinerários urbanos 104
   Conclusão 107
   Bibliografia 108

Capítulo 3 – MANUEL DENIZ SILVA E PEDRO RUSSO MOREIRA
«O essencial e o acessório»: práticas e discursos sobre a música ligeira nos primeiros anos da Emissora Nacional de Radiodifusão (1933-1949). 111

Da política da «elevação do gosto» ao reconhecimento
do «gosto popular» (1934-1941) 114
«Aportuguesamento» e «imaginação internacional»:
O caso da música ligeira (1941-1949) 121
Conclusão 127
Arquivos e Bibliotecas 128
Periódicos 129
Bibliografia 129

Capítulo 4 – NUNO MEDEIROS
Edição de livros e Estado Novo: apostolado cultural,
autonomia e autoritarismo. 131
Estado Novo e sentido moral de classe na edição 132
Transformações no campo editorial 138
Estado, regime e edição: dialéctica de interlocução e
política do livro 142
Ordem repressiva do livro: quotidiano, imbricação e
resistência 150
Nota conclusiva 157
Referências 160
Bibliografia 161

Capítulo 5 – NUNO DOMINGOS
Desproletarizar: A FNAT como instrumento de mediação
ideológica no Estado Novo 165
Introdução 165
A FNAT 166
A natureza ideológica de uma instituição 168
A FNAT: regulação social, regulação do trabalho 171
A FNAT e a natureza do corporativismo 174
O corporativismo ou a regulação da «sociedade» da
empresa 176
Uma outra genealogia 183
Desproletarizar: «Quer isto dizer que a FNAT é um
organismo apolítico?» 186
O crescimento da FNAT 190
Conclusão 192
Bibliografia 193

Capítulo 6 – FREDERICO ÁGOAS

Economia rural e investigação social agrária nos primórdios
da sociologia em Portugal. 197
   Bibliografia 224

Capítulo 7 – RICARDO NORONHA

Inflação e contratação colectiva (1968-1974). 233
   Os banqueiros falam da crise 235
   Ouro e petróleo - a crise da economia mundial 239
   Ordem nas finanças 241
   Um inusitado surto de agitação social 244
   Os bancários e o seu sindicato 246
   A carestia de vida 250
   A inflação e os trabalhadores 252
   Inflação e desenvolvimento 255
   A continuação da política por outros meios 259
   Bibliografia 261

Capítulo 8 – NUNO DIAS

Processos de Racialização no Moçambique Colonial 265
   Representações dominantes sobre as populações
   indianas 269
   Minorias comerciais e visibilidade étnica 274
   Racialização e cidadania. (Des)Lealdades em questão 277
   Notas finais 284
   Bibliografia 285
   Índice Temático 289
   Índice Onomástico 295